Judith Grohmann

RE-INVENT YOUR COMPANY
Die Geheimnisse europäischer Entrepreneure und ihr Weg zum internationalen Erfolg

Die Steiermark

»Die Kunst des Fortschritts besteht darin,
inmitten des Wechsels Ordnung zu wahren,
inmitten der Ordnung den Wechsel aufrecht zu erhalten.«
Alfred North Whitehead
(1861–1947)
Britischer Mathematiker und Philosoph

»Jede hinreichend fortschrittliche Technologie
ist von Magie nicht zu unterscheiden«
Arthur C. Clarke
(1917–2008)
Britischer Science-Fiction-Schriftsteller,
Physiker und Technik-Visionär

Judith Grohmann

RE-INVENT YOUR COMPANY
Die Geheimnisse europäischer Entrepreneure und ihr Weg zum internationalen Erfolg

Die Steiermark

Bibliografische Information der Deutschen Nationalbibliothek

Die Deutsche Nationalbibliothek verzeichnet diese Publikation in der Deutschen Nationalbibliografie; detaillierte bibliografische Daten sind im Internet über http://dnb.d-nb.de abrufbar.

Bibliographic information published by the Deutsche Nationalbibliothek

Die Deutsche Nationalbibliothek lists this publication in the Deutsche Nationalbibliografie; detailed bibliographic data are available in the Internet at http://dnb.d-nb.de.

Coverfoto: Judith Grohmann

ISBN-13: 978-3-8382-1678-2
© *ibidem*-Verlag, Stuttgart 2022
Alle Rechte vorbehalten

Das Werk einschließlich aller seiner Teile ist urheberrechtlich geschützt. Jede Verwertung außerhalb der engen Grenzen des Urheberrechtsgesetzes ist ohne Zustimmung des Verlages unzulässig und strafbar. Dies gilt insbesondere für Vervielfältigungen, Übersetzungen, Mikroverfilmungen und elektronische Speicherformen sowie die Einspeicherung und Verarbeitung in elektronischen Systemen.

All rights reserved. No part of this publication may be reproduced, stored in or introduced into a retrieval system, or transmitted, in any form, or by any means (electronic, mechanical, photocopying, recording or otherwise) without the prior written permission of the publisher. Any person who does any unauthorized act in relation to this publication may be liable to criminal prosecution and civil claims for damages.

Printed in the EU

Inhalt

Inhalt	5
Vorwort	7
Der Erfinder des AEIJST	11
Die UltraCam-Macher	20
Die Kaiser der modernsten Bäckereimaschinen	34
Der Meister der Blechverpackungen	43
Die Prüfstandsbauer	53
Die Stilpräger aus Riegersburg	63
Der Weltanlagenbauer	72
Der Flugzeugzulieferer	84
Der geheime Motor der Automotive-Industrie	93
Der Herr über besonders klangvolle Orgeln	101
Der Meister über die Ursprungsquelle	108
Das Öl der Kraftmacher	116
Der Botschafter des Kernöls	119
Der Kernölschuppen-Mann	123
Eine Ölmüllerin aus Leidenschaft	127
Der Herr über Steiermarks beste Bierbrauerei	132
Der Weltweitwinzer	142
Der Schmetterlingswinzer	151
Die Faksimile-Experten	160
Die Lodenmacher	171
Die Hüter des Vulcanoschinkens	180
Die industriellen Powerplayer	186
Bildnachweise	196
Danksagung	197

Vorwort

Für manch einen klingt »Entrepreneurship« wie ein Zauberwort. Hinter diesem Begriff verbirgt sich das Konzept der Entwicklung und Verwaltung eines Unternehmens und das Eingehen von Risiken mit dem Ziel, in der Unternehmenswelt Gewinne zu erwirtschaften. Dazu gehört die Bereitschaft, ein neues Unternehmen zu gründen. Entrepreneurship hat eine wichtige Rolle bei der wirtschaftlichen Entwicklung des expandierenden globalen Marktes gespielt. Unternehmer werden als Innovatoren wahrgenommen. Zu den Fähigkeiten, die erfolgreiches Unternehmertum ausmachen, gehören Innovationskraft und Kreativität, Führungsqualitäten und ein starkes Gespür für Teamarbeit verfügen. Ein Entrepreneur ist jemand, der bereit ist, für sich selbst zu arbeiten.

Entrepreneurship galt einst als Garant für ein gründungsförderliches Milieu und damit für das Wachstum in den Vereinigten Staaten. In Europa wurde das Konzept jedoch lange Zeit nicht systematisch kultiviert.. In den USA hatte man ein System von attraktiven regulatorischen Bedingungen gepaart mit niedrigen Steuern, Forschungsfreiheit und nicht vorhandenem Protektionismus aufgebaut. Doch mit dem neuen Jahrtausend veränderte sich die europäische Mentalität, sodass Europa sich ab dem Jahr 2000 zu einem extrem spannenden Kontinent für Innovationen und innovative Regionen entwickelte. Denn um einen Staat international wettbewerbsfähig zu machen, sind die Innovationen, Strategien und Visionen von Gründern enorm wichtig. Denn die Suche nach neuen, im Unternehmen nutzbaren Produktionsverfahren und Technologien, nach neuen Produkten oder aber die Weiterentwicklung und Verbesserung bestehender Produkte ist wesentlich, um eine Wirtschaft am Leben zu erhalten. Das haben die Europäer rechtzeitig erkannt.

Was kann man von europäischen Entrepreneuren lernen?

Nun, europäische Entrepreneure fungieren aufgrund ihres internationalen Erfolgs nicht nur innerhalb der EU als Vorbilder, sondern vielmehr weit über die Grenzen Europas hinaus. Sie bieten auch eine Orientierung. Denn sie inspirieren all jene, die einen ähnlichen Weg gehen, etwas Besonderes aus ihrem Leben machen wollen. Sie teilen weiters ihre

Erfahrungen, um den Unternehmergeist und die Gründungskultur innerhalb Europas zu verbessern. Wer im 21. Jahrhundert international wirklich erfolgreich sein möchte, muss zunächst einmal eine Gründer-Mentalität besitzen, er sollte ein Ziel vor Augen haben und einen echten Plan vorweisen. Dann erst muss er rasch und innovativ sein. Maximale Kontrolle über die eigene Arbeit kann einem Entrepreneur helfen, maximalen Nutzen zu erzielen. Die maßgebliche Persönlichkeit am Arbeitsplatz zu sein, führt oft zu vielen persönlichen und beruflichen Vorteilen. Flexibilität ist einer der Vorteile, nach denen Menschen in ihrer beruflichen Laufbahn streben, und im Unternehmertum ist dieser Vorteil leicht zu erreichen. Ein hervorragender Aspekt des Entrepreneurships ist, dass Unternehmer die Möglichkeit haben, unterschiedliche Ideen zu entwickeln, die auch auf dem globalen Markt einzigartig sein können. Die unternehmerische Vision zielt darauf ab, den größtmöglichen Nutzen aus unterschiedlichen Geschäftsideen zu ziehen.

Die Geheimnisse der unternehmerischen »Superheroes« stellen einen wichtigen Baustein zum Erfolg eines jungen Entrepreneurs dar und sollen hier klar aufgezeigt werden. In jedem Land Europas gibt es Regionen, die für besondere Innovationen in der Wirtschaft stehen. Die Region wiederum wird in diesem Buch nach unterschiedlichen Branchen sowie Unternehmen in verschiedenen Größen und mit verschiedenen Unternehmensvisionen, Geschichten und -Erlebnissen unterteilt. Jeder Unternehmer hat seine eigene Geschichte, seine Vision und den Weg erzählt, den er mit seinem Unternehmen gegangen ist. Die Berichte können als Wegweiser für andere gelten, denn man kann aus ihnen lernen. So richtet sich dieses Buch an all jene Menschen, die an Wirtschaft interessiert sind, an Studierende, Jungunternehmer oder Menschen, die bereits ein Unternehmen haben und mit neuen Herausforderungen konfrontiert sind.

Dieses Buch beschäftigt sich mit einer besonderen Region in Österreich, der Steiermark. Denn unter Europas Regionen nimmt seit einigen Jahren ein kleines Land eine internationale Spitzenposition ein, wenn es um wirtschaftliche Innovationen und Erfolge geht. Die einen geben diesem Land das Attribut der »*zweiten Toskana Europas*«, andere wiederum sprechen vom »*Detroit Europas*« und dem neuen »*Silicon Valley der EU*«.

Die Steiermark gilt sogar als eine der führenden europäischen Software- und Industrie-Regionen.

Österreichs zweitgrößtes Bundesland ist ein Paradies für kreative, visionäre und unternehmungslustige Köpfe, die ein besonderes Talent haben, ihre innovativen Ideen jenseits der Grenzen zu vermarkten. Diese Unternehmer sind »Macher« – was sie sich vornehmen, ziehen sie auch durch. Nicht nur regional oder innereuropäisch, sondern vor allem international. Steirische Unternehmen spielen international als Motor für den Wirtschaftsaufschwung eine immer wichtigere Rolle. Tatsächlich bringt kein anderes Land innerhalb Europas derart viele unterschiedliche, innovative Produkte und Dienstleistungen auf den Markt wie die Steiermark. Mit einer Forschungsquote von fast 5 Prozent liegt sie bereits seit Jahren über dem angestrebten EU-Ziel und nimmt die Spitzenposition unter Europas Regionen ein. Ein wichtiger Grund für diesen Erfolg liegt vor allem bei den Menschen und ihrer Mentalität. Denn die steirischen Unternehmer erfinden sich ständig neu: Das gilt für den international agierenden IT-Konzern ebenso wie für den kleinen Kernölbauern oder Winzer.

In diesem Buch schildern die Gründer und Chefs der erfolgreichsten Unternehmen der Region Steiermark, wie sie es geschafft haben, mit einer Firmenidee über die Grenzen hinaus Bekanntheit zu erlangen und ihre Visionen durchzusetzen. Hier verraten sie, wie sie zu diesem Erfolg kamen, welche Hindernisse sie dabei überwinden mussten und wie ihre Erfolgsrezepte lauten. Und: Wie man den Erfolg halten und noch weiter steigern kann. Welche Eigenschaften sind für einen grenzüberschreitenden Erfolg wichtig? Wie geht man mit unvorhergesehenen Ereignissen, etwa der COVID-19-Pandemie und der damit einhergehenden Stilllegung eines ganzen Landes und neuer Bedingungen im Entrepreneurship, um?

Vom Besitzer einer Gin-Destillerie bis zum Autozulieferer, vom Lodenhersteller bis zum Fabrikanten für Bäckereimaschinen, vom Antriebstechnik-Hersteller bis zum Orgelbauer, vom Tischlereibetrieb bis hin zum Kernölproduzenten: Die Firmenchefs von 24 steirischen Betrieben unterschiedlicher Größe und unterschiedlicher Ausrichtung haben hier ihre persönlichen Rezepte versammelt, die verraten, wie man einen grenzüberschreitenden Erfolg haben kann.

In diesem Buch wird ein spannendes Portrait der Region gezeichnet, die Vorbild für Europa sein kann. Ein Buch, wie die Steiermark selbst: voller faszinierender Persönlichkeiten mit Wagemut, Gerechtigkeitssinn und Verlässlichkeit – mit zahlreichen Entdeckungen aus der Steiermark und der Welt.

Der Erfinder des AEIJST

Wolfgang Thomann, Gin-Produzent aus Lang in der Südsteiermark

Besuche bei seinem Großvater hatten für Wolfgang Thomann Kult-Charakter. Schon als kleiner Junge half er ihm bei der Ernte der Äpfel, Zwetschgen und Kirschen im Garten. Danach gingen die beiden stolz mit vollen Körben in den Schuppen, wo aus den Früchten ein guter Schnaps gebrannt wurde.

Angenehme Kindheitserlebnisse können prägend wirken.

Im Jahr 1973 kam der Film »*Les Voraces*« (*Die Gefräßigen*) ins Kino. Darin spielte Helmut Berger den hübschen, jungen Croupier Kosta, der in Monaco arbeitete und sich nach einem Leben in der Welt der Schönen und Reichen sehnte. Croupiers umwehte in dieser Zeit das Image der Exklusivität und Casinos ein Hauch von Hollywood. Nur wenige junge Leute hatten das Glück, diesen Beruf wirklich ergreifen zu können, denn die Aufnahmetests in den Casinos galten als extrem schwierig und streng und die Ausbildung als fordernd. Der Film mit Helmut Berger ließ die

Côte d'Azur dieser Zeit als eine andere Welt mit einer elitären Gesellschaft zwischen Glanz und Glamour erscheinen, eine Welt, die man in Österreich so nicht kannte. Wolfgang Thomann gefiel der Film so sehr, dass er ins Auge fasste, Croupier zu werden. Nach der Matura beschloss er aber zunächst, ein Jura- und ein Betriebswirtschaftsstudium zu beginnen. Denn Croupier könnte er immer noch werden.

Doch das Schicksal hatte etwas anderes mit ihm vor: Eines Tages entdeckte er eine Annonce in der Zeitung. Das Casino in Graz suchte junge Männer, die ihren Militärdienst absolviert hatten, um sie zu Croupiers auszubilden. Thomann bewarb sich mit dem Gedanken, neben dem Studium zu arbeiten und so sein erstes Geld zu verdienen. Rasch erkannte er, dass dieser Plan nicht so leicht zu realisieren war. Denn als Croupier arbeitet man nicht stundenweise, sondern ganztags. Für ein Studium bleibt daneben wenig Zeit. Also brach Thomann sein Studium ab und begann, Vollzeit im Casino in Graz zu arbeiten. Die Arbeit machte ihm Spaß und Thomann verdiente gut. Nach einigen Jahren erstand er ein Anwesen in der südlichen Steiermark – genauer gesagt in Langaberg, einer hügeligen, grünen Gegend mit vielen Weingärten, etwa eine halbe Stunde von Graz entfernt. Auf seinem Grundstück standen ein Haus und ein alter Holzschuppen. Dort entdeckte er einen alten Schnapsbrennkessel. Thomann ließ ihn vorerst in einer Ecke stehen. Vielleicht würde er ja eines Tages Verwendung dafür haben.

Sein neuer Garten erinnerte ihn an den seines Großvaters. Auf dem Grundstück standen jede Menge Obstbäume. Sie inspirierten Wolfgang Thomann dazu, an seinen freien Tagen mit dem alten Schnapsbrenner in die Fußstapfen des Großvaters zu treten und für sich und seine Freunde ein paar Flaschen guten Schnaps zu brennen. Der Schnaps kam bei seinen Gästen sehr gut an. Deshalb beschloss Wolfgang Thomann, noch mehr Flaschen zu brennen. Er legte sich auch einen Weingarten am Grundstück zu. Zu diesem Zeitpunkt begann eine Idee in ihm zu reifen. Doch diese Idee war noch nicht ganz ausgegoren.

Aeijst GmbH

Produkt: steirischer Gins, zu 100% aus biologischen Zutaten
Mitarbeiterzahl: 4
Jahresumsatz: *keine Angabe*
Firmensitz: Lang im Bezirk Leibnitz
Exportländer: Europa, USA, Asien

»Eigentlich war ich immer auf der Suche nach einer neuen Herausforderung. Im Grunde genommen wollte ich selbstständig sein, mein eigenes Produkt vertreten und auch mein Können als Schnapsbrenner vertiefen«, schildert Wolfgang Thomann heute.

2006 ist es endlich soweit. Thomann hängt den Job des Croupiers an den Nagel und beginnt 2007 an der Universität für Bodenkultur das Bachelorstudium Weinbau, Önologie und Weinwirtschaft, das er drei Jahre später mit Erfolg abschließt. Mit 44 Jahren ist er jetzt ausgebildeter Önologe und Weinwirtschafter mit einem international anerkannten universitären Diplom. Seine nächste Karriere konnte beginnen.

Von den Winzern und Sommeliers, die er während des Studiums kennenlernte, sollten sich später einige mit ihm vernetzen und zu seinen ersten Businesspartnern werden.

Zunächst stellt Thomann Wein in kleinen Mengen her. Hinzu kommt Schnaps. Beides verkauft er innerhalb Österreichs. Doch er ist Perfektionist und besucht weiterführende Seminare, um sein Wissen über Produktions- und Brennmethoden zu vertiefen sowie in Sensorik besser ausgebildet zu werden. Er will alles lernen. Und er reicht erstmals seine Schnäpse für Prämierungen ein. Etwa beim *Verein Mostbarkeiten*, dem Zentrum für Obstverarbeiter, das sich im Kärntner Lavanttal befindet. Mehrmals werden Thomann für seine Obstbrände Medaillen verliehen. Die Qualität seiner Brände ist herausragend. Das ermutigt ihn zum nächsten Schritt. Er ist fest entschlossen, ein außergewöhnliches Getränk zu kreieren. Er will etwas Besonderes entwickeln, herstellen und international verkaufen. Das ist jetzt sein einziges Ziel. Das neue Getränk soll nichts Alltägliches sein.

Der Zufall will es, dass der Freund seiner Tochter Lisa zu seinem 30. Geburtstag eine Flasche Gin bekommt, die sofort verkostet wird und allen gut schmeckt.

Auf einmal macht es bei Wolfgang Thomann Klick. Er scheint gefunden zu haben, was er suchte: Ein Produkt, das auf eine jahrhundertealte Tradition in England und in den Niederlanden zurückblickt, aber bei Österreichs Spirituosenherstellern noch in den Kinderschuhen steckt. Ein echter Genever, hergestellt aus Wacholderbeeren und Lavendel, gereift auf seinem steirischen Anwesen. Wo doch selbst die Mutter der heutigen Queen zu Mittag auf die tägliche Einnahme eines Glases Gin, gemischt mit Dubonnet-Wermut, schwörte.

Also beginnt Thomann ab Jänner 2014 einen steirischen Genever zu entwickeln. Jeder seiner Schritte wird eisern geplant. Von den Ingredienzien (alle biologisch hergestellt), der Vermarktung bis hin zum Export. Das zuständige Zollamt weist ihn auf die Alkoholsteuer, die im Ausland anfällt, hin. Thomann und sein Produkt sind überzeugend. Es kann weiter gehen. Ab jetzt wird fieberhaft daran gearbeitet, einen besonders wohlschmeckenden, steirischen Gin zu entwickeln. Gleich zu Beginn ist klar, dass die gesamte Familie gemeinsam an der Erstellung der neuen Edelspirituose arbeitet, für die eine neue Brennanlage für die Produktion von 50 Liter Gin angeschafft werden muss. »Es gibt bei uns kein ›Ich‹, sondern immer nur ›Wir‹«, erzählt Wolfgang Thomann stolz.

Im Mai 2014, während die Familie gerade Musik hört, fließt der erste Gin durch die Thomann'sche Brennerei. Thomanns Kinder Markus und Paul sowie Lisa und deren Freund Andreas verkosten die ersten Tropfen des steirischen Nobel-Bio-Gins und sind begeistert. Thomann selbst wird in den kommenden Tagen noch weiter am Getränk feilen. Weniger des Lavendel-Geschmacks würde dem steirischen Genever guttun, davon ist er überzeugt. Schritt für Schritt arbeitet er sich vor.

Beim Lavendelfest in Kitzeck werden die ersten Kostproben in Mini-Fläschchen angeboten. Die Verkoster sind begeistert. Doch das ist erst der Anfang. Am ersten September meldet Thomann sein Schnaps-Brenn-Gewerbe offiziell an. Der nächste Schritt betrifft das Design der Flasche und das Logo des Labels. Ganz wichtig. Hier darf nichts dem Zufall überlassen werden. Die Grafikerin Christina Michelitsch des Grazer Kultdesignstudios *Les Avignons* wird engagiert. Sie wird sich um die Gestaltung des neuen Labels kümmern: kleine, pfiffige Apothekerflasche, Korkverschluss, weiße Schrift, unvergleichlicher, besonderer Name, der das Getränk mehr in die Richtung seines Ursprungs in den Niederlanden rücken wird.

Dazu sollte man eines wissen: Das gesamte Design und der Inhalt der Flasche entsprechen Wolfgang Thomanns Wesen. Keine Schnörkel, keine unnötigen Farbspiele, denn Thomann ist Purist. Produkte, die er herstellt, müssen auf das Wesentliche reduziert und einzigartig sein. Sein Gin wird zu hundert Prozent aus biologischen Zutaten gefertigt, mithilfe von neun verschiedenen Aromen, im Fachjargon Botanicals genannt, die aus seinem Garten stammen, darunter: Wacholderbeeren, Koriander und Zitronen. Der Herstellungsprozess beginnt mit dem Mazerieren, dem Einweichen aller Zutaten im biologischen Weizenalkohol. Einige Tage später wird der Ansatz gebrannt. Mit Wasser aus dem Suggaritzwald wird das hochprozentige Destillat auf Trinkstärke gebracht und dann etwa zwei Monate lang im Edelstahltank gelagert, bevor es händisch – mit einer eigens angefertigten Anlage – in Flaschen abgefüllt wird.

Thomanns wichtigste Botschaft zu Beginn der Zusammenarbeit mit *Les Avignons* lautete: Die Flasche soll den Menschen so ins Auge springen, dass jeder gerne den Gin kauft. Thomann will, dass der Konsument zugreift und dass der Name der neuen Marke einen Bezug zur Südsteiermark hat.

Gemeinsam mit der Grafikerin wird der Name »*Aeijst*« geboren. Dabei handelt es sich um das steirische Dialektwort zur Mehrzahl von »*Ast*«, also »*Äste*«. Denn fast alle Zutaten stammen von Früchten, die auf Ästen gedeihen. Die korrekte Aussprache des Wortes »*Aeijst*« soll bei den Konsumenten Neugierde hervorrufen: Genau das möchte Thomann.

Doch dann geht alles sehr rasch: Binnen kürzester Zeit gewinnt Thomanns steirischer Gin höchste Auszeichnungen in London bei der »*Wine and Spirit Competition 2015*«, in den Kategorien *London Dry Gin* eine Silber-Medaille, in der Kategorie *Gin and Tonic* eine weitere Silber-Medaille und in der Kategorie *Verpackung* eine Bronze-Medaille.

> **Wege aus der Krise**
>
> »In Krisenzeiten ist es wichtig, die Marke zu schützen und sie nicht zu verwässern. Das Portfolio kann ebenfalls erweitert werden, etwa mit speziellen Produkten, die nicht Mainstream sind – bei uns etwa mit Absinth. Außerdem ist es in Krisenzeiten wichtig, dass der Unternehmer sich auf seine Stärken besinnt.«

Seinen *Aeijst*-Gin kann man seither in verschiedensten noblen Lokalen und Bars in ganz Österreich und in Teilen Deutschlands kaufen. 2016 haben sich Kontakte nach Asien, von Japan bis nach Hongkong und Shanghai, aufgetan. Seit 2017 ist sein Gin also auch in Asien erhältlich.

Wolfgang Thomann hatte definitiv nicht geplant, ins Ausland zu gehen. Aber mehrere seiner inländischen Partner kamen auf ihn zu und fragen, ob er Interesse daran hat, seinen Gin im Ausland zu verkaufen. Die Hauptschwierigkeit bestand darin, zuverlässige Partner zu finden – ob in Österreich oder im Zielland –, die auch die komplette Abwicklung übernehmen. Denn die Alkoholsteuer muss in dem Land abgeführt werden, in dem die Spirituose konsumiert wird. Dieses Prozedere bedarf einiger Erfahrung.

Die Wirtschaftskammer Österreich gibt detaillierte Auskünfte darüber, wie der Export abgewickelt werden muss, wenn man ihn selbst organisieren will. Auch das Zollamt ist kooperativ. Innerhalb Europas sind die Herausforderungen annähernd dieselben. Außerhalb der EU wird es aufgrund der Handelsbeschränkungen um einiges komplizierter. Umso wichtiger ist es, einen starken Partner zu haben. Für Thomann ist bei allen Unternehmungen das Ziel, Geld zu verdienen. Der Weg dahin ist lang, aber spannend. Die Aufgabe bestand für Thomann darin, mit dem Produkt auch in anderen Ländern zu überzeugen – noch dazu in einer Branche, die weltweit gerade einen Boom erlebt. International wahrgenommen zu werden, ist das »Tüpfelchen auf dem I«, sagt Thomann. Aufträge im Inland abzuwickeln, wird nach einiger Zeit zur Routine. Eine weitere Herausforderung besteht darin, die Kontakte zu den bestehenden Kunden zu halten und neue Kunden dazuzugewinnen. Im Ausland ist jeder neue Auftrag eine Challenge für sich: Es bedarf wesentlich mehr Engagement, um Fuß zu fassen. Der Markt in Österreich ist trotz ständig neuer Mitbewerber groß genug. Wichtig ist, so Thomann, sich ein wenig von den anderen abzuheben, sowohl was das Produkt betrifft, als auch in der Kommunikation und im gesamten Marken-Auftritt.

Alles läuft für Monate rund, doch dann passiert das Undenkbare.

Es ist Nachmittag. Wolfgang Thomann ist gerade in Graz mit einigen Erledigungen beschäftigt, sein Sohn Markus brennt Gin am Langaberg. Da erhält Thomann plötzlich einen aufgeregten Anruf seines Nachbarn: »Du, Wolfgang, dein Schuppen brennt.« Thomann weiß, dass sein Sohn im Schuppen ist. Er ruft ihn an. Mehrmals. Doch Markus ist telefonisch nicht erreichbar. Thomann setzt sich in seinen Wagen und fährt in Windeseile nach Hause. Dort erwarten ihn bereits die Feuerwehr und die Polizei. Und auch Markus steht traurig vor dem brennenden Schuppen. Sein Vater ist überglücklich, ihn unversehrt anzutreffen und in die Arme schließen zu können, doch was ist im Schuppen passiert? Ein Gutachten wird Aufschluss über die Brandursache geben: der Thermostat, der die Kühlwasserzufuhr regelt, hat geklemmt. Dadurch war Alkoholdampf unkondensiert in den Raum entwichen. Der Schuppen explodierte, die dreiflügelige Eingangstüre wurde dabei in den Garten geschleudert. Eine Nachbarin spürte eine Druckwelle. Jetzt muss schleunigst eine neue Schnapsbrenn-Möglichkeit gefunden werden. Denn Thomann hat nur 700 Flaschen auf Lager und die Vorbestellungen häufen sich.

In solchen schwierigen Momenten lässt sich Wolfgang Thomann nicht entmutigen. Er wird sogar durch derartige Ereignisse stärker. Er wird zum Kämpfer. »Wer ein Problem hat, hat auch die Lösung«, lautet sein Credo. In den folgenden Wochen kann Thomann mehrmals bei befreundeten Schnapsbrennern produzieren und so die steigende Nachfrage weiter bedienen. Als Glücksfall erweist sich im Sommer 2015 die Möglichkeit, im *Weingut Muster.gamlitz*, das mit einer großen Brennerei ausgestattet ist, die Produktion weiterführen zu können.

Thomann hat in den letzten beiden Jahren eines gelernt: Er lässt sich nicht mehr aus der Ruhe bringen. Dabei ist Wolfgang Thomann ein typischer Vorausdenker. Er tüftelt – gemeinsam mit seinen Kindern – ständig an Verbesserungen. Ganz oben auf der Prioritätenliste stehen ein neuer Korken und eine neue Flasche. Das Projekt soll in den nächsten Monaten umgesetzt werden. Jeder Korken wird mit dem Logo von »*Aeijst*« handgestempelt, auf der kleinen Füllanlage können immer nur zwei Flaschen gleichzeitig abgefüllt werden. Derzeit sind es 1.000 Flaschen pro Monat. Lisas Freund Andreas hat sich eine Lasermaschine gekauft. Damit wird auf den unteren Rand der Glasflasche das Logo eingraviert.

Das Ziel für die kommenden Jahre wird es sein, den noblen Bio-Gin in Asien und parallel dazu auch in ganz Europa zu etablieren. Weiters arbeitete die Familie an einer ersten Sonderedition für den Herbst-Winter 2017. Von diesem »*Aeijst*« gab es lediglich 500 Flaschen. Vorbestellungen hatte Thomann bereits lange zuvor.

Im Juni 2018 übernahm Thomann eine ehemalige Whiskey-Brennerei in St. Nikolai im Sausal. Diese Übernahme gab ihm die Möglichkeit, größere Verkostungen und Führungen in der Schaubrennerei durchzuführen. Außerdem entwickelte er mit der Zeit andere Labels und produzierte sie auch, wie etwa: *2B Hemp Gin*, *Beerenkräfte Gin* oder *The Good Gin*.

Im September 2018 wurde *Aeijst* schließlich von einem Einzelunternehmen in eine GmbH umgewandelt, deren Gesellschafter mit 51 Prozent Wolfgang Thomann ist. Die restlichen 49 Prozent teilen sich unter seinen Kindern Lisa, Markus und Paul Thomann sowie Lisa Thomanns Freund, Andreas Tuder, auf.

Was der Gin-Hersteller in den Jahren seines Bestehens gelernt hat?

»Als Unternehmer muss man präsent sein. Denn der Konsument verlangt nach einer oder nach mehreren Personen, die hinter der Marke stehen.« Außerdem: Ein exklusives Produkt wie Gin muss auch ästhetisch sein. Das Design ist enorm wichtig. Thomann gibt gerne zu, dass die wichtigsten Ideen von seinen Kindern kommen. Sie haben sich immer kompromisslos eingebracht – alle drei waren vom Start an mit dabei und vertreten den Vater immer wieder auf Veranstaltungen und auf internationalen Messen, um dort den Bekanntheitsgrad des Produkts zu steigern. Der Faktor »Jugend« spielt eine Rolle bei Getränken. Rückblickend betrachtet ist Wolfgang Thomann sehr stolz darauf, ein besonderes Getränk kreiert zu haben, dass sich als Marke derart rasch und positiv etabliert hat. »Wir haben alles hart erlernen müssen. Wir haben Schicksalsschläge überwunden und sind auf einem guten Weg, international bekannt zu werden. In derart kurzer Zeit ist das ein absoluter Glücksfall und sehr selten.«

Der Erfolg dieses Unternehmens liegt in:

- der Unterscheidung von den Mitbewerbern, in der Kommunikation und im Marken-Auftritt des Produktes
- einer starken Unternehmer-Präsenz
- einem raffinierten, modernen Design des Produktes
- einem guten Businesspartner-Netzwerk, darunter Partner aus der Studienzeit
- dem Mut zum Vorausdenken und gleichzeitig dem Bemühen um stetige Verbesserungen
- Fokus auf Bio-Produkte
- Fokus auf »Jugend«
- dem Credo »Wer ein Problem hat, hat auch die Lösung«
- starker Familienzusammenhalt bei der Gründung und Arbeit: »Wir«-Bewusstsein
- einem sehr guten Kontakt zu den Kunden: Kontakte halten und zusätzlich neue Kunden hinzugewinnen
- vielen regionalen Partnern

Die UltraCam-Macher

Seit 2003 werden in der Steiermark digitale Luftbildkameras zur Vermessung, Kartografie und Dokumentation der Erde hergestellt. Das Unternehmen heißt Vexcel Imaging, hat schon Konzerne wie Microsoft mit Technologie unterstützt, ist international führend und wird seit 2008 erfolgreich vom Stuttgarter CEO Alexander Wiechert geführt.

Wenn man in Graz das Gebäude Anzengrubergasse 8 in der Nähe des Finanzamtes betritt und in den vierten Stock marschiert, dann ahnt man kaum, welch spannendes, international tätiges Unternehmen sich hinter der hellgrauen Türe befindet. Denn *Vexcel Imaging* ist weltweit bekannt, sehr erfolgreich und ein „echt steirisches Unternehmen". Gegründet wurde das Unternehmen 1992 von Professor Doktor Franz Leberl. Leberl wurde im Jahr 1945 im sächsischen Gersdorf geboren und ist in Österreich aufgewachsen. Nach Stationen am Internationalen Institut für Geo-Information Science und Earth Observation in den Niederlanden und im Anschluss daran bei der NASA in Pasadena, Kalifornien, wo er im Rahmen der Magellan-Mission für die Kartierung des Planeten Venus mithilfe bildgebender Radarsysteme verantwortlich zeichnete, nahm er im Jahr 1976 eine Professur für Photogrammmetrie und Fernerkundung an der Technischen Universität Graz an. 1977 wurde Leberl mit seiner Arbeit über Satellitenradar-Bildanalysen habilitiert. Neben seiner Arbeit an der Universität gründete der ambitionierte Techniker ein Forschungsinstitut für digitale Bildverarbeitung in der größten außeruniversitären Forschungseinrichtung der Steiermark, Joanneum Research. Daraufhin folgten verschiedene Stationen in den USA bis er 1992 dann wieder zurück in Graz die *Vexcel Imaging GmbH* gründete. Anfänglich entwickelte das Unternehmen den hochgenauen, digitalen Filmscanner »UltraScan 5000« zum Scannen von analogen Luftbildern und etablierte sich damit weltweit. Als sich um das Jahr 2000 herum die bildgebende digitale Sensortechnik mit immer besser werdenden CCDs[1] immer weiter ausbreitete, war klar, dass die analoge Luftbildbefliegung ein Ende haben und durch digitale Kameras ersetzt werden würde, eine vergleichbare Entwicklung wie etwa bei Spiegelreflexkameras. Damit hätte auch der Filmscanner von *Vexcel* ausgedient.

Im Jahr 2000 besuchte Leberl den ISPRS-Kongress in Amsterdam, wo große Kamerahersteller wie *Leica* und *Zeiss* bereits ihre ersten Kameras für Luftbildaufnahmen ankündigten. Die Präsentationen auf der Messe inspirierten ihn und Leberl entschied blitzartig: »Wir müssen halb so teuer wie die anderen Hersteller sein und doppelt so gut.«

Vexcel Imaging GmbH

Produkt: Luftbildkameras mit hoher Auflösung, die vorrangig zum Kartografieren dienen.
Standorte: Das kommerzielle Kamerageschäft ist an zwei Standorten angesiedelt: Dem Hauptsitz in Graz sowie einer Vertriebs- und Supportniederlassung in Denver. Außerdem hat *Vexcel* knapp 20 Partner weltweit zur Vertriebsunterstützung und betreibt ein weiteres Kalibrierlabor in Singapur. Das Datenprogramm ist in drei Standorten in den USA sowie in Madrid angesiedelt.
Mitarbeiter: weltweit ca. 500, davon 71 in Graz
Jahresumsatz: derzeit rund 25 Millionen Euro in Graz und weltweit >100 Millionen Euro.
Marktanteil: Europa ca. 80%, weltweit ca. 50% (bezogen auf großformatige Luftbildkameras)
Exportländer: *Vexcel* ist heute weltweit tätig.

Nun unterscheiden sich Luftbildkameras ganz erheblich von einer normalen Kamera. Die Luftbildkameras müssen aus großen Höhen unter stark wechselnden Einsatzbedingungen der Temperatur, der Luftfeuchtigkeit, des Luftdrucks in Kombination mit flugzeugtypischen Vibrationen ein auf den tausendstel Millimeter genaues, geometrisch stabiles und farbechtes Bild aufnehmen. Und das dank der Fluggeschwindigkeit rasch hintereinander und zudem mit einer möglichst hohen Auflösung und Pixelanzahl, denn je größer bzw. je breiter eine einzelne Aufnahme ist, umso weniger Flugstreifen werden benötigt, um ein Gebiet, sei es eine Stadt, ein Bundesland oder einen ganzen Staat, abzudecken. Das er-

---

1 CCD ist die Abkürzung für »Charge-coupled Device« (ladungsgekoppeltes Bauteil) und ist eine lichtempfindliche, elektronische Baugruppe, die in der Lage ist, Photonen in elektrische Ladungen umzuwandeln.

fordert ein ganz besonderes, sehr komplexes Kamerakonzept, welches aus mehreren Objektiven und einer Vielzahl von Bildsensoren besteht.

Im Jahr 2001 bei einer Zugfahrt kam Dr. Michael Gruber, einer der ersten Mitarbeiter der *Vexcel Imaging GmbH* und heutiger Chief Scientist des Unternehmens, die zündende Idee, wie diese Anforderungen mittels der damals verfügbaren Technik revolutionär gelöst werden können. Die Prinzipskizze auf einer Papierserviette überzeugte Professor Leberl und er gab den Startschuss zur Entwicklung der »UltraCam D«, der ersten digitalen Luftbildkamera der Firma *Vexcel Imaging GmbH*.

Hierbei handelte es sich um eine neuartige digitale Luftbildkamera, die großformatige Luftbilder liefert, die radiometrisch und geometrisch den vergleichbar aufgenommenen Bildern von konventionellen Filmkameras überlegen ist. Für die damalige Zeit eine Sensation in der professionellen Luftbildbefliegung, Kartografie und Landesvermessung.

Ausgehend von der Papierserviette wurde ein Patent eingereicht und ein fähiger Elektroniker gesucht, der das komplexe Innenleben der Kamera entwickeln sollte. Dieser wurde mit Martin Ponticelli gefunden, heutiger CTO und Mitgesellschafter der *Vexcel Imaging GmbH*. Leberl und sein Team machten sich ab September 2001 an die Herstellung der UltraCam D. Die erste UltraCam D konnte bereits im Mai 2003 während einer Tagung in Alaska vorgeführt werden und trat ab diesem Moment ihren Siegeszug an. Dabei galt es als Newcomer gegen die etablierte Konkurrenz anzutreten. Die überlegenen Fähigkeiten der UltraCam D überzeugten, und das Kamerasystem setzte sich am Markt weltweit durch. Engelbert Breg, damals Vertriebsmitarbeiter, heutiger Sales Director des Unternehmens, erinnert sich: »Das war kein Selbstläufer, wir waren permanent unterwegs, um die Kamera beim Kunden vorzustellen, und wer jemals in der Economy-Klasse einen Senatorstatus erflogen hat, kann erahnen, wie viel wir unterwegs waren. Aber es hat sich gelohnt, wir hatten Erfolg.« Damit zog die digitale Bildtechnik in die Erdvermessung, Kartografie und Fotogrammmetrie ein.

Auf der anderen Seite des Atlantiks machten sich Großkonzerne ebenfalls Gedanken über ein digitales Abbild der Erde im Internet, allen voran der Online- und Internetdienstanbieter *Google*. Bereits führend in der Internetsuche, plante Google seinen nächsten großen Coup, *Google Maps* und *Google Earth*, und auch bei Bill Gates, dem Mitbegründer von *Microsoft*, reifte eine Vision.

Google kaufte sich bei *Keyhole Inc.* ein, um die notwendige Technologie für die Erzeugung und Darstellung eines virtuellen Globus zu bekommen. Bill Gates entwarf eine Gegenstrategie, und im Jahr 2005 rief er bei seiner Rede anlässlich seines 50. Geburtstags in London das Projekt Virtual Earth ins Leben – ein virtuelles Abbild der Erde, insbesondere der Städte in 3D.

Daraufhin begab sich *Microsoft* auf die Suche nach möglichen Technologiepartnern und fand insgesamt sechs Firmen, die infrage kommen könnten. *Vexcel* war eines dieser Unternehmen. Bill Gates wollte von jedem Anbieter Informationen über deren Systeme und Kameras einsehen. *Vexcel* sendete ihm daraufhin ein besonders gut designtes und durchdachtes Demo-Band zu, mit auf Basis der Technologie von *Vexcel* erstellten 3D-Welten, durch die der Benutzer durchmarschieren konnte. Ein Volltreffer. *Microsoft* war begeistert von *Vexcels* Demo-Band. Rasch wurde klar, dass Bill Gates beabsichtigte, das Unternehmen von Franz Leberl zu kaufen. Im Mai 2006 wurde der Deal perfekt gemacht und *Vexcel Imaging* von *Microsoft* übernommen. Damit begann eine neue Ära des Unternehmens, *Microsoft* übernahm die Führung.

Im Jahr 2008 stößt schließlich der Stuttgarter Alexander Wiechert als Microsoft Business Director und Geschäftsführer zu *Vexcel* nach Graz. Wiechert war gerade dabei, sein Befliegungsunternehmen in Deutschland zu verkaufen. Franz Leberl und er kannten sich von etlichen Messebegegnungen. Wiechert kommt ursprünglich aus dem Industriezweig, der auf mobile Informatik- und Kommunikationstechnologie-Systeme spezialisiert ist. Er arbeitete zunächst bei *Daimler Chrysler Aerospace*, gründete danach die *AIS Advanced InfoData Systems*, ein Unternehmen, das auf Telematiksysteme und Avionikdatenbanken ausgerichtet ist, bevor er dann als Geschäftsführer und Gesellschafter zu *TopoSys GmbH* wechselte, das sich auf Erdfernerkundungen durch Laserbefliegungen spezialisiert hatte. Die Gespräche zwischen Wiechert, Leberl und *Microsoft* verlaufen positiv und im Januar 2008 steigt Wiechert als Business Director und Geschäftsführer ein und Franz Leberl scheidet aus dem Unternehmen aus.

In den darauffolgenden Jahren wird das US-Unternehmen *Microsoft*, geführt von CEO Steve Ballmer, nachhaltig in *Vexcel* investieren. Die gesamte Softwareentwicklung wird auf neue Beine gestellt und enorm professionalisiert. Das Finanzwesen wird neu aufgebaut, die gesamte Firma in eine wirkliche Firmenstruktur überführt. Parallel dazu verdreifacht sich der Mitarbeiterstamm nahezu. Es werden neue Luftbildkameras entwickelt, dabei wird das Portfolio stark erweitert. Aus einer Kamera entwickeln sich drei neue Hauptreihen, die jeweils noch Varianten haben, basierend auf der neuesten Technologie. Das Unternehmen zählt weltweit zur Spitze.

Microsoft hat somit massiv geholfen, den steirischen Standort mit dem eigenen Know-how weiterzuentwickeln von einem Eigentümer geführten Unternehmen hin zu einem Unternehmen mit Struktur, funktionierenden Hierarchien, Reportings, Marktanalysen etc. Dabei war neben den herausragenden Produkten der Aufbau eines herausragenden, sehr kreativen Mitarbeiterstabs der Schlüssel zum Erfolg.

Das Leadershipteam, bestehend aus Alexander Wiechert, Martin Ponticelli und Michael Gruber, setzt gemeinsam mit den Teams am Standort Graz und Boulder neben dem eigenen Kamerageschäft auch wichtige Themen für *Microsoft* um: Etwa neue Software für die Bildverarbeitung für *BING maps*, neue 3D-Software zur Erstellung virtueller Welten oder spezielle Kameras, mit denen *Microsoft* die gesamten USA und Westeuropa in wenigen Monaten in hochaufgelösten Bildern aufnimmt. Ein Datensatz, den es bisher in dieser Qualität, Abdeckung und Konsistenz nicht gab und der damals als weltweit größtes Bildbefliegungsprojekt galt.

»Das Leben kommt in Wellen, es ist nicht alles Zuckerschlecken«, erklärt Alexander Wiechert, wenn man ihn auf die Finanzkrise 2008 anspricht. Durch die Krise manövriert sich *Vexcel* gut durch, da es sich bei den Kunden des Unternehmens um eine relativ krisenresistente Branche handelt, die mit den diversen internationalen Landesvermessungsstellen und Regierungen zusammenarbeitet. »Wenn es die anderen bereits erwischt, geht es uns noch gut, wir sind dann ein Jahr später dran«, sagt Wiechert dazu. Das Unternehmen *Vexcel* ist finanziell gut aufgestellt, die Umsatzziele werden erfüllt und es gibt außerdem einen »unverschämt hohen Eigenkapitalanteil«. Wiechert sieht sich als konservativen Geschäftsführer: »Wenn die Kriegskasse nie leer wird, dann ist man krisenfester. Wichtig ist es, dass man im Finanzbereich grundsolide haushaltet, langfristig denkt und dabei von schlechten Szenarien ausgeht und nicht vom *best case*. Bildlich gesprochen sind typischerweise die Kosten höher als geplant, der Umsatz kommt später und der Kunde zahlt nicht morgen, sondern übernächsten Monat.«

Wiechert geht sogar einen Schritt weiter und gibt einen Einblick in das Zusammenspiel zwischen *Vexcel* und *Microsoft*: Er erklärt, dass es mit *Microsoft* als großem internationalen Konzern nicht immer so einfach ist, denn es prallen zwei unterschiedliche Unternehmenskulturen zusammen. Einerseits der konservative Standort in Österreich mit circa 25 Millionen Umsatz, andererseits der weltweite Großkonzern in den USA mit einem Milliardenumsatz. Fazit: Man musste sich zusammenraufen. Während sich die USA über die »Quadratschädel« in der Steiermark mokierten, ärgerten sich die Österreicher über die »verrückten Amerikaner«. Doch in der Realität ist es in einem Zusammenspiel zwischen zwei Unternehmen in unterschiedlichen Ländern selten so, dass eine Seite Recht hat und die andere nicht. Wiecherts Erfahrung lautet: Man muss die Situation aus dem Blickwinkel des anderen betrachten und einen Kompromiss suchen. »*Microsoft* hat eine sehr offene Unternehmenskultur«, sagt er. Aus diesem Grund ist auch die Bürotür zum Geschäftsführer Wiechert immer offen – er ist immer bereit zum Gespräch mit seinen Mitarbeitern. Es gibt regelmäßige Sitzungen, denn man müsse über die Dinge reden. Man müsse in den Ring steigen, wenn notwendig, neue Dinge versuchen und Probleme möglichst ausräumen. Ein kultureller Unterschied zwischen der Steiermark und den USA bestehe ohne Zweifel, und mit diesem müsse man zurechtkommen. Das Gehalt bestehe aus dem, »was man leistet«, und aus »Schmerzensgeld für das, was man aushält«, sagt Wiechert. Das müsse man als Geschäftsführer zwischen zwei Unternehmenskulturen akzeptieren, nach dem Motto: »*Love it, change it, or leave it.*«

Das Unternehmen *Vexcel* arbeitet etliche interessante Projekte für *Microsoft* aus, hilft entscheidend am Aufbau von *BING maps* mit und entwickelt und platziert viele neue Kameraprodukte am Markt. Es läuft dabei viel über Videokonferenzen, persönliche Treffen und Teamarbeit. Es sind spannende zehn Jahre mit viel Wachstum am Markt. Es hätte gerne endlos so weitergehen können. Doch am 24. August 2013 gibt *Microsoft* plötzlich in einer Presseaussendung bekannt, dass Steve Ballmer nur mehr ein Jahr als CEO zur Verfügung stehen wird, da er sich von der operativen Arbeit langsam zurückziehen möchte. Ein Gremium unter der Ägide von Bill Gates persönlich beschäftigt sich mit Steve Ballmers Nachfolge. Erst Bill Gates und dann auch Steve Ballmer waren über viele Jahre glühende Befürworter von *Vexcel*. Das steirische Unternehmen war eines der größten Atouts. Indes wird bereits im Februar des nächsten Jahres der indisch-amerikanische Informatiker Satya Nadella zum neuen CEO bestellt. Steve Ballmer wechselt in den Aufsichtsrat von *Microsoft*. Doch genau sechs Monate später, am 19. August 2014, verlässt Ballmer den Aufsichtsrat von *Microsoft* und einen Tag später sogar *Microsoft*. Eine neue Ära beginnt. Ab diesem Zeitpunkt ändert sich die Ausrichtung des Konzerns. Der neue CEO ist ein Manager, der die Dinge stärker hinterfragt und den Konzern auf das Kerngeschäft und eine »mobile first«-Welt fokussiert.

Bis zu diesem Zeitpunkt hatte *Microsoft* selbst sehr erfolgreich in die Datenerfassung und -erzeugung von *BING maps* investiert. *Vexcel* hatte mit Software und speziellen Kameras viel dazu beigetragen. Flugzeuge und UltraCams wurden im Auftrag von *Microsoft* betrieben und die Daten in eigenen Rechenzentren für *BING maps* aufbereitet. Doch der neue CEO fragt sich trocken: »Kann man das nicht zukaufen?« Und so wurde kurze Zeit danach die sich in den USA befindliche Datenerfassung und Produktion für *BING maps* an den US-Taxidienst *Uber* verkauft. Damit war absehbar, dass sich die Wege von *Microsoft* und *Vexcel* bald trennen würden. Es gab nun zwei Möglichkeiten: Entweder würde *Vexcel* »unter die Räder kommen und zusperren müssen«, oder es würde eine Veränderung für den Standort mit einem neuen Eigentümer kommen, vielleicht sogar eine Absiedelung. Klar war für Wiechert, dass diese Entscheidung seitens *Microsoft* nun endgültig war. Es gab kein Zurück mehr, obwohl *Vexcel* ein erfolgreiches Unternehmen war und immer hochprofitabel zum Ergebnis beigetragen hatte.

Das Szenario traf das Unternehmen, beziehungsweise die Manager, nicht unvorbereitet. »Die Veränderung war absehbar«, so Wiechert. Man könne entweder mitgestalten oder man sei ein Spielball. »Wir wollten mitgestalten«, da waren sich Wiechert und sein Team einig. So wurde nach einer Lösung gesucht.

Bereits Mitte 2015 gab es einen denkwürdigen Grillnachmittag im Haus von Ex-*Microsoft*-Manager Stephen Lawler an einem See in den Vereinigten Staaten. Vier Männer treffen an diesem Nachmittag zusammen: Zwei ehemalige Manager von *Microsoft* aus den USA und zwei Manager von *Vexcel* aus Graz. Alle vier sind aus der gemeinsamen Zeit bei *Microsoft* freundschaftlich verbunden. Sie diskutieren miteinander. Alexander Wiechert ist einer von ihnen, Martin Ponticelli gehört auch dazu. Beide sind langjährige Manager bei *Vexcel*. Die beiden anderen waren hochrangige *Microsoft*-Manager, Stephen Lawler arbeitete einst als Technikvorstand beim *Microsoft*-Kartendienst *BING maps*, Erik Jorgensen war Vizepräsident von *Microsoft* und leitete unter anderem *BING maps* und *MSN*. Beide US-Manager hatten vor zehn Jahren die Übernahme von *Vexcel* durch *Microsoft* über die Bühne gebracht. Beim Grillen stand bald fest – alle stehen hinter dem Unternehmen und wollen als Team beim Bieterverfahren mitmachen, sollte es wirklich dazu kommen.

Im September 2015 wird offiziell, dass *Vexcel* zum Verkauf steht. Es folgt eine Phase mit großem Risiko und großer Unsicherheit, eine span-

> **Wege aus der Krise**
>
> »Als Unternehmer ist man immer wieder mit positiven wie negativen Überraschungen oder auch mit Krisen konfrontiert. Bei COVID-19 galt bzw. gilt für mich dasselbe wie sonst auch: Anfangs beobachten, wie sich die Situation entwickelt, dann aber früh genug und entschlossen reagieren. Die Meter, die man sonst am Anfang verliert, holt man kaum mehr auf. Wichtig ist ebenfalls, die Mitarbeiter früh in die Probleme und in die Problemlösung einzubinden, sodass alle an einem Strang ziehen. Das klappt nur, wenn die Maßnahmen sinnvoll, maßvoll und begründet erscheinen. Eine Linie verfolgen und sich möglichst von hektischem Aktionismus und Ausschlägen der Umgebung, wie z. B. der Politik, abkoppeln. Sehr auf seine Finanzen achten, denn typischerweise brauchen wirkliche Krisen meist länger als anfangs gedacht. Und zum Schluss: Nie den Mut verlieren.«

nende Zeit, bis die Dinge wieder ins Lot geraten, beschreibt Alexander Wiechert die nun folgenden fast sieben Monate. Der Verkaufsprozess startet, die Gespräche mit Interessenten beginnen. Auch die vier Führungskräfte treten an das Management von *Microsoft* heran und bekunden, dass sie *Vexcel* aus *Microsoft* in einem Management Buy-out herauskaufen wollen mit der Begründung: »Wir vier kennen das Unternehmen in- und auswendig und können den Deal rasch, einfach und ohne Haftungsrisiko abschließen.« *Microsoft* akzeptiert, denn von Anfang an war es das Bestreben, eine »gute neue Heimat« für *Vexcel* zu finden, die die größte Chance für ein Überleben des Unternehmens darstellt. *Microsoft* entscheidet sich beim Bieterverfahren für die vier Manager und das Buy-out. Die Trennung von *Microsoft* erfolgt aus diesem Grund »sehr freundschaftlich«. Der Abschluss der Übernahme – auch »Closing« genannt – erfolgt im März 2016. Für *Microsoft* handelt es sich um einen kleineren Deal, aber dafür um einen mit positivem Abschluss, was für *Microsoft* sehr wichtig war. Und so kommt es, dass *Vexcel* im März 2016 an die vier Führungskräfte verkauft wird. Ein genauer Kaufpreis wird bis heute nicht genannt. Alexander Wiechert verrät jedoch, dass es sich um einen »signifikanten Millionen-Betrag« gehandelt habe, war doch Vexcel stets »ein sehr profitables Unternehmen«.

Einen Tag nach dem Kauf krempeln die vier Männer ihre Ärmel hoch, es gibt viel zu tun. Denn *Vexcel* ist ab jetzt eine eigenständige Firma, wobei die Bereiche Personal, IT und Facility, die einst über *Microsoft* von Wien aus abgewickelt wurden, nun von ihnen übernommen werden. Sie haben drei Monate Übergangsfrist mit *Microsoft* vereinbart, um einen nahtlosen Übergang zu schaffen und *Vexcel* aus dem Konzern herauszulösen. *Microsoft* unterstützt mit einem erfahrenen Team. Im Juni 2016 werden schließlich offiziell »die Stecker gezogen« und die letzte Leitung zu *Microsoft* gekappt. Alles, was in der *Microsoft*-Ära entwickelt wurde, wird von den vier neuen Eigentümern übernommen.

Die *Vexcel Imaging GmbH* selbst, der Geschäftsumfang und die weltweite Ausrichtung bleiben unverändert. Hauptprodukte sind nach wie vor die Luftbildkameras »UltraCam«, die sich stark weiterentwickelt hatten und in mehrere Produktlinien gewachsen waren, sowie die zugehörige Verarbeitungssoftware »UltraMap«, die in der *Microsoft*-Zeit ebenfalls enorm gewachsen ist. Die interne Organisation von *Vexcel Imaging* hat sich nicht geändert. Es gibt weiterhin drei Einheiten, bestehend aus Business, Entwicklung und Anwendung.

Ab diesem Tag im März werden von *Vexcel* wieder neue Kameras entwickelt. Derzeit arbeitet das Unternehmen an der vierten Luftbildkamerageneration, die seit 2019 schrittweise Modell für Modell in den Markt kommt und auf einer vollkommen überarbeiteten Technologie beruht. »Wenn man Marktführer ist, wird man gejagt«, so Wiechert, »Stillstand wäre Rückschritt.«

Und ein weiteres Geschäft öffnet sich Ende 2017 für *Vexcel*, in das seit 2018 massiv investiert wird: In Zusammenarbeit mit dem *National Insurance Crime Bureau* (NICB), einem Zusammenschluss von rund 1200 Versicherungsgesellschaften der USA, führt *Vexcel* eine Kooperation von Befliegungsfirmen an, um mittels einer webbasierten Geodaten-Anwendung hochauflösende Luftaufnahmen von kritischen Gebieten, in denen zum Beispiel Hurrikans wüten, bereitzustellen.

Die Anwendungsmöglichkeiten der aus den Befliegungen von Katastrophengebieten unmittelbar nach dem Ereignis gewonnenen Daten sind vielfältig. Zum einen werden die Ersthelfer (Katastrophenschutz, Polizei, Feuerwehr ...) sowie humanitäre Organisationen, Bundes- und Staatsbehörden rasch mit den notwendigen Daten versorgt, um die Lage beurteilen und Rettungseinsätze koordinieren und durchführen zu können. Die hochaufgelösten Bilder von *Vexcel* haben schon mehr als einmal geholfen, Menschenleben zu retten. Zum anderen werden die Daten aber auch der Versicherungswirtschaft zur Verfügung gestellt und haben bei den Katastrophen wie den Hurrikans Florence oder Michael oder auch bei Feuern in Kalifornien die Schadensbeurteilung und -bearbeitung revolutioniert. Anstelle einer mehrerer Monate dauernden Begehung vor Ort können die Versicherungen dank *Vexcel* innerhalb von wenigen Tagen nach der Katastrophe aus den Luftbildern den Schaden beurteilen und die Versicherungsleistung ausbezahlen, sodass der Wiederaufbau rasch erfolgen kann.

Für dieses Projekt koordinierte *Vexcel* 18 Flugzeuge der Partnerfirmen, die permanent in der Luft waren und Daten sammelten. Sie erhielten vorrangigen Zugang, um über diese Katastrophengebiete zu fliegen, so wie es die Wetterbedingungen erlaubten. Nach der Erfassung durch die Spezialkameras verarbeitete *Vexcel* die enorm großen Datenmengen mithilfe der *Vexcel* UltraMap-Workflow-Software in einem eigenen Rechenzentrum, das hierfür aufgebaut wurde. »Wir strebten eine 24h-Turn-Around-Zeit an«, so Alexander Wiechert, »am Tag A fliegen, über Nacht prozessieren, und am Tag B gehen die Daten online für den Katastrophenschutz und die Versicherungswirtschaft. Das ist ambitioniert, handelt es sich doch um mehre Petabytes an Daten pro Flugtag, aber wir haben es geschafft.«

Aufgrund der enorm positiven Rückmeldungen wurde aus den Pilotprojekten das »Vexcel Data Program« (VDP) etabliert und *Vexcel* führte ab Januar 2018 permanente Befliegungs-Aufträge in den USA durch, damals noch mit gecharterten Flugzeugen. Mittlerweile hat die Firma mit seinem Datenprogramm eine länderübergreifende Luftbild- und Datenbibliothek aufgebaut, das nicht nur Versicherern bei der Risikoanalyse und Schadensberechnung im Katastrophenfall hilft, sondern auch anderen Organisationen unabhängig von der Versicherungsbranche einen Mehrwert bietet. Das Datenprogramm ist ein hybrider, cloudbasierter Dienst, der detaillierte und genaue Luftbilder sowie abgeleitete Datenprodukte wie Punktwolken, digitale Oberflächenmodelle und Orthofotos liefert.

Vexcel unterscheidet bei seinem Datenprogramm zwischen zwei wesentlichen Elementen: Blue Sky and Gray Sky. Ausgangsbasis des Programms war das Gray-Sky-Szenario, das im Katastrophenfall zum Einsatz kommt und die zentrale Aufgabe hat, möglichst schnell Luftbilder von Katastrophengebieten aufzunehmen und Einsatzkräften, Regierungsstellen und Versicherungen zur Verfügung zu stellen. Unabhängig von Wetterbedingungen spielt hier die Aktualität und schnelle Verfügbarkeit der Aufnahmen eine zentrale Rolle. In erster Linie geht es im Katastrophenfall darum, den Versicherern und Hilfsorganisationen eine schnelle Übersicht zu geben. Im Gegensatz dazu steht der Blue-Sky-Ansatz. Im Blue-Sky-Szenario werden vorgeplante Gebiete beflogen mit dem Ziel, möglichst gute Luftbilder aufzunehmen. Daher finden die Flüge nur dann statt, wenn es nur wenige bis gar keine Wolken gibt, die eine gute Sicht verhindern würden. Denn für qualitative hochwertige Orthofotos ist eine gute Sicht unabdingbar. Das Blue-Sky-Szenario kommt aktuell in Europa, den USA, Neuseeland und in Australien zum Einsatz. In beiden Fällen spielen die hauseigenen Produkte, wie die UltraCam-Luftbildsensoren sowie die UltraMap-Software, eine wichtige Rolle in der Datenerfassung und -auswertung.

Mit dem Vexcel Data Program macht die Firma eine weitere Entwicklung und investiert massiv. Die Mitarbeiteranzahl verdoppelt sich rasch, die Rechenzentren werden vergrößert, es kommen immer mehr Kameras zum Einsatz. Im Januar 2020 kommt es zu einem weiteren Meilenstein in der Unternehmensgeschichte. *Vexcel* gibt bekannt, dass es wesentliche Teile des Geschäftsbereichs »Geomni« des amerikanischen Softwareunternehmens Verisk übernimmt. Dadurch wächst das Unternehmen quasi »über Nacht« von rund 150 Mitarbeiter auf rund 450 Mitarbeiter, besitzt mit etwas über 100 Flugzeugen die größte Flugzeugflotte für Luftbildbefliegungen und hat nun mehrere Standorte in Europe, Spanien und den USA. »Es hätte nicht besser kommen können«, so Wiechert, »und zwar im Positiven wie im Negativen.« Im Positiven, weil diese Akquisition das Unternehmen in eine ganz andere Dimension katapultiert hat, im Negativen, weil nur wenige Wochen nach dem Deal die Welt dank COVID-19 stillstand. So musste die Integration der neuen Unternehmensteile mittels Videokonferenzen umgesetzt werden. Das war mühsam, ist aber gelungen, und das Unternehmen ist weiter auf Wachstumskurs und weitet das Datenprogramm kontinuierlich aus, z. B. in den asiatischen Raum. »Hier sehen wir noch lange nicht das Ende der Fahnenstange, VDP wird uns weiter beschäftigen und wir gehen davon aus, dass wir in Kürze mehr als 500 Mitarbeiter und deutlich mehr als 100 Millionen Umsatz erzielen werden«, so Wiechert.

Als Tipps für junge Unternehmer hat Wiechert mehrere Punkte parat: Als Unternehmer lebe man in einem enormen Spannungsfeld. Einerseits, so sagt er, dürfe ein Unternehmer niemals aufgeben. Wenn man als Firmeninhaber das Gefühl habe, es gehe nicht mehr, dann müsse man trotzdem für seine Idee, für sein Unternehmen und für seine Mitarbeiter, Kunden und Partner einstehen und weitermachen. Man müsse immer positiv nach vorne blicken und nicht gleich aufgeben, wenn es mal schwierig werde, und eines sei sicher – es werde immer mal wieder schwierige Zeiten geben. Eine Neugründung sei typischerweise eine enorme Anstrengung und ein enormes Risiko. Dann müsse man sich durchbeißen, gegebenenfalls neue Wege suchen, gegebenenfalls Entscheidungen treffen, die weh tun, und nicht aufhören. Andererseits nütze einem das verbissene Festhalten nichts. Gerade bei Neugründungen sei das schwierig. Man habe eine Idee, glaube fest daran, aber vielleicht sei die Idee ja doch nicht so gut, wie man selbst denke, oder die Zeit sei nicht reif – oder oder oder. Das rechtzeitig zu erkennen und nicht auch noch »Haus und Hof« in das Unternehmen zu werfen und zu verlieren, sei auch wichtig. Ein guter, erfahrener Coach könne einem hier unglaublich helfen. Denn manchmal sehe man »den Wald vor lauter Bäumen nicht«. Die Meinung eines Außenstehenden könne ebenfalls enorm hilfreich sein – nicht die einer teuren Unternehmensberatung, sondern die von jemandem aus dem Umfeld, der sich auskenne. Und wenn es nur jemand sei, der zuhören könne. Auch Netzwerke könnten enorm helfen. Und ein guter Businessplan sei ein ganz zentrales Thema. Realistische Kosten und, noch schwieriger, realistische Umsätze, angelehnt an realistische Ziele – wenn man dies alles aufschreibe, lerne man eine Menge, nur durch den Aufbau des Plans. Und dann die Stunde der Wahrheit – wie sehe es aus, wenn die Kosten, 25 bis 50 Prozent höher liegen, der prognostizierte Umsatz ein Jahr der Wachstumskurve hinterherhinke und die Kunden nach 90 Tagen und nicht wie geplant nach 30 Tagen zahlen? Wie wird dann der Unternehmensfortbestand gesichert? Denn typischerweise würde genau das passieren. Mindestens.

Wiechert sieht sich selbst als einen »Grundoptimisten«. Er handelt nach der Maxime: »Es kommt manchmal anders als man denkt, machen wir was draus, denn wir können was.«

Gute Mitarbeiter zu finden ist mitunter schwer. Auch für ein Unternehmen, das in einer pulsierenden Stadt wie Graz beheimatet ist. Deshalb vertraut Alexander Wiechert als Manager immer wieder auf sein Bauchgefühl und er setzt bei den neuen *Vexcel*-Mitarbeitern vor allem auf Respekt und Offenheit sowie auf Vertrauen und Ehrlichkeit. »Wir bieten als Firma etwas ganz Besonderes: Einerseits die Internationalität, andererseits ein spannendes Produkt – und wir bezahlen deshalb auch überdurchschnittlich. Im Gegenzug erwarten wir natürlich auch außergewöhnliches Engagement von unseren Mitarbeitern. Das hat bisher immer für uns alle super geklappt und wir feiern unsere Erfolge.«

Der Erfolg dieses Unternehmens liegt in:

- richtigen Netzwerken und guten Businessplänen
- dem Grundoptimismus des Unternehmers
- Kooperationen mit den richtigen Partnern: etwa mit 1.200 US-Versicherungsunternehmen
- ständigen Investitionen in technische Neuentwicklungen und Software
- Leben mit unternehmerischen Spannungsfeldern: niemals aufgeben
- Engagieren eines Coaches »aus dem Umfeld« in schwierigen Situationen
- Mitgestalten anstatt ein Spielball von Konzernen zu werden

Die Kaiser der modernsten Bäckereimaschinen

Der Hartberger Technikingenieur Dipl.-Ing. Helmut König war ein Pionier im Bau von Brötchenanlagen. Sein Unternehmen ist durch ihn und die beiden Geschäftsführer Wolfgang Staufer und Hannes Stelzer weltweit tätig, um die Herstellung von Brot und Gebäck zwischen Mauritius, Peru, Los Angeles, New York bis hin nach Sydney und Tokio möglich zu machen.

Auf den ersten Blick scheint die Maschine in der riesigen Werkhalle nicht enden zu wollen. Obwohl sie aus unterschiedlichen, modulartig aufgestellten Gerätegruppen besteht, steht am Anfang fast immer ein Rex. Nein, hier geht es nicht um einen Dinosaurier. Weit gefehlt. Es handelt sich vielmehr um ein Maschinenprogramm, das hochtechnologisch arbeitet und heute in keiner Großbäckerei mehr fehlen darf. Mit dem Rex kann man zum Beispiel einen Teig perfekt portionieren oder ihn schonender zubereiten, aber auch Gewichtsvorgaben halten. Mit dieser Teigteil- und Wirkmaschine geschieht die Verarbeitung des Teiges schonender und vollautomatischer – dadurch wird der gesamte Back-Prozess wesentlich verbessert. Insider sprechen vom »Rex-Prinzip«. Doch das ist noch nicht alles. Große Teigverarbeitungsmaschinen, Apparate, die Brot schneiden können und gleichzeitig in Plastiktüten verpacken, sie alle erleichtern die Arbeit eines guten Bäckers heute ungemein. Das Herz einer perfekten Bäckerei-Anlage bleibt jedoch immer noch die Backstraße selbst.

Helmut Gottfried König, Sohn eines Bäckers aus dem steirischen Joglland mit Sitz in der Stadt Hartberg, lernte schon früh die Herausforderungen eines Betriebes kennen. König wurde 1935 geboren und arbeitete bereits in jungen Jahren in der Bäckerei seiner Eltern mit. Er erkannte, dass dieses Gewerbe Erleichterungen benötigte, um noch viel effizienter in der Herstellung zu werden.

> **König Maschinen Gesellschaft mbH**
>
> **Produkt:** Bäckereimaschinen und -anlagen; jährlich etwa 400 Aufträge für unterschiedlich große Backmaschinen
> **Standorte:** Firmensitz in Graz-Andritz; Produktionsstätten in Graz-Andritz, Österreich, Celldömölk, Ungarn, Lieboch, Österreich, Bad Staffelstein, Deutschland, Verona, Italien; Vertriebstöchter in Deutschland, USA, Russland, Italien und den Niederlanden
> **Mitarbeiter:** 800, davon 300 in Österreich, der Rest weltweit
> **Jahresumsatz:** 62 Millionen Euro
> **Exportländer:** Das Unternehmen hat weltweit eine Exportquote von 93 Prozent und ist tätig in Europa, USA, Lateinamerika, Südafrika, Asien, Israel, Saudi-Arabien, Türkei, Russland, Ukraine, Australien, aber auch auf Inseln, wie zum Beispiel Mauritius und Sri Lanka.

Da ihn Technik interessierte, entschied sich König im Jahr 1956 ein Maschinenbaustudium in Graz zu beginnen. Bereits während seiner Studienzeit war König kreativ und erfinderisch: So entwickelte er eine besondere Brösel-Ausswiegemaschine, um seiner Mutter das mühsame Abwiegen der Brotkrümel zu erleichtern. Danach erfand er ein Gerät, das es Bäckern ermöglichte, die typische steirische Langsemmel einfacher zu formen. Bis zu diesem Zeitpunkt waren all diese Schritte nur händisch möglich gewesen.

Der junge Maschinenbauingenieur war ein Techniker mit wirtschaftlichem Verständnis. 1966 beschloss er seine erste eigene Firma in Graz in einer kleinen Werkstatt zu gründen. Die *Maschinenfabrik Dipl. Ing. Helmut König* startete zunächst als Ein-Mann-Betrieb, neben dem Studium. »Die Technik hat dem Menschen zu dienen«, diesen Satz wiederholte Helmut König ständig vor all seinen Kunden. König zeigte ihnen, dass er für sie mitdachte, wenn es um Maschinen ging, die er eigens für ihren Bedarf entwickelte. 1972 war es schließlich soweit: Die erste *Rex-Anlage* verließ die Fertigung Richtung Hartberg, in die Bäckerei seiner Eltern. Die Nachricht über eine neue Maschine, die Bäckern ihre Arbeit erleichterte, sprach sich rasch herum. Der Erfolg zeigte sich bald. Und die Anlage ging in Serienfertigung. Die Folge der vielen Aufträge war: König benötigte eine neue Betriebsstätte in Graz, mit mehr Platz für die Fertigung. Ein Grundstück mit einer Halle war rasch gefunden und wurde bezogen. Mit 30 motivierten Mitarbeitern konnte das Abenteuer beginnen.

Helmut König war an allem, was technisch ist, interessiert: Er sammelte Autos und flog einen Privatjet. Als Techniker steckte seine Liebe im Detail. Er verlangte von seinem Team, dass jede Maschine funktionstüchtig aus der Werkstatt kommt. Mit seinen Mitarbeitern war er streng und beharrlich. Sie wussten aber auch, dass sie bei ihm einen spannenden, sicheren und gut bezahlten Job haben. Viele der Mitarbeiter werden jahrelang bei ihm arbeiten, weil das Klima in der Firma sensationell ist und ihre Kreativität fördert. Helmut König verlangte aber auch viel von seinem Team. Er arbeitete – wenn es sein muss – sieben Tage die Woche gemeinsam mit ihnen an der Fertigstellung von komplexen Maschinen vor deren Auslieferung. Das verkaufte Gerät sollte schließlich perfekt sein, und es musste funktionieren, solange der Kunde es verwendet. Der Erfolg gibt Helmut König Recht. Während die erste *Regina Semmeldrückmaschine* noch in einer ehemaligen Schlosserei in Graz hergestellt wird, läuft 1973 bereits die Tausendste derartige Maschine vom Band. Helmut König begann sehr früh damit, seine Maschinen überall in der Welt zu verkaufen. Auch da war er ein Pionier. In den 1970er-Jahren zählten zunächst Österreich und Deutschland zu den wichtigsten Märkten seines Werkes. Hinzu kamen nach und nach Italien, Finnland, Norwegen und Großbritannien und Länder, in denen der Firmenchef gute Kontakte zu Auslandsösterreichern hatte.

Doch in Wahrheit verfolgte Helmut König eine Vision: Er hatte sich in den Kopf gesetzt, dass der gesamte Arbeitsprozess in einer Bäckerei einmal vollautomatisch ablaufen sollte. Mit seinen Geräten. So entstand mit der ersten Semmelanlage wieder eine neue Maschine für seine internationalen Kunden. Ein Jahr später verließ eine Gärschrankanlage das Haus. Sie wurde bei einer Fachmesse in Deutschland vorgestellt. Die die Nachfrage nach König-Maschinen wuchs kontinuierlich weiter. Um die Arbeit zu erleichtern und den Bestellanforderungen der Kunden gerecht zu werden, entstand eine neue Montagehalle.

In den 1980er-Jahren wird die Riege der Auslandsmärkte auf Länder wie Schweden, Frankreich, die Niederlande, Belgien, Ungarn und auf fernere Kontinente und damit die USA, Kanada, Chile und Australien erweitert. Die Kunden bestellen immer mehr Maschinen für Backvorgänge, denn auch ihr Qualitätsanspruch steigt. Sie wissen, dass der Hersteller aus Österreich ihren Anforderungen gerecht wird – was man offenbar von Maschinen der Mitbewerber nicht sagen kann. König geht auf die Kunden ein: Nichts ist bei ihm unmöglich.

1980 entsteht ein zweiter Standort in Graz, an dem ausschließlich Öfen hergestellt werden. Nach drei Jahren können die ersten Backöfen an die Wiener Großbäckerei *Ströck* ausgeliefert werden. Da aufgrund der guten Auftragslage bald eine weitere Produktionsstätte vonnöten ist, entscheidet sich Helmut König dafür, diese in Ungarn zu errichten. Nach dem Fall der Mauer wird in Celldömölk, dem südlichen Zipfel der kleinen ungarischen Tiefebene, ein weiterer Fabrikstandort mit 105 Mitarbeitern eröffnet.

Das Geschäft mit den steirischen hochtechnologischen Backmaschinen wächst. Doch da erschüttert ein Schicksalsschlag das Grazer Unternehmen. Der umsichtige Firmenpatriarch Helmut König stirbt an einem Morgen des Juni 1992 überraschend an einem Herzinfarkt. Er hinterlässt ein schockiertes Team in Angst und Ratlosigkeit. Die Maschinen werden an diesem Tag abgeschaltet. Die Mitarbeiter sollen nach Hause gehen und sich beruhigen. Viele können es nicht fassen und bekommen Zukunftsängste.

Einen Tag nach seinem Ableben machte Helmut Königs Frau bei einer spontan einberufenen Betriebsversammlung den anwesenden Mitarbeitern klar, dass es mit dem Unternehmen weitergehen wird. Elisabeth König spricht den Mitarbeitern Mut zu: Es gebe derart viele Aufträge, dass man die Kunden nicht vor den Kopf stoßen könne, indem man die *König Maschinen GmbH* zusperre. Elisabeth erläuterte dem Team ihren Plan: Sie wolle gemeinsam mit ihren beiden Kindern, Helmut Christian jun. und Elisabeth jun., das Unternehmen im Sinne ihres Mannes weiterführen. Ihre Tochter werde für den Bereich Finanzen und Buchhaltung verantwortlich zeichnen, ihr Sohn ist – so wie sein Vater – Techniker und werde in der Herstellung der Maschinen tätig werden. Wegen der vielen internationalen Kundenanfragen und einer bereits damals wichtigen Rolle am Weltmarkt scheint der Fortbestand des Unternehmens nach dem Tod des Gründers weiterhin gesichert zu sein. Auch in dieser Zeit bleibt das Hauptprodukt der »Rex Automat«, der für die Portionierung und Rundformung von Teigstücken eingesetzt wird.

Der Erfolg des Grazer Unternehmens König wird ab diesem Zeitpunkt durch zahlreiche internationale Messeauftritte, neue strategische Vertriebspartner in der ganzen Welt, aber auch durch neue Produktentwicklungen nach dem Tod des Gründers zügig voranschreiten. »Masse mit Qualität« lautet das Mantra der Kunden dieser Zeit, und beim steirischen Unternehmen König in der Produktentwicklung zählt Qualität und Quantität zum Standard-Repertoire. Immerhin kann man bereits mit der kleinsten König-Backmaschine 2.400 Semmeln pro Tag herstellen. Und noch eine Entwicklung zeichnet sich ab: »Der Kleingebäckkonsum steigt mit dem Wohlstand der Menschen eines Landes«, erzählt Geschäftsführer Wolfgang Staufer. Und Geschäftsführer Hannes Stelzer fügt hinzu: »Mit einer Vielzahl an hellem und dunklem Gebäck, ebenso hellem und dunklem Brot, gibt es vielmehr Auswahl bei Backwaren als vor dreißig Jahren.«

Bereits 1994 entsteht die erste Vorführbäckerei in Graz.

> **Wege aus der Krise**
>
> »Geben Sie niemals auf. Halten Sie vielmehr durch, auch wenn die Zeiten noch so schwierig erscheinen mögen. Und beißen Sie die Zähne zusammen, wenn auch noch so große Herausforderungen auf Sie warten.«

Am Beginn der Jahrtausendwende wird der Backmaschinenhersteller kräftig im Ausland expandieren und einige Vertriebsgesellschaften gründen. Hervorzuheben sind im Jahr 2005 die in den Vereinigten Staaten, in der Kleinstadt Ashland in Virginia, in der Nähe von Richmond. 2006 folgte dann eine Niederländische Vertriebsgesellschaft und ein Kundenvorführzentrum in Dinkelsbühl, Deutschland. Vier Jahre später wird am Standort in Graz-Andritz ein eigenes Kundenvorführzentrum eröffnet, an dem künftig internationale Kunden empfangen werden, um ihre landesüblichen Rezepturen und Teige vor Ort mit den Maschinen von König zu erproben. Dorthin kommen die König-Kunden heute immer noch, um mit ihren eigenen Ingredienzien ihre landesüblichen Backwaren an den steirischen Backmaschinen mehrere Tage lang auszuprobieren, bevor der Vertrag für eine neue Backwarenanlage unterzeichnet wird.

»Unlängst hatten wir Kunden aus Indien bei uns im Werk. Sie sind vier Tage lang bei uns geblieben. Das Mehl für die Naan- und Chapati-Fladenbrote wurde uns eine Woche vor ihrer Ankunft geliefert.« Sobald das indische Team in der Steiermark angekommen war, machte es sich ans Werk und mischte den speziellen, indischen Fladenbrotteig mit den unterschiedlichen König-Maschinen an, zu denen die Techniker rieten, und schob ihn danach in die dafür vorgesehenen König-Backöfen. »Im Kundenvorführzentrum geht es meist heiß her – im wahrsten Sinne des Wortes –, denn beim Backen entsteht Hitze. Man kann bei den Klienten beobachten, mit welchem Einsatz und guter Stimmung sie die König-Geräte testen. Diesmal hieß das Resultat viele gelungene, indische Fladenbrote. Die Kunden waren mit den Geräten derart zufrieden, dass sie die Verträge für den Bau der neuen Maschinen umgehend unterzeichneten. Danach machten sich unsere Techniker daran, eine Backanlage eigens für die indischen Kunden zu konzipieren und diese zu bauen. Sie steht jetzt in Mumbai.«

Die Augen der beiden Geschäftsführer beginnen zu leuchten. Denn der Grazer Bäckereimaschinen- und Ofenhersteller König ist heute nach wie vor einer der bedeutendsten Brötchenanlagenbauer dieser Welt. Von der Wirtschaftskrise, die ihren Beginn im Jahr 2009 hatte, hat das Unternehmen nicht viel gespürt. Es ist international breit aufgestellt –

denn es beliefert vom Kleinbäcker bis hin zum Industriebäcker. Vor allem bei den Industriebäckern spürt König eine starke Investitionsfreudigkeit. Dadurch spielt das steirische Unternehmen in der ersten Reihe mit. Weltmarktführerschaft nennt man das. »Der Bau einer Gesamtanlage ist etwa zehn Mal so aufwändig als die ursprüngliche kleine, kompakte König-Backmaschine. Vor allem im Segment der mittleren und größeren Betriebe werden seit vielen Jahren etliche pfiffige Ideen umgesetzt und mit den multifunktionalen Anlagen die Marktführerschaft im Kleingebäckbereich weltweit erobert. Eine Backanlage kann an die vier Tonnen Gebäck erzeugen – also etwa 50.000 Semmeln pro Stunde, die sowohl frisch als auch tiefgekühlt zu den Konsumenten gelangen.«

Die USA sind aufgrund des Wechselkurses für König sehr attraktiv geworden. Der steirische Backmaschinenhersteller macht mittlerweile in den Vereinigten Staaten rund 12 Prozent seines Umsatzes. In den letzten Jahren ist die Produktpalette an Maschinen und Backstraßen speziell auf die US-amerikanischen Bedürfnisse angepasst worden. Reichten die Gewichtsklassen der König-Bäckermaschinen bei Kleingebäck von 50 bis 160 Gramm, können sie heute für den US-amerikanischen Markt bis zu 300 Gramm schwere Gebäckstücke herstellen.

Das Unternehmen wächst unaufhörlich weiter: 2012 wird eine Repräsentanz in Moskau eröffnet und 2015 ein Büro der *König Technology Projektmanagement GmbH* in Italien, um die zahlreichen Kunden in diesen Ländern noch besser und rascher mit Anlagen ausstatten zu können. Am Stammsitz in Graz beschäftigt König heute 300 Mitarbeiter, weltweit sind es mehr als 800.

Den Wachstumsschwerpunkt sieht man bei Gesamtanlagen. Das bedeutet, nicht einzelne Backmaschinen, sondern Backstraßen werden entwickelt. Derartige Backstraßen können mehrere Millionen Euro kosten und – wie oben bereits erwähnt – bis zu 50.000 Gebäckstücke pro Stunde backen. Gefertigt werden die Maschinen nach wie vor in Graz, aber auch in Ungarn. Auf eine derartige Backstraße wartet man im Schnitt ein Jahr, auf eine kleine Maschine zur Herstellung von 2.400 Semmeln pro Stunde wenige Monate.

Die Backanlagen werden mittlerweile nicht mehr nur für Bäckereien, sondern verstärkt auch in Supermärkten, auf Kreuzfahrtschiffen, in Spitälern, Schulen oder Universitäten, in Containerbäckereien, auf Baustellen oder in der Hotellerie verwendet.

Die Maschinen ebenso wie die auf die Kundenbedürfnisse zugeschnittenen Backstraßen werden von steirischen Technikern im jeweiligen Land montiert und installiert. So hat es der Gründer, Helmut König, gemacht, und so handhaben es auch die beiden neuen Geschäftsführer. Und es gibt auch täglich neue Herausforderungen: Zu den spannendsten Transporten zählte einst der einer kleinen Backmaschine mithilfe eines Esels auf einen Berg in Südamerika.

Mit der Optimierung der Konzepte für neue Maschinen in Hinblick auf die höheren Hygieneanforderungen und die Produktionseffizienz, den Ausbau der Kompetenz im industriellen Teigbandbereich und der Positionierung des gesamten Unternehmens als Turnkey-Anbieter, der sozusagen sofort einsetzbare Backmaschinen-Anlagen herstellt, befindet sich das Unternehmen heute in einer sehr wichtigen, innovativen Phase. Daraus folgte, dass die Marktposition gestärkt und die Technologieführerschaft ausgebaut werden konnten. Die Kunden finden optimierte Lösungen nicht nur in Teilbereichen, sondern im gesamten Produktionsablauf und bei der Erstellung der gesamten Backstraße: von der Teigherstellung über die Aufbereitung bis hin zum Backen selbst und der Kühlung.

Die Bäcker von König definieren mit den Kunden und einem Techniker den gesamten Prozess für den Einsatz des neuen Gerätes, ebenso wie die geeignete Größe der Backstraße. Manche Kunden kennen den kompletten Maschinenkatalog von König auswendig und wissen bereits, wenn sie das Fabrikgelände betreten, welche Maschinen sie bestellen werden. Andere wiederum machen Impulskäufe, da sie eine Maschine entdecken, die sie fasziniert. Bei vielen Kunden werden auch Anlagen erweitert und vergrößert, da sich die Anforderungen am Markt verändert haben – etwa Hygienenormen und die Produktionsverfahren. Die Reinigung einer Backstraße ist heute besonders wichtig geworden. Sie soll so einfach wie möglich, aber effizient sein. Daher werden für große Industriebetriebe heute bereits selbstreinigende Anlagen gebaut. Die Automatisierung im Bereich der Backwarenerzeugung schreitet immer mehr voran. Daher sind die beiden Geschäftsführer Wolfgang Staufer und Hannes Stelzer davon überzeugt, dass bald einzelne Bereiche der Backstraßen nicht mehr durch die Menschen bedient, sondern nur mehr durch sie überwacht werden. Die Arbeit könnten Roboter erledigen. Dafür ist man bei König in Graz bereits gerüstet und forscht und entwickelt weiter. Eine große Herausforderung wird auch der Umgang mit anderen Rohstoffen darstellen. Am effizienten Back-Ablauf mit derartigen Produkten an den steirischen Maschinen und Backstraßen wird bei König derzeit geforscht.

 Der Erfolg dieses Unternehmens liegt in:

- der frühen Innovationsführerschaft und dem Blick auf die gesamten Arbeitsprozesse eines Betriebs, hier einer Bäckerei
- der Ausrichtung auf die Kundenbedürfnisse
- internationalen Messeauftritten
- strategischen Vertriebspartnern in der ganzen Welt
- den ständig neuen Produktentwicklungen
- der Positionierung des Unternehmens als ein Turnkey-Anbieter, der sofort einsetzbare Maschinen-Anlagen herstellt

Der Meister der Blechverpackungen

Im Mürztal, eine der wichtigsten Industrieregionen Österreichs, eingebettet zwischen den Fischbacher und den Mürztaler Alpen, managt Hubert Zankel die österreichische Produktionsstätte des internationalen Metallverpackungshersteller Silgan Metall Packaging. Das Unternehmen stellt Nahrungsmitteldosen und Verschlüsse aus Metall für die ganze Welt her.

Im Nordosten der Steiermark befindet sich ein knapp 40 Kilometer langer Talzug, das Mürztal, benannt nach der Mur, dem wichtigsten durch die Steiermark fließenden Fluss. Das Mürztal zählt heute zu den wichtigsten Industrieregionen Österreichs. Es verdankt seine Bedeutung der dort nutzbaren Wasserkraft sowie der Viehzucht, aber auch der Straße über den Semmering. Bereits im 15. Jahrhundert begann im Mürzer Oberland das Zisterzienserstift Neuberg mit dem Bergbau und der Produktion von Eisen. Das Neuberger Hüttenwerk erreichte im Jahr 1894 mit 1.331 Arbeitern und Angestellten einen absoluten Höchststand an Mitarbeitern für diese Zeit. Im selben Jahr wurde auch das Bessemer-Stahlwerk eröffnet und in Neuberg mit 18 Tonnen der größte Dampfhammer der Monarchie in Betrieb genommen. Die Steirer wurden im In- und Ausland für die Qualität ihrer Stahlprodukte geschätzt. So wurden in dieser Zeit aus dem Stahl unzählige Eisenbahnschienen hergestellt und aus dem hochwertigen Material an die 700 Lokomotiven gebaut. Aufgrund der Eisenindustrie entstanden in den Orten der Region, wie etwa Mürzzuschlag, Kindberg, Stanz, Freßnitz, Kapfenberg und Bruck an der Mur, mehrere Hammerwerke. Durch die Möglichkeit der Wasserkraftnutzung ist das Gebiet früh industrialisiert worden. So konnte Kapfenbergs Weltruf als Stahlstadt bereits im Jahr 1894 begründet werden.

Noch heute zählen die örtlichen Betriebe zu den wichtigsten Arbeitgebern der Region.

In der kleinen Gemeinde Mitterdorf im Mürztal ist ein wichtiger Geschäftsbereich des 1872 gegründeten Industrieunternehmens *Vogel & Noot* beheimatet: Die Produktion von Metallverpackungen – vor allem Dosen und Kanister –, die zu dieser Zeit bereits 36 Prozent des Umsatzes des Mutterkonzerns ausmachten. Friedrich Wilhelm Vogel und Hugo von Noot gründeten ihre Firma zunächst für die Produktion von landwirtschaftlichen Geräten aus Metall. Sie produzierten Schaufeln und Spaten. 25 Jahre nach der Gründung ihres Unternehmens kamen dann noch Pflugschare hinzu. Mit der Zeit baute und verkaufte *Vogel & Noot* immer mehr unterschiedliche Landmaschinen. Ab dem Jahr 1929 begann das Unternehmen mit der Produktion von Heizkörpern und 1937 startete es mit der Herstellung von Dosen. Nach einem Börsengang der *Vogel & Noot Aktiengesellschaft* im Jahr 1988 vergrößerte sich die Gruppe 1990, zunächst durch den Erwerb von Werken in Ostdeutschland, der Slowakei und schließlich in Polen.

Doch durch diese Firmenzukäufe übernahm sich das Unternehmen und schlitterte in die roten Zahlen – und kam in den folgenden Jahren nicht mehr heraus. Nach mehrstufigen Personalabbauten und der Schließung eines Werkes endete der Aufstieg des Unternehmens abrupt. *Vogel & Noot* musste im Jahr 2000 Konkurs anmelden.

Eine Gruppe von privaten Investoren erwarb unter dem Firmennamen *Cantec* die Verpackungssparte. So konnte das Geschäft mit der Herstellung von Dosen wieder auf die Erfolgsspur gebracht werden. Ab dem Jahr 2004 beginnt eine Zeit der erfolgreichen Expansion. In den folgenden Jahren gehen die Geschäfte dermaßen gut, dass *Cantec* 50 Prozent an einem polnischen Joint Venture sowie Werke in weiteren Ländern erwirbt, etwa in Mazedonien, Slowenien, Serbien, Polen und Griechenland.

Silgan Metal Packaging Mitterdorf GmbH

Produkt: Dosen aus Stahl sowie Deckel aus Stahl und Aluminium, vorwiegend für die Nahrungsmittelindustrie. Pro Jahr werden 140 Mio. Dosen und 640 Mio. Deckel hergestellt. In der Gruppe werden auch chemisch-technische Verpackungen, Schmuckdosen, Kosmetikdosen, Fischdosen, Kanister und Foliendeckel erzeugt. Kunden sind u. a. Mars, Felix und Landena.
Standorte: Firmensitz in Mitterdorf im Mürztal
Mitarbeiter: 140
Jahresumsatz: 42 Millionen Euro
Exportländer: Polen, Mazedonien, Slowenien, Slowakei, Serbien, Ungarn, Deutschland, Island, Griechenland, Russland, Türkei.

2010 investiert *Cantec* in weitere Werke in Weißrussland, Russland, Jordanien und in der Ukraine.

Im Herbst 2007 kreuzen sich die Wege von Hubert Zankel und *Vogel-&-Noot-Holding AG*. Hubert Zankel ist gelernter theoretischer Physiker und Experte für Energie und Energieversorgung. Nach einer dreizehnjährigen Karriere an der Universität in Graz arbeitete er als Energiebeauftragter des Landes Steiermark und war im Vorstand der Energie Steiermark-Gruppe. 2007 übernimmt er die Leitung der *Saturnus Vogel & Noot AG* in Laibach, einer Tochterfirma des steirischen Dosenherstellers. Zankel gelingt es, das Unternehmen aus den roten Zahlen zu führen und profitabel zu machen.

Als Ende 2010 die amerikanische Gruppe *Silgan Holdings Inc.* die Sparte Metalldosen von der *Vogel-&-Noot-Holding AG* übernimmt, erhält Zankel das Angebot, den Produktionsstandort in der Steiermark zu leiten. Die nun *Silgan Metal Packaging* benannte, europaweit tätige Gruppe ist unter dem Dach der *Silgan Holdings Austria* in Wien angesiedelt. Diese Gruppe ist wiederum Teil der *Silgan Holdings Inc.*, welche ihren Sitz in Stamford (Connecticut) USA hat. Zankel, der bereits langjährige Management-Erfahrung mitbringt und schon seit vier Jahren mit der Dosenherstellung im Werk in Slowenien vertraut ist, sagt zu. Künftig wird Hubert Zankel das steirische Unternehmen leiten und weiterhin als Co-Geschäftsführer im Werk in Slowenien fungieren.

Als Zankel seinen Job in der Steiermark antritt, wird ihm sofort klar, dass er keinen leichten Weg vor sich haben wird: »2011 war ein schlechtes Jahr für *Silgan*. Denn der größte Kunde, den wir hier hatten, reduzierte den Anteil an Metallverpackungen zugunsten einer Kunststoffverpackung, wodurch ein markanter Umsatzeinbruch erfolgte.« Doch er hatte bereits einen Plan, um das Unternehmen in die richtige Richtung zu lenken: »Ich habe mich dann gefragt: Was können wir in der Produktion konkret tun, um aus diesem Dilemma herauszukommen?« Zuerst trennte man sich von Produktionslinien, die durch Maschinenausstattung und Personalkosten nicht konkurrenzfähig sind, und stellt danach den Materialfluss vom Rohmaterial bis zum fertigen Produkt neu auf. Danach gilt für die verbleibenden Produktionslinien das Motto: »Mehr Produkte pro bezahlter Personalstunde verbessern die Profitabilität.« Die Qualität der Maschinen und des Personals sind für *Silgan* die wichtigsten

Elemente für eine Steigerung des Produktionsvolumens. Je beständiger die Maschinen arbeiten, desto effektiver kann in der Steiermark produziert werden. Das Rezept lautet: Wenig Ausfallszeiten der Maschinen durch technische Verbesserungen sowie Veränderungen in der Organisation und der Kommunikation zu den Mitarbeitern. Hubert Zankel erkennt, dass sein neues Team im kleinen Ort Mitterdorf besser eingebunden werden muss, um noch produktiver zu arbeiten. Man könne nur erfolgreich sein, wenn ein offenes Arbeitsklima unter möglichst wenig Hierarchie herrsche. Dann würden auch die Produkte effizient hergestellt. Und das sei wiederum nur möglich, wenn man die richtigen Kennzahlen an das Team weitergebe.

Das bedeutet, dass die Mitarbeiter von nun an ebenso wie der Chef auch präzise Informationen über die Produktionsprozesse, die Logistik und die Qualität erhalten. Diese Zahlen werden nunmehr offen kommuniziert. Von dieser Änderung verspricht sich Zankel eine bessere Orientierung und die Möglichkeit, bei Bedarf auch eingreifen zu können. Die Kennzahlen fallen aber nicht vom Himmel. Ausgehend von einer bei Silgan in den USA entwickelten Systematik werden für Silgan Metal Packaging die Kennzahlen und die Erfassung von Produktionsausfällen für die Rahmenbedingungen in Europa angepasst und weiterentwickelt. Am Standort Mitterdorf startet ein Pilotprojekt, bei dem zusammen mit dem Produktionspersonal Analysen der Produktionsprozesse erfolgen und Ausfallursachen der Produktion systematisch in Kategorien zusammengefasst werden. Damit gelingt es, klare Hinweise zu bekommen, wo technische oder organisatorische Maßnahmen die Verfügbarkeit der Produktionslinien verbessern können. Um aber zu all diesen Informationen zu kommen, mussten zuerst Hard- und Software Installationen durchgeführt werden, um automatisiert und in Echtzeit die Daten von den Produktionslinien zu erhalten. Der Erfolg stellte sich bald ein und die Anzahl der pro bezahlter Lohnstunde erzeugten Produkte wurde stetig größer. Der positive Ausgang des Pilotprojektes führte nun dazu, dass in anderen Produktionsstandorten von Silgan Metal Packaging die automatisierte Erfassung der Kennzahlen und der kategorisierten Produktionsausfälle mit der in Mitterdorf getesteten Methode eingeführt wird.

Die Produktion ist natürlich von den Aufträgen der Kunden abhängig. Daher war es für das Team von *Silgan* wichtig, am Markt stärker präsent zu sein und dadurch Chancen auf einen besseren Umsatz zu bewahren. Das Management sollte immer auf der Suche nach Kunden sein, um innerhalb der Gruppe über Grenzen hinweg noch effizienter zu arbeiten, so Zankel. Um neue Kunden zu finden, müsse man als Unternehmer eine Vision haben und eine dynamische Planung erstellen, die Flexibilität ermögliche. Das Unternehmen *Silgan* beweist, dass es klare Ziele verfolgt und international tätigen Kunden von den verschiedenen Produktionsstandorten aus konkurrenzfähige Angebote vorlegen kann.

Von Österreich aus arbeitet *Silgan Metal Packaging* für Kunden in Deutschland, Polen, Slowenien, Griechenland, Slowakei, Ungarn und auch in Russland. Vom Firmenstandort in Moskau werden etwa spezielle Ein-Liter-Bierdosen für eine Moskauer Brauerei hergestellt, wobei auch der Standort Mitterdorf mit dem Aufreißdeckel einen Beitrag liefert. Von *Silgan* in den USA sind zur Verbesserung der Verkaufschancen auch immer wieder Anregungen zu holen: »Die Forschung und Entwicklung in den Vereinigten Staaten ist sehr gut ausgebaut und dort findet man neue Ansätze, die wir hier in der Steiermark auch übernehmen und umsetzen können«, sagt Zankel. Zu den wichtigsten Punkten zählt die Verringerung der Stärke des Stahlmaterials, und auch alternative Herstellungsweisen der Dosen sind interessant.

Wenn man Hubert Zankel bittet, die Marktsituation zu analysieren, kann er einiges erzählen: »In der Europäischen Union herrscht heute unter den Metall-Verpackern ein beinharter Wettbewerb. Dazu kommen jetzt wieder steigende Stahlpreise und damit drohen Umsatzverluste, weil manche Wettbewerber dann über Margenverluste Marktanteile gewinnen wollen. Investiert man aber in die Kundenbetreuung, bestehen Chancen, dem entgegenzuwirken.« Aus diesem Grund hat *Silgan* in der Steiermark einen sehr aufmerksamen Kundendienst etabliert: »Wann immer ein Kunde anruft und Unterstützung benötigt, ist ein Experte für ihn da. Sozusagen rund um die Uhr.«

Die international tätigen Kunden von *Silgan* und das »best practice«-Prinzip von *Silgan Metal Packaging* führen dazu, dass vom Standort Mitterdorf aus eine rege Exporttätigkeit erfolgt. Aus

Wege aus der Krise

»Für das Unternehmen bedeutete die COVID-19-Pandemie und die damit verbundenen Einschränkungen eine Herausforderung in zweifacher Hinsicht. Einerseits stieg der Bedarf nach Metallverpackungen wie Dosen und Deckel auf einen neuen Höchststand (im Unterschied zu vielen anderen Industriebetrieben, die verringerte Aufträge hinnehmen mussten), und andererseits musste dieser Bedarf durch entsprechende Verfügbarkeit von Mitarbeitern und Maschinen abgedeckt werden, weshalb bei den Maschinen Instandsetzungsarbeiten nach Möglichkeit auf einen späteren Zeitpunkt verschoben wurden. Die Verfügbarkeit von Mitarbeitern war für die Geschäftsführung eine besondere Herausforderung, da es am Beginn der Pandemie noch wenig allgemeine Erfahrung über die Ausbreitung der Krankheit gab und die Ersthaftigkeit der Lage auch nicht überall erkannt wurde. Daher wurde im Unternehmen von Beginn an in Zusammenarbeit mit dem Betriebsarzt und den Behörden darauf geachtet, dass die Mitarbeiter zeitnah über die zur Erhaltung der Produktion notwendigen Maßnahmen informiert und motiviert wurden. Über das Intranet erfolgten Informationen über Anweisungen zur Hygiene und zu Abstandsregeln sowie über mögliche Arbeit von zuhause aus. Durch Testungen im Betrieb und auch extern, die von den Mitarbeitern sehr gut angenommen wurden, und später durch das Angebot von Impfmöglichkeiten im Betrieb konnte eine Ausbreitung der Infektion fast lückenlos erreicht und die Produktion weitergeführt werden. Die Kooperationsbereitschaft der Mitarbeiter war sehr hoch und hat damit einen weiteren Beitrag zur Verbesserung des Betriebsklimas bewirkt. Im Laufe des Jahres 2021 kamen zu den bisherigen Belastungen durch die Pandemie noch Verknappungen am Rohstoffsektor, namentlich die Verfügbarkeit von Stahl und anderen Materialien, sowie die starken Preiserhöhungen bei diesen Gütern. Dieser Sachverhalt könnte Auswirkung auf die Einhaltung von Lieferterminen sowie die Preisgestaltung der erzeugten Produkte haben. Der sichtbare Trend zu höheren Inflationsraten und gute Kunden-Lieferanten-Beziehungen sollten aber dabei helfen, die genannten, neuen Herausforderungen zu bewältigen.«

historischer Sicht hatte *Vogel & Noot* die Veränderungen in Osteuropa, die mit dem Zerfall der kommunistischen Regime begonnen haben, genutzt, um über Firmenakquisitionen den Kundenkreis wesentlich zu erweitern. Da potenzielle Kunden vor allem in der Nahrungsmittelindustrie zu finden sind und dort international tätige Konzerne den Ton angeben, war eine Internationalisierung des Geschäftes fast unumgänglich.

Heute zählt *Silgan* zu den vier weltgrößten Unternehmen in der Metallverpackungsindustrie. Die Kontakte des Mutterkonzerns sind bei den Ausschreibungen – man nennt sie Tender – international tätiger Kunden sehr hilfreich. Gewinnt *Silgan* als Unternehmen eine Ausschreibung, dann werden die verschiedenen Standorte des Kunden – etwa jene in Europa – in der Regel von den nächstgelegenen Produktionsstätten *Silgans* beliefert, sofern dort die erforderlichen Produkte mit der notwenigen Effizienz und Qualität erzeugt werden können. Ist dies nicht der Fall, dann liefern Schwesterwerke die erforderlichen Produkte. Rund 30 Prozent des Umsatzes wird so von Mitterdorf an Schwesterwerke im Ausland geliefert. Trotzdem ist für *Silgan* in Mitterdorf selbstverständlich der Markt in Österreich sehr wichtig. Denn Kundendienst und Kundennähe ist eine wesentliche Facette des Unternehmens. Da jedoch gewisse Kompetenzen in Mitterdorf besonders ausgeprägt sind, wie etwa die Produktion der Aufreißdeckel, werden manche Produkte mit Erfolg in andere Länder verkauft. Dabei gibt es aber Einschränkungen durch Produktmargen und Transportkosten.

Geht man durch die Firmenhallen in Mitterdorf, fällt einem zuallererst die Vielzahl an Maschinen auf, mit denen das Metall lackiert und die Dosen und Deckel in verschiedenen Etappen hergestellt werden. Jede Maschine wird von Mitarbeitern über Computerbildschirm, Steuerdisplays und Kameras, die den Fortlauf anzeigen, beaufsichtigt und gleichzeitig kontrolliert. Sie überprüfen genau die Produkte und die Geschwindigkeiten der Linien, aber auch die einzelnen Schritte in der Fertigung, wie etwa: das Rumpfschweißen, das Bördeln, das Sicken, das Verschließen mit Deckeln oder das Stanzen, Anrollen, Gummieren, Laschenformen und Aufnieten und natürlich die Verpackung. Kontrolle sei das Entscheidende in einer Produktion. Die hergestellten Produkte müssten perfekt sein, denn sonst sei der Kunde unzufrieden und könne den Lieferanten wechseln.

Der wichtigste Bereich, den *Silgan* aus Mitterdorf beliefert, ist die Nahrungsmittelindustrie. Da die Konzentration gerade in diesem Industriebereich sehr groß ist, kann ein Lieferant nur dann wettbewerbsfähig sein, wenn er international tätig ist. Für kleinräumig aktive Unternehmen ist ein wirtschaftlicher Erfolg eher in einem Nischenbereich möglich.

Wie sehen die Probleme beim Export aus in jenem Segment, das *Silgan* beliefert? Außerhalb der Europäischen Union bestehen in Osteuropa beachtliche Handelshemmnisse. Zölle, gesetzliche Barrieren und behördliche Erschwernisse müssen überwunden werden. Auch für Unternehmen, die in diesen Ländern bereits einen Produktionsstandort haben, sind durch teilweise komplizierte Vorschriften, ungenügende Infrastruktur und Personalprobleme die Produktionsbedingungen oft suboptimal. Innerhalb der EU fallen in Osteuropa die erwähnten Nachteile je nach Land weitgehend weg.

Wie soll man sich den ersten Termin mit einem interessierten Kunden von *Silgan* vorstellen? »Der Kunde hat in der Regel ein Produkt, das er abfüllen möchte. Er muss zunächst klären, unter welchen Bedingungen er welche Produkte abfüllen will, damit die Anforderungen an die Qualität der Verpackung definiert werden kann. Dann sind noch die für die Vermarktung des Produkts äußeren Erscheinungsformen und die Lieferumstände zu klären: Wo, wieviel, wie groß die von uns hergestellten Dosen sein sollen, welche Form und Aussehen sie haben müssen und wie sie angeliefert werden sollen. Wir spezifizieren genau unsere Produkte, denn es gibt ja scharfe Regeln bei der Abfüllung.« Der Kunde kümmert sich selbst um das Design der Dose, deren Größe und Form. Dabei sind die Wünsche der Kunden sehr unterschiedlich: Von verschiedenen Dosenfarben bis hin zu Banderolen auf der Dose oder hin zu komplett bedruckten Dosen und Deckeln ist alles realisierbar. Sobald diese Schritte geklärt sind, wird ein erster Schwung an Dosen gefertigt. Dann werden erste Tests beim Kunden mit den gelieferten Produkten gemacht. Wenn diese zu dessen Zufriedenheit verlaufen, geht *Silgan* mit der neuen Dose in Serienproduktion.

Wenn man Hubert Zankel fragt, was er in seiner langjährigen Arbeit bei *Silgan* gelernt hat, sagt er, wie aus der Pistole geschossen: »Bei der Produktion kann man immer etwas verbessern.« In den nächsten Jahren wird noch mehr automatisiert werden. Dass die Menschen irgendwann überflüssig sein werden, glaubt Zankel nicht. Er investiert in die Aufbauorganisation und die Linien mehr Geld. Denn man wisse heute ganz genau, was an der Linie passiere. Man müsse jedoch den Mitarbeitern »reinen Wein einschenken« und sie darüber informieren, was technisch und organisatorisch machbar sei. Managen sei ein Zusammenspiel zwischen einerseits dem digitalen Erfassen von unterschiedlichen Zuständen, um die Mitarbeiter zu gewinnen, andererseits müsse richtig in den Prozess eingegriffen und mitgemacht werden.

Für Hubert Zankel ist der fachlich versierte Mitarbeiter jetzt und in Zukunft der Kernfaktor des Unternehmens. Ist dieser durch Information und Dialog richtig eingebunden ins Geschehen, in die Auftragssituation und die notwenigen Abläufe, werde die Motivation gefördert und das gesamte Unternehmen profitiere. Aus diesem Grund will Hubert Zankel im Regelfall beim Personal auch keine Einsparungen vornehmen. Denn, so sagt er: »Ein kleines Mitarbeiter-Polster ist immer gut.« Denn es werde Zeiten geben, in denen die Auftragslage wieder zunehme – und dann sei es sehr schwierig, fachlich geeignete Mitarbeiter neu einzulernen. Strenge lässt Zankel nur walten bei der Verbesserung der Linieneffizienz. Je effizienter gearbeitet wird, desto erfolgreicher sind die Steirer international. Und dann ist der Manager des steirischen Metallverpackungsherstellers zufrieden.

 Der Erfolg dieses Unternehmens liegt in:

- der Trennung von Produktionslinien, die nicht konkurrenzfähig waren und daraus folgend der Neuaufstellung des Materialflusses
- einem offenen Arbeitsklima und möglichst wenig Hierarchien
- in der Kommunikation wichtiger Kennzahlen
- der Analyse der Produktionsprozesse und Ausfallursachen der Produktion, die systematisch in Kategorien zusammengefasst werden
- dem ständigen Einholen klarer Hinweise, um technische oder organisatorische Maßnahmen über die Verfügbarkeit der Produktionslinien zu bekommen

- dem Einsatz von speziellen Computerprogrammen an Standorten, die die automatisierte Erfassung der Kennzahlen und der kategorisierten Produktionsausfälle vornehmen
- einer Vision und einer dynamischen Planung
- dem Eingehen auf Kundenwünsche und der individuellen Testung neuer, eigens für den Kunden entwickelten Produktlinien

Die Prüfstandsbauer

Aus einem Management-Buy-out im Jahr 2006 wurde ein Weltmeister in Sachen Montage- und Prüfsysteme für die Automobilindustrie. Die beiden kongenialen Gründer und Geschäftsführer des Gleisdorfer Unternehmens Dynamic Assembly Machines Anlagenbau heißen Robert Fandler und Gerald Matzer.

Gleisdorf ist ein ruhiger Vorort von Graz, etwa 30 Kilometer von der steirischen Landeshauptstadt entfernt. Es ist zum einen eine Einkaufsstadt, zum anderen aber auch ein Technologiestandort mit einem Schwerpunkt bei erneuerbaren Energien und Mobilität. Am Hauptplatz steht ein Solarbaum, der komplett aus Stahl gefertigt wurde und 17 Meter hoch ist. Er gewinnt mithilfe von Solarzellen Energie für die Straßenleuchten der Stadt. Am Stadtrand auf der grünen Wiese befindet sich ein Unternehmen, das auf Steuerungs- und Antriebssysteme spezialisiert ist. Es handelt sich um die Firma *Dynamic Assembly Machines Anlagenbau* – kurz *DAM* genannt. Das Unternehmen entstand im Jahr 2006. Die beiden Gründer heißen Robert Fandler und Gerald Matzer. Die beiden Männer waren zur rechten Zeit am richtigen Ort. Die Geschichte ihres Unternehmens und ihre unternehmerische Philosophie sind wegweisend.

Robert Fandler ist in der steirischen Ölhersteller-Familie Fandler in Pöllau bei Hartberg aufgewachsen. Nach der Hauptschule besuchte er in Oberösterreich die Fachschule für Müllerei und Lebensmitteltechnologie – ein Weg, der durch die Ölmühle Fandler vorgegeben war. In den Ferien half er seinen Eltern in der Ölmühle und bekam so seine ersten Einblicke in das Thema Entrepreneurship. An den Samstagen stand er im Betrieb und verkaufte Öle oder er arbeitete an der Ölpresse, in der Fruchtaufbereitung oder in der Ölzustellung. In dieser Zeit lernte er von seinem Stiefvater unternehmerisch zu denken, aber auch die alltäglichen Hürden des Unternehmertums und wie man mit ihnen umgehen kann. Und worauf man als Unternehmer unbedingt achten muss. Für ein Jahr arbeitete er in Vorarlberg in der Rhomberg Mühle, wo er sein Praktikum als Geselle absolvierte. Danach wechselte er zurück nach Oberösterreich, um dort die Meisterschule für Müllerei abzuschließen. Sein erster Job bei Steirerobst führt ihn häufig ins Ausland, in Länder wie Ungarn, Polen, Rumänien, die Ukraine. Parallel dazu begann er mit der Abendschule HTL in Graz Gösting mit Spezialisierung auf den Bereich Maschinenbau. Nach sieben Jahren in der Lebensmittelindustrie wechselte er schließlich die Berufssparte und trat erstmals mit der Welt der Automobilhersteller in Kontakt, als er beim Automobilzulieferer *Magna* von Frank Stronach begann, in einer Abteilung, die sich auf Anlagen- und Sondermaschinenbau spezialisiert hatte, zunächst als Projektleiter und schließlich als technischer Vertriebsleiter. In dieser Abteilung trifft er auf Gerald Matzer. Die beiden Männer verstehen sich von Anfang blendend und tauschen sich öfters aus.

Gerald Matzer stammt aus einer Familie, in der Selbstständigkeit großgeschrieben wurde. Sein Vater war im Maschinenbau tätig, seine Mutter betrieb einen Frisörsalon. Er besuchte ein neusprachliches Gymnasium und begann ein Studium der Betriebswirtschaftslehre, das er aber nach einem Jahr wieder abbrach. Danach machte er eine Lehre als Allgemeinmechaniker und schloss ein Kolleg für Maschinenbau an der HTL Graz-Gösting an. Seine ersten beruflichen Schritte führten ihn hin-

> **Dynamic Assembly Machines Anlagenbau GmbH**
> **Produkt:** Montage- und Prüfstandssysteme für den automotiven Antriebsstrang
> **Mitarbeiter:** 85
> **Jahresumsatz:** ca. 25 Millionen Euro
> **Exportanteil:** 85%, 30% entfällt auf China
> **Exportländer:** Deutschland, Italien, Ungarn, China, Mexiko, USA

aus in die Welt, zunächst fünf Jahre lang als Inbetriebnahme-Techniker beim Schweißanlagenhersteller EVG, danach im *Tesma*-Konzern in Sinabelkirchen in unterschiedlichen, führenden technischen Positionen, bis er schließlich im Jahr 2003 zum Automobilzulieferer *Magna* stieß. Dort verantwortete er unterschiedliche Positionen im technischen und im Managementbereich.

Doch die gute Zusammenarbeit innerhalb des gesamten Teams wird von einer plötzlichen Entscheidung der *Magna*-Konzernführung überschattet: Es heißt, dass der Bereich Sondermaschinenbau nicht mehr weitergeführt werden soll. Dieser Bereich verantwortet den Bau von Schweißanlagen, Prüfständen und Montageanlagen. Die gesamte Mannschaft ist erschüttert. Wie soll es nur weitergehen? Verlieren nun alle ihre Jobs?

Robert Fandler und Gerald Matzer setzen sich an einen Tisch, denken nach und beschließen, gemeinsam eine Lösung für das gesamte Team zu finden. Ihre Idee nimmt rasch Formen an. Die beiden Männer sammelten – jeder für sich – in den letzten Jahren unternehmerische Erfahrungen. Sie wissen, dass sie und das Team das richtige Know-how besitzen, um den Bereich Sondermaschinenbau in Zukunft noch viel erfolgreicher zu machen. Fandler und Matzer sehen sich zu diesem Zeitpunkt imstande, das Team und den Bereich Sondermaschinenbau in eine neue Ära zu führen. Also fassen sie die Entscheidung, das Unternehmen in einem Management-Buy-out von *Magna* zu übernehmen. Nun machen sich die beiden Männer daran, einen Businessplan zu erstellen. Dieser wird in der Folge vom obersten Management der *Magna* abgesegnet. Schließlich erhalten Robert Fandler und Gerald Matzer von der *Magna*-Konzernseite auch noch eine befristete Auslastungszusage für den reibungsfreien Übergang von *Magna* in die Selbstständigkeit.

Ihr Unternehmen wird ab Ende 2006 unter einem neuen Namen, nämlich *Dynamic Assembly Machines Anlagenbau GmbH*, firmieren. Es muss jedoch zunächst mit der gesamten Mannschaft an einem neuen Standort angesiedelt werden. Nach kurzer Suche wurden Büros sowie eine Montagefläche bei der *Spedition Temmel* in Gleisdorf angemietet. Hintergrund für diesen Standort war, dass die beiden Unternehmer in Zukunft auch Mitarbeitern aus der Region die Chance geben wollten, bei ihrem Unternehmen anzuheuern. In einem ersten Schritt wurde daher eine 600 Quadratmeter große Halle sowie ein 200 Quadratmeter großes Büro angemietet.

Fandler und Matzer sind Vollbluttechniker. Beide legen besonders viel Wert auf eine präzise Technik und qualitativ hochwertige Produkte. Sie versprechen einander bei der Firmenübernahme, dass ihre Kunden niemals enttäuscht werden sollten.

Und so begann für *DAM* ein neues Zeitalter. Mit damals zwölf Mitarbeitern wurden die ersten Aufträge bearbeitet. Das positive am Management-Buy-out war, dass die beiden Unternehmer ihre Lieferanten und Partner bereits kannten. Auch seitens der Lieferanten und Partner setzte man großes Vertrauen in das *DAM*-Team. Das war ein besonders wichtiger Aspekt für das gesamte Team zu Beginn der Unternehmensübernahme. Zum zweiten wird von den bestehenden Kunden sofort das Signal gesetzt, dass sie weiterhin Aufträge an *DAM* erteilen werden.

Zu den ersten Projekten zählten Umbauten von bestehenden Anlagen, Instandhaltung und Kleinprojekte. Das Team fasste Mut und so konnten im ersten Jahr des Bestehens gleich zwei Millionen Euro Umsatz gemacht werden. Die seriöse Abwicklung der neuen Projekte sprach sich rasch herum. Daraus folgten zahlreiche Neuanfragen für den Bau neuer Anlagen von Kunden, die von bestehenden Kunden auf *DAM* aufmerksam gemacht worden waren. In der ersten Phase waren die beiden Unternehmer selbst sehr stark ins Tagesgeschäft mit seinen zahlreichen Herausforderungen involviert. Gemeinsam mit ihren zwölf Mitarbeitern arbeiteten sie höchstpersönlich an jedem Auftrag mit. Denn jeder neue Auftrag war eine Visitenkarte des Unternehmens nach außen. Während Robert Fandler innerhalb des Unternehmens besonders für den Vertrieb zuständig zeichnete, war Gerald Matzer für die Organisation verantwortlich. Durch die überaus professionelle, genaue Arbeit des Teams, kam es zu noch mehr Aufträgen und daraus folgend zu einem kontinuierlichen Wachstum im Unternehmen.

Doch wenn ein Unternehmen wächst, kommen meist neue Herausforderungen auf das gesamte Team zu. *DAM* hatte plötzlich mit den ganz großen Playern in der internationalen Automobilindustrie zu tun. Nun muss man wissen, dass die Automobilindustrie für Pioniergeist, Unternehmertum und sportlichen Ehrgeiz steht, aber insgesamt gesehen eine sehr harte, von Verdrängungswettbewerb gekennzeichnete Branche ist, in der die persönliche Ebene eine besonders wichtige Rolle spielt. Der Automarkt bleibt niemals stehen. Automobilhersteller mutieren zu wettbewerbsfähigen Anbietern von Mobilitätslösungen und manch ein Autobauer wird sich in Zukunft zum Zulieferer der Mobilitätsanbieter wandeln. Daher begannen sich Robert Fandler und Gerald Matzer Gedanken über das Auftreten von *DAM* nach außen und auch über die innere Organisation zu machen.

Bei *DAM* liegt heute der Altersdurchschnitt bei 33 Jahren und alle Mitglieder im Team müssen bei den jeweiligen Entwicklungen an einem Strang ziehen und positiven Geist zeigen. Offene und ehrliche Kommunikation ist der Grundstein zu diesem Erfolg, bestätigen die beiden geschäftsführenden Firmenmitinhaber. Denn ein Unternehmer müsse sich seinem Team gegenüber stets offen zeigen, weil auch in Unternehmen Beziehungen gepflegt würden. Mit Druck und Angstmache komme man nicht sehr weit. Ein wichtiger Wert des Unternehmens liegt in seiner guten Mannschaft. Es gibt Mitarbeiter, die mehrmals Unternehmen gewechselt haben, bevor sie zu *DAM* hinzugestoßen oder auch wieder zurückgekehrt sind. In der Branche ist bekannt, dass es bei *DAM* immer schon wenige Mitarbeiter-Abgänge gab. Das Unternehmen umgibt eine positive Aura. Mit einem hochmotivierten Mitarbeiterstab konnte das steirische Unternehmen wachsen, es arbeiten heute 85 Mitarbeiter bei *DAM*. Eine derartige Mitarbeiterzahl wäre niemals möglich gewesen, wenn die beiden Unternehmer die Begeisterung ihrer Mitarbeiter nicht gefördert hätten. Ganz offen bekennen die beiden geschäftsführenden Firmenmitinhaber, dass »ein Mitarbeiter genauso ein Baustein sei, wie der Chef persönlich«. Offenheit am Arbeitsplatz ist im Unternehmen enorm wichtig. Visionen werden kommuniziert und Projekte stets in Zusammenarbeit mit dem Team besprochen. Teil des *DAM*-Teams zu sein, macht die einzelnen Mitarbeiter enorm stolz. Sie setzen ihre Energie ein, um mitzuhelfen, den Erfolg des Unternehmens nach außen zu tragen.

Jede Führungskraft innerhalb der unterschiedlichen Abteilungen bei *DAM* sucht sich ihre Mitarbeiter selbst aus, denn sie muss schlussendlich mit diesen Mitarbeitern arbeiten. Wichtig ist bei der Aufnahme, dass der Mitarbeiter ins Team passt. Robert Fandler und Gerald Matzer stehen sowohl den Führungskräften als auch jedem einzelnen Mitarbeiter stets für Gespräche zur Verfügung. Sie geben ihren Mitarbeitern die Chance, sich weiterzuentwickeln können. Auch eine positive Fehlerkultur wird gepflegt. Deshalb werden neue Positionen oftmals zunächst intern ausgeschrieben.

Wird ein neuer Mitarbeiter aufgenommen, blickt man zunächst auf seine Grundtugenden und sein fachliches Rüstzeug. Seine Qualifikation ist ebenso ein Thema. Das Unternehmen ist in einem speziellen Feld tätig, da spielen Motivation und Tugenden eine wichtige Rolle.

Ob ein Mitarbeiter wirklich ins Team passt, kann jedoch nur mit der Zeit festgestellt werden. »Ob er das Pflänzchen im Gemüsebeet ist, weiß keiner, das kristallisiert sich erst mit der Zeit heraus«, erklärt Robert Fandler.

Zwei Jahre nach dem Management-Buy-out, im Jahr 2008, beschlossen die Inhaber ein Grundstück auf der grünen Wiese unweit ihres Büros und der Fabrikhalle, die sich in den Räumlichkeiten der Spedition befand, zu kaufen. Sie ließen dort ein eigenes Firmengebäude bauen. Bereits im Jahr 2012 konnte das Team von *DAM* in das neue Gebäude übersiedeln. 2014 musste erneut dazu gebaut werden. Die Auftragslage war extrem gut.

Im Grunde genommen, sei man »ein projektbezogenes Unternehmen«, bestätigt Robert Fandler. In der Akquise arbeitet ein eigenes Team, um weitere Projekte an Land zu ziehen. An jedem neuen Projekt arbeitet jede einzelne Fachabteilung mit, um die Auftraggeber auch wirklich zu überzeugen. Ist das Projekt abgeschlossen, dann sind die *DAM*-Mitarbeiter bei ihren Kunden, denn sie stellen die neu gebauten Anlagen direkt bei den Auftraggebern weltweit auf. Ganze Teams fahren gemeinsam ins Ausland, sind zwischen China und Mexiko weltweit unterwegs. Nur so könnten gut funktionierende Kundenbindungen aufgebaut werden. »Wir sehen uns als Partner unserer Kunden, nicht als simple Lieferanten«, erklärt Robert Fandler. Wenn dieses Verhältnis passt, dann sind die Steirer treue Lieferanten. Und mit der heute sehr knapp bemessenen Zeit benötigt man in der Wirtschaft genau solche Partner.

Durch Krisen kann man lernen, meinen die beiden Unternehmer. Denn in einem Unternehmerleben gibt es Höhen und Tiefen. Die Wirtschaftskrise in den Jahren 2008–2009 habe ihr Unternehmen genauso getroffen wie viele andere Betriebe innerhalb Europas auch. In diesen Jahren gab es nur wenige Anfragen für ihre Produkte. Als Unternehmer sei man in derartigen Zeiten sehr gefordert. Doch mithilfe der beruflichen Auszeit, die sich in Österreich »Bildungskarenz« nennt und bei der die Mitarbeiter freigestellt werden können und vom Arbeitsmarktservice mit einem Weiterbildungsgeld unterstützt werden, konnte das Unternehmen auch diese schwierige Zeit überstehen. Nahezu alle Mitarbeiter von *DAM* konnten in dieser herausfordernden Zeit gehalten werden.

Einheitsrezepte, um bestimmte Einschnitte im Unternehmerleben zu überbrücken, gebe es jedoch nicht, sagen Robert Fandler und Gerald Matzer. Wenn eine Krise eintrete, habe man eine Reihe von Ideen. Manch Unternehmer beschäftige sogar einen Berater, doch dieser könne nicht immer sofort helfen. Es gehe in einer solchen Situation vielmehr um Geschicke und Gefühle, den Hausverstand, die Bildung – denn man müsse zunächst einmal mit der Situation umgehen. Im Endeffekt gehe es bei Einschnitten im Unternehmerleben vor allem um die kaufmännische Beständigkeit, aber auch um die Beibehaltung externer Partner. Den richtigen Partner für das Unternehmen zu finden, also einen Partner, der auch hilft, wieder auf den richtigen Weg zu kommen, das gehe nur über Irrwege. Fazit der beiden Entrepreneure: Man müsse als Unternehmer auch »Mal auf die Schnauze fallen dürfen«, denn es könne nicht immer alles perfekt laufen. Doch als aufmerksamer Firmenmitinhaber lerne man aus jeder Situation und es gebe immer einen Weg, aus einem Dilemma herauszukommen. Den Kopf in den Sand zu stecken, sei niemals gut. Man müsse Herausforderungen annehmen.

Die Kunden des steirischen Unternehmens *DAM* sind weltweit tätig. Robert Fandler und Gerald Matzer sind bereit, mit ihren Kunden zu wachsen und international zu arbeiten. Der Anlagenbau Europas ist weltweit gefragt und die besondere Technologie, die *DAM* aufweist, ist seit der Gründung des Unternehmens ebenfalls international gefragt.

Ab dem Jahr 2010 ging es wieder steil bergauf mit dem steirischen Unternehmen. Es kam zu einem gewaltigen Schub, der vor allem durch eine Bereinigung der Produktpalette entstand. Auch ein Preisdruck aus dem Ausland war zu spüren. Daher stellte sich das Unternehmen rasch die folgenden Fragen: Wo sehen wir uns wirklich? Wohin sollen wir uns weiterentwickeln? So kam es dazu, dass der neue Fokus des Unternehmens ab dem Jahr 2010 auf den Antriebsstrang im Fahrzeug gerichtet wurde. Für den Prüfstandsbauer waren Auslands- bzw. Überseeaktivitäten stets wichtig. Denn Österreich ist ein sehr kleines Land mit einem kleinen Markt. In der Steiermark ist *DAM* daher zu Hause, aber auf der ganzen Welt daheim. Ein Unternehmen wie *DAM* braucht den Export, um ein richtiges Wachstum zu haben und kontinuierlich bestehen zu können. »Zu Beginn kann man als Unternehmer viel spekulieren und sich orientieren, welche Möglichkeiten man hat. Es gibt vieles, was funktioniert. Aber der Erfolg hängt auch von Glück, gepaart mit viel Beharrlichkeit und Referenzen ab. Es gehören weiters soziale Kompetenzen dazu. Der Mensch trifft eine Entscheidung, mit wem man ein Projekt realisiert«, sagt Robert Fandler. Die verwendete Technik aber mache Vorgaben und sei gleichzeitig die treibende Kraft. Nachhaltigkeit und Langfristigkeit seien wichtige Komponenten. »Unser Unternehmen hat wenige Kunden, aber dafür Beständigkeit in den Aufträgen«, bestätigt Gerald Matzer. Die Kunden haben viel Vertrauen. Es gebe außerdem ein sehr gutes Kunden-Lieferanten-Verhältnis. Das sei besonders bei der internationalen Geschäftstätigkeit entscheidend, denn sobald ein Unternehmen im Ausland tätig sei, komme es auf eine Art »internationalen, sehr strengen Prüfstand«. Viel strenger werden dann folgende Details kontrolliert: Wie ist der Unternehmer erreichbar, wie arbeiten die Mitarbeiter und wie gut funktioniert das gelieferte Gerät? Nur wenn diese Grundfragen durch den potenziellen Auftraggeber positiv beantwortet werden, werde der Lieferantenfirma auf dem internationalen Parkett vertraut – und dann können auch weitere Deals abgeschlossen werden. Als Unternehmer baue man sich so eine Plattform auf und werde dann von alleine kontaktiert. Türklinken müsse man dann nicht mehr putzen. »Wir erzielen marktgerechte Preise, weil das Rundherum okay ist. Wir als *DAM* schätzen Qualität, und Qualität zu produzieren ist wichtig. Das erwartet unser Kunde.« Innovationen gehören bei *DAM* zum Alltag. Es werden mittlerweile schon einige Diplomarbeiten im Unternehmen geschrieben, weil es dermaßen innovative Themen gibt.

Sehr früh beschäftigte sich die gesamte Technik von *DAM* mit dem Thema Fahrdynamik und Elektromobilität. Während die Fahrdynamik sich mit dem Verhalten eines Fahrzeugs unter Einwirkung von Kräften, hervorgerufen durch Kurvenfahrten oder Beschleunigungs- und Bremsvorgänge, beschäftigt, ist bei der E-Mobilität der Nutzen von Elektrofahrzeugen als Beitrag für ein nachhaltiges, klimaschonendes Verkehrssystem wichtiger. Durch Projekte in der Fahrzeugindustrie war *DAM* zu einem sehr frühen Zeitpunkt in dieses brandaktuelle Thema eingebunden, und zwar in einer Zeit, in der Investitionen in die E-Mobilität aus wirtschaftlicher Sicht noch ein unternehmerisches Risiko darstellten.

Da Klimaschutz im Verkehr eine große Energie- und umweltpolitische Herausforderung ist, hat das Thema aber das Unternehmen begeistert. Elektromobilität und Derivate daraus (Hybridantriebe) sind eine wichtige Mobilitätsform für nachhaltig arbeitende Länder. Also beschloss man bei DAM auf diesen ökologisch wichtigen Zug aufzuspringen und Anlagen für den E-Mobilitäts-Markt zu bauen. E-Mobilität ist heute ein großer Teil des Unternehmens. Mit diesem Bereich ist DAM sichtlich am Puls der Zeit.

Robert Fandler und Gerald Matzer waren zum richtigen Zeitpunkt am richtigen Ort. Durch gute Strategien ist ihr Unternehmen in den letzten zwölf Jahren gewachsen. Wenn man sie heute, nach Jahren der Erfahrung, zu den wichtigsten Eigenschaften eines Entrepreneurs befragt, dann antworten sie: »Zum Unternehmertum gehört Mut, eine Portion Naivität und Glaube, alles zu 100 Prozent abzusichern. Es gehört aber auch Mut zum kontrollierten Risiko dazu.« Zwei unterschiedliche Meinungen lassen die beiden Unternehmer gerne gelten, denn sie besprechen alles gemeinsam. Gestritten wird praktisch nie. Die Familie ist für die beiden Männer sehr wichtig, die Firma ist jedoch ihr gemeinsames Baby.

Die Herausforderung der nächsten Jahre für die beiden Entrepreneure lautet, den Exportanteil im Ausland nachhaltig zu steigern, etwa mit lokalen Niederlassungen. Ihr Schiff segelt beständig und interessiert weiter international auf Erfolgskurs.

 Der Erfolg dieses Unternehmens liegt in:

- den Mitarbeitern aus der Region
- der Behandlung jedes Auftrags als eine Visitenkarte nach außen
- der überaus professionellen, genauen Arbeit des Teams
- der Kommunikation von Visionen und der Besprechung von Projekten in Zusammenarbeit mit dem Team
- der Überzeugung der Auftraggeber, dass alle Fachabteilungen in neuen Projekten mitarbeiten
- der Partnerschaft mit dem Kunden: bei Lieferungen kommt das gesamte Team, dass die Geräte erstellt hat
- der staatlichen Absicherung in harten Zeiten, etwa durch die österreichische Bildungskarenz
- dem kontinuierlichen Lernen aus jeder Situation
- der Beharrlichkeit der Unternehmer
- dem sehr guten Verhältnis mit Kunden und Lieferanten
- den Innnovationen, die mittlerweile bei *DAM* zum Alltag gehören
- dem Mut, einer Portion Naivität und dem Glauben, alles zu 100 Prozent absichern zu können – und dabei dennoch kontrollierte Risiken einzugehen

Die Stilpräger aus Riegersburg

Mit ihrem Handwerk bringen sie maßgeschneidertes Design auf eine neue Ebene. Bernd und Hannes Radaschitz sind Tischler der Luxusklasse mit Büros in Wien und in London. Gemeinsam stellen sie Haute Couture aus Holz für Kunden aus der ganzen Welt her.

Meistern des Handwerks soll man glauben, sagt ein altes Sprichwort. Und das ist wahr, denn das Beherrschen eines Handwerks ist auch heute noch eine Besonderheit. Die Tischlerei hat sich im 14. Jahrhundert von einem alten und sehr angesehenen Handwerk, der Zimmerei, entwickelt. In Österreich gibt es rund 9.260 Tischlerbetriebe mit knapp 28.000 Beschäftigten. Auch die Familie Radaschitz aus der Südoststeiermark zählt dazu. Die Geschichte des Unternehmens beginnt im Jahr 1923. Damals gründete Urgroßvater Johann Radaschitz am Fuße der Riegersburg – einer Höhenburg aus dem 12. Jahrhundert eingebettet in die sanften Hügel des Vulkanlandes – die erste Tischlerei der Familie. Er beschäftigte sich mit der Verarbeitung und Oberflächenbearbeitung von unterschiedlichen Holzarten. Darunter fanden sich Nussbaum, Eiche, Kastanie und Kirschbaumholz sowie Holzwerkstoffe. Als Werkzeug diente ihm ein Hobel; als Verbindungsmittel zwischen Hobel und Holz verwendete er

Leim. Damit schuf er, gemeinsam mit einem Lehrling, außergewöhnliche Möbelstücke, aber auch Fenster, Türen, Wand- und Deckenvertäfelungen sowie Särge für die Region.

Im Jahr 1952 wird die Tischlerei von seinem Sohn Johann übernommen, der mit der Zeit einen soliden Kundenstock aufbaut. Er ist damit dermaßen erfolgreich, dass im Jahr 1978 sein 25-jähriger Sohn Johann, die dritte Generation, außerhalb der Südoststeiermark expandieren wird. Der neue Aktionsradius des Unternehmens beträgt nun 50 Kilometer rund um die Riegersburg. Johann jun. spezialisiert sich auf klassische Tischlerarbeiten und auf Fenster. Ab 1980 baut er das Unternehmen aus: Die größten Kunden der Tischlerei befinden sich in der Landeshauptstadt Graz. 30 Jahre lang arbeitet er

> **Tischlerei Radaschitz GmbH**
>
> **Produkt:** Tischlereiwerkstätte mit Designverständnis, die auf hochwertige Möbel und Innenausbau spezialisiert ist. Die Möbel werden aus Holz und anderen Materialien angefertigt, wie etwa Messing, Naturstein, Stoffe und Leder
> **Mitarbeiterzahl:** 60, davon rund 40 in der Steiermark, 20 in London
> **Jahresumsatz:** *keine Angabe*
> **Exportländer:** Europa (Deutschland, Italien, England, Frankreich), Zypern, Nigeria, Lateinamerika, Russland, Amerika ...
> **Künftiger Exportmarkt:** New York, Asien

fleißig in seiner Werkstatt. Währenddessen leisten ihm seine beiden kleinen Söhne Bernd und Hannes Gesellschaft und spielen mit den Holzspänen. Die Familie selbst wohnt oberhalb der Werkstatt mit Blick auf die Riegersburg. Bernd und Hannes haben das Tischlern sozusagen im Blut. Doch die beiden jungen Männer tragen sich noch lange nicht mit dem Gedanken, die Tischlerei des Vaters zu übernehmen.

Hannes möchte nach dem Abitur Architekt und Designer werden. Er hat eine berufsbildende Höhere Schule mit technischem Ausbildungshintergrund – die HTL Mödling in der Fachrichtung »Möbel und Innenausbau« – abgeschlossen. An der Schule in Mödling hat er Planung und Technik gelernt, aber auch seine kreativen Ideen umzusetzen. Nach dem Abitur arbeitet er kurzzeitig in Wien, anschließend reist er nach Italien, um ein Praktikum in Mailand und danach eine Weiterbildung für Innenarchitektur in Florenz zu machen. Von dort geht es weiter nach London, wo er zwei Jahre verbringt. Im Jahr 2003 kehrt Hannes in die Steiermark zurück. Während seiner Abreise aus London entsteht eine Idee, die ihn nicht mehr loslässt. Seine Vision hat mit seiner Selbstständigkeit und der väterlichen Tischlerei zu tun.

Unterdessen wünscht sich sein Vater, dass sein Bruder Bernd ebenfalls die HTL besucht, um eine profunde Ausbildung zu erhalten. Diese soll ihm ermöglichen, Tischler zu werden, um danach den väterlichen Betrieb zu übernehmen. Bernd entscheidet sich aber dafür, sofort eine Lehre im Betrieb seines Vaters zu machen. Nach Abschluss der »Gesellenprüfung« besucht er die zweijährige Meisterschule für Tischler und Raumgestalter in der HTBLA Ortwein-Designschule in Graz. Nach dem Erhalt des Meisterbriefs wird er Einrichtungsberater in Wien: Er arbeitet in Odo Dworaks Einrichtungshaus und im international tätigen Einrichtungshaus Barwig.

Um seine Englischkenntnisse auf Vordermann zu bringen, entschließt Bernd sich Anfang des Jahres 2004 für eine viermonatige Ausbildung an einer Sprachschule in London. Interessiert beobachtet er in dieser Zeit die Tischlerszene in England. Diese ist klein und mit dem österreichischen Know-how nicht zu vergleichen. Denn unter Margaret Thatcher wurden in England Lehrberufe, wie die des Tischlers, abgeschafft, während es in Österreich weiterhin eine profunde, vierjährige Ausbildung gibt.

Im Rahmen seines Aufenthaltes in London sammelt Bernd Radaschitz wertvolle Erfahrungen als Küchen-Designer bei Poggenpohl Küchen. Er beobachtet die Mentalität der Briten, aber auch die Londoner Architekturszene, und entdeckt in dieser Stadt ein großes Marktpotenzial für Design – im Speziellen für Design aus Holz. Denn Engländer importieren viele Möbel aus dem Ausland, vorwiegend aus Polen, Frankreich und Italien. Eine Idee entsteht in dieser Zeit auch bei Bernd Radaschitz. Schweren Herzens kehrt er Ende des Jahres 2005 wieder nach Österreich zurück. Als er in Riegersburg mit seinem Bruder zusammentrifft, tauschen sich die beiden sofort über ihre Erlebnisse und Erfahrungen in London aus. Interessant erscheint dabei, dass die beiden Brüder unabhängig voneinander die Vision entwickelt haben, eine besonders hippe Designtischlerei in London aufbauen zu wollen. Weiters sind sich die beiden einig, den Betrieb des Vaters übernehmen und zusätzlich einen Standort in Wien aufbauen zu wollen. Um die nötige Aufmerksamkeit von Londoner Top-Kunden zu erreichen, soll ihr Unternehmensprojekt ausgeklügeltes Design und Internationalität bieten – das ist ihre Vision einer modernen Spitzen-Designtischlerei.

Aber zunächst will Bernd das Geschäft der Tischlerei in Wien mit neuen Aufträgen ankurbeln. Daneben findet er immer wieder Zeit, um nach London zu fliegen und erste Kontakte für das neue Unternehmensprojekt aufzubauen. Den Brüdern ist klar: In der Weltstadt London kann es nur über die richtigen Kontakte funktionieren. Das richtige Netzwerk ist für den Erfolg der Brüder also unerlässlich. Ein guter Tischler erhält in Großbritannien vor allem Aufträge von Architekten. Der vermögende Privatkunde wiederum betraut seinen eigenen Innenarchitekten mit der Aufgabe, Gesamtkonzepte sowie Detaillösungen für Innenräume zu entwickeln. Und Innenarchitekten arbeiten mit den Architekten der Stadt eng zusammen, um die formale Gestaltung der Innenräume, aber auch die Material- und Produktauswahl zu übernehmen sowie die Farb- und Lichtkonzepte zu entwickeln.

Die Budgets von Bauprojekten in London sind meist höher als im restlichen Europa, immerhin zählt die britische Landeshauptstadt zu den teuersten Immobilienpflastern der Welt. Um die richtigen Architekten kennenzulernen, wird Bernd Radaschitz zunächst etliche Veranstaltungen rund um die neuesten Projekte sowie Netzwerktreffen der Bau- und Designbranche in London besuchen. Nach ersten Kontakten über diese After-Work-Termine vereinbart er zunächst Termine mit denjenigen Architekten, die sich auf die Gestaltung von Hotels und Restaurants, dann mit denjenigen, die sich auf den privaten Sektor spezialisiert haben. Aus all diesen Gesprächsterminen filtert Bernd nun fünf Architekturbüros heraus, deren Vertrauen er gemeinsam gewinnen will. Zunächst gibt es einen persönlichen Kontakt, in dem über mögliche gemeinsame Vorhaben gesprochen wird. Dann schicken Bernd und Hannes Radaschitz den ausgewählten fünf Architekturbüros Referenzen von Tischlerprojekten aus Österreich. Viel Fingerspitzengefühl ist hier gefragt, alles braucht seine Zeit. Doch am Ende scheint sich ein Erfolg für die beiden Brüder herauszukristallisieren. Denn Österreichern geht allgemein der Ruf der Korrektheit und Seriosität voraus. Briten vertrauen einem österreichischen Gewerbebetrieb eher, denn sie wissen, dass das Resultat der Arbeit extrem gut ist. Die Aufträge erteilenden Architekturbüros begutachten die Angebote der möglichen Kooperationsbetriebe genauestens, prüfen sie und geben schließlich ihren Zuschlag.

Ein ehemaliger Arbeitskollege aus der Londoner Zeit wird Bernd und Hannes erster Kunde sein. Wir schreiben das Jahr 2008, die Tischlerwerkstätte der beiden Brüder ist nun in London mit zwei Mitarbeitern tätig. In den ersten Jahren werden eine Reihe von kleinen, feinen Projekten in der britischen Hauptstadt erfüllt. Dann kommt mit einem Mal der erste große Auftrag auf die beiden Brüder zu. Im Luxustempel *One Hyde Park* – der teuersten Immobilie der Welt – statten die beiden Steirer sechs Appartements mit exquisitem Interieur aus. Das Projekt bringt für die beiden Brüder wichtige Erfahrungen. Sie lernen, mit Top-Kunden im Ausland umzugehen, deren kurzfristige Wünsche zu erfüllen, aber auch wie man ein derartiges High-Level-Projekt professionell abwickelt.

> **Wege aus der Krise**
>
> »Man muss in einer Krise die Überzeugung an einen langfristigen Erfolg bewahren. In einer globalen Krise, wie der COVID-Pandemie, sitzt man nicht alleine im Boot, was den Vorteil hat, dass man einen größeren Vorsprung gegenüber den Mitbewerbern erlangen kann, wenn man schneller oder mutiger agiert. Wir haben während der Krise in einen neuen Markt investiert, mit einen neuen Showroom und Büro in New York, was mit den Reiseeinschränkungen eine Riesen-Herausforderung war, aber nicht unmöglich. Der Fortschritt in der digitalen Kommunikation während der Krise kommt uns hier zugute und erspart Kosten und Zeit, wenn wir Projekte auf Distanz abwickeln. Wir sehen der Zukunft sehr positiv entgegen.«

Das in London bereits 2006 eröffnete Büro der Radaschitz-Brüder nennt sich »*Interior ID*«. Das Image von »*Interior ID*« ist jung, dynamisch und kompetent. Mit einer ordentlichen Portion Wagemut, gepaart mit bodenständigem Handwerk sowie einem gewissen Anteil an Hightech, gelingt es den beiden Männern sehr rasch, sich in London als Luxusanbieter für den Interieur-Bereich zu etablieren.

Ihre Auftraggeber sind vorwiegend Architekten und Designer und deren Endkunden halten sich in der Regel diskret im Hintergrund. Die beiden Brüder arbeiten als Produzenten von Designmöbeln. Produziert wird im Familienbetrieb in der Oststeiermark, geliefert wird aus Österreich hinaus zu den mondänsten Adressen. Die Möbelstücke der Designtischlerei Radaschitz werden mit der Zeit nicht nur aus Holz, sondern aus vielfältigen Materialien hergestellt, darunter Stein, Kunststoff und anderen Spezialoberflächen. Bernd und Hannes Radaschitz sind überzeugt, rasch ein profitables Unternehmen aufstellen zu können, mit einem Standbein in Großbritannien und einem zweiten in Österreich. In kürzester Zeit zieht das »*Interior ID*«-Büro in London hochkarätige Aufträge an Land. Zu den Kunden der steirischen Designtischlerei zählen immer mehr vermögende Geschäftsleute aus London, aus England und aus Europa, Osteuropa und dem Nahen Osten. Mit den Jahren beliefern die beiden Brüder Kunden rund um den Erdball.

Möglich wird die internationale Arbeit durch eine von ihnen minutiös abgestimmte Wertschöpfungskette, die die fünf Tätigkeiten enthält, die zur Herstellung des Produktes erbracht werden: interne Logistik, Produktion, externe Logistik, Marketing & Verkauf und Service. Bei den Brüdern Radaschitz sieht dies in der Realität dann so aus: In einem Hightech-Kommunikationsraum, der sich im Erdgeschoss der Riegersburger Tischlerei befindet und der mit dem Büro in London verbunden ist, werden sämtliche internationalen Projekte über Videokonferenzen besprochen. Mithilfe eines großformatigen Bildschirms und Head-up-Kameras können Skizzen und Pläne rasch, wie vom jeweiligen Architekten in London gewünscht, adaptiert werden.

Eines wird dabei klar: In der Riegersburger Werkstatt der Brüder ist nach vier Generationen nun das traditionelle Handwerk auf das digitale Zeitalter gestoßen. Mehrere CNC-Werkzeugmaschinen, die durch moderne Steuerungstechnik zahlreiche Design-Werkstücke mit hoher Genauigkeit automatisch herstellen, ebenso wie eine neue Hochglanz-Lackieranlage sorgen für noch mehr Präzision. So wird also eine Schlosserei in der Tischlerei integriert, um die hochwertigen Metallarbeiten selbst herstellen zu können, damit sie wirklich passgenau sind.

Die Budgets, mit denen gute Architekturarbeiten in London realisiert werden, sind meist riesig im Vergleich zu anderen Ländern in Europa, nicht selten im zweistelligen Millionenbereich. Davon entfallen rund zehn Prozent auf den Bereich Inneneinrichtung. Gearbeitet wird oftmals für Kunden im Prime-Central-London-Viertel, dazu zählen Bezirke wie die *City of Westminster* oder der *Royal Borough of Kensington* sowie Stadtteile wie *Mayfair, Belgravia, Chelsea, Kensington*, der *Regents Park* oder *Knightsbridge*.

Die beiden Steirer werden in London über die nächsten Jahre bekannt und von einem Kunden zum nächsten weiterempfohlen. Gute Arbeit und große Flexibilität zeichnen die beiden Brüder und ihr Team aus. Die steirische Mentalität besteht ja auch aus einem guten Mix aus Bescheidenheit und Können.

Doch wie in jedem richtigen Unternehmerleben läuft nicht immer alles glatt. Einen kleinen Rückschlag erlebten Bernd und Hannes Radaschitz in der Zeit der Wirtschaftskrise, die sich ab 2009 abzeichnete. Im Jahr 2010 verzeichnete »*Interior ID*« eine einjährige Durststrecke aufgrund der Abwertung des Britischen Pfunds und der mageren Auftragslage. Wie reagiert man in derartigen Situationen als junger Unternehmer, der mit vielen Auftraggebern im Ausland begonnen hat? Als Gewerbebetrieb mit internationaler Ausrichtung muss man Ausdauer beweisen, erklären die beiden Brüder heute. Nur nicht aufgeben, lautet ihre Devise. Man müsse in derartigen Situationen kreativ bleiben und an andere Möglichkeiten denken, um sein Unternehmen zu positionieren. Und: Man müsse lernen, neue Standbeine aufzubauen. Etwa mithilfe einer neuen, hauseigenen Design-Marke. Die Brüder Radaschitz haben dies in Form von »*Mobilamo*« im Jahr 2013 umgesetzt. Dahinter steckt die Idee, maßgefertigte Tischlerarbeiten für eine größere Kundenschicht erschwinglich zu machen. Mithilfe eines Webshops können Kunden ihre Designermöbel online selbstständig konfigurieren. Die Beratungsleistung wird so minimiert und dadurch das ausgesuchte Möbelstück kostengünstiger. Der Onlineshop enthält Korpusmöbel für Speisezimmer und den Wohnbereich, die mit ihrem flotten Design die Kunden überzeugen sollen. Im Portfolio des *Mobilamo*-Webshops finden sich aber auch Betten und Nachtablagen in verschiedensten Größen und mit einer besonderen Eleganz.

Mittlerweile hat das Radaschitz-Tochterunternehmen *Interior-ID*, das im Jahr 2006 mit nur einem Mitarbeiter begann, seither jedes Jahr die Zahl der Mitarbeiter verdoppeln können. Heute arbeiten rund 60 Tischler, Lackierer und CAD-Techniker für die beiden Brüder, darunter alleine ein 20-köpfiges Team in London. Produziert wird jährlich für Kunden zwischen London, Los Angeles, Dubai, Saint Tropez, Kuwait, Shanghai, Berlin oder Rio de Janeiro. Zu den spannendsten und zugleich außergewöhnlichsten Aufträgen zählten bislang eine Bowlingbahn, ein Heimkino mit zehn Sitzen oder die Ausstattung eines Clubs in Saint Tropez. Immer wieder kommen auch Kunden und Architekten nach Riegersburg, um sich die Tischlerei aus der Nähe anzusehen und zu beobachten, wie einzelne Möbelstücke vor Ort entstehen.

Was in der Tischlerwerkstatt Radaschitz auffällt, ist die Ruhe und Gelassenheit, mit der gearbeitet wird. Konzentriert verfolgen die Mitarbeiter jeden Schritt in der Produktion und achten auf Perfektion. Es ist eine zenartige Atmosphäre, die sich aus der Zusammenarbeit herausgebildet hat. Jeder weiß, was er zu tun hat. Wenn es Probleme gibt, werden sie mit den beiden Chefs offen besprochen. Die Philosophie der offenen Türe der beiden Chefs hat sich bewährt.

Die hochwertigen Designmöbel der Österreicher kommen im Ausland sehr gut an. Doch Bernd und Hannes Radaschitz sind noch lange nicht am Ende ihrer kreativen Phase. Die beiden Männer arbeiten ständig daran, neue Ideen in qualitativ hochwertige Produkte einlaufen zu lassen. Aus diesem Grund entstand im Herbst 2017 die Marke *Lanserring*. Sie entspringt einer gemeinsamen Idee von mehreren kreativen Köpfen. Das Hauptteam besteht heute aus Hannes und Bernd.

Die von Bernd und Hannes Radaschitz entworfene neue Marke *Lanserring* vereint Handwerk und Design auf höchstem Niveau, gleichzeitig entstehen individuell angefertigte Möbel aus verschiedensten Materialien. Heute design und produziert *Lanserring* Küchen und Möbelstücke aus Marmor, Stein und Stahl für seine Kunden auf der ganzen Welt: Vom Entwurf bis zur endgültigen Fertigung wird jedes Stück maßgeschneidert. Denn der Trend, Möbel für die *Ultra High Networth Individuals* – kurz UNWI genannt – zu designen, ist ungebrochen. Diese Gruppe verdient im Schnitt 30 Millionen US-Dollar und zählt zu den 13 Prozent der vermögendsten Menschen der Welt.

Großes Potenzial sehen die beiden Tischlermeister aus der Steiermark künftig nicht nur bei der Innenraumgestaltung von Häusern, sondern auch im Yachtbau, wo traditionell der größte Teil der Inneneinrichtung aus Holz besteht. Der Verdacht liegt nahe, dass die Reise von Hannes und Bernd Radaschitz in Sachen Interior-Design noch sehr weit gehen wird.

 Der Erfolg dieses Unternehmens liegt in:

- der Kombination neuer Ideen mit hochwertigen Produkten
- der gründlichen Erarbeitung des Designs jedes einzelnen Produkts – mit viel Ruhe
- dem Mut, außergewöhnliche Aufträge anzunehmen, wie etwa: einer Bowlingbahn, ein Heimkino, Ausstattung eines Clubs in Saint Tropez
- Kundenzufriedenheit durch gute Arbeit und große Flexibilität
- der Gründung neuer Standbeine und neuer Marken, wie etwa: *Lanserring*

Der Weltanlagenbauer

Die Geschichte der PIA Automation Austria (ehemals M&R Automation) in Grambach, südlich von Graz, ist eine steirische Erfolgsgeschichte. Spezialisiert auf die Produktion von Montage- und Prüfanlagen beliefert das Unternehmen Kunden auf der ganzen Welt. Johannes Linden ist Vorsitzender der Geschäftsführung der PIA Automation Holding und des Standorts in der Steiermark.

Erfolg hängt – nicht erst seit Bill Gates – von Entschlossenheit, harter Arbeit und Glauben ab. Egal, wie viel Geld man hat oder wo man sein Unternehmen gründet, großartige Ideen, Leidenschaft und Engagement sind die Voraussetzungen dafür, dass es ein Erfolg wird. Gerhard Maitz und Herbert Ritter waren in gewisser Weise die Bill Gates der Steiermark gewesen. Beide absolvierten eine berufsbildende Höhere Schule mit technischem Schwerpunkt – eine HTL. Danach arbeitete Gerhard Maitz als Angestellter bei Siemens und entwickelte neben seiner Arbeit für die *Grazer Armaturen Werke* (*GAW*) Mikroprozessoren und Steuerungen. Herbert Ritter hingegen plante, baute und entwickelte für einen Grazer Maschinenbauer Steuerungen. Eines Tages lernen sich die beiden Männer bei Siemens kennen. Sie freunden sich an und beginnen gemeinsam nebenberuflich an ersten Automatisierungsprojekten zu arbeiten. Als Stützpunkt dient ihnen das Wohnzimmer von Ritters Eltern. Hier wickeln sie ihre ersten Aufträge ab. In der Garage werden der Bau und die Inbetriebnahme der Projekte durchgeführt. Es war eine Pionierzeit für die Automatisierung und Prozessleittechnik in Österreich. Aus der Automatisierung entstand mit den Jahren ein Industriebereich, denn Genauigkeit und Präzision kann nicht durch eine Hand alleine erfüllt werden, sondern es sind Maschinen dafür notwendig.

Die Vision von Ritter und Maitz war es, technisch hochwertige, kosteneffiziente, automatisierte Komplettlösungen für die industrielle Automatisierung eines Unternehmens zu erstellen. Nachdem ihre Nebenbeschäftigung immer intensiver wurde, gründeten Maitz und Ritter gemeinsam am 2. Februar 1989 die Firma *M&R Automation GmbH*. In der ersten Phase ihres Unternehmens konnten Gerhard Maitz und Herbert Ritter nur wenige Kundenreferenzen vorweisen. Sie schafften es jedoch mit der Hilfe von extrem effektiven Netzwerken, ihr Unternehmen einerseits von anderen Firmen merklich abzuheben und andererseits ständig weiterzuentwickeln. Und der Erfolg stellt sich rasch ein: Der erste große Kunde heißt *Magna*. Es

> **PIA Automation Austria GmbH**
>
> **Produkt:** Technisch komplexe und wirtschaftlich ausgereifte Automatisierungslösungen an. Dabei werden kundenspezifische Montage-, Mess- und Prüfsysteme für die Automobilindustrie (insbesondere für Powertrain und E-Mobility), Elektronikindustrie und Konsumgüterindustrie sowie für die Bereiche Medizintechnik, Pharma und erneuerbare Energien entwickelt und gefertigt. Mit einem Umsatzanteil von 85 % stellen Automatisierungslösungen für die Automobilindustrie (insbesondere für Antriebsstrangkomponenten und Elektromobilität) den größten Umsatzanteil dar.
>
> **Standorte:** Zehn operative Standorte weltweit, darunter sechs in Europa: Bad Neustadt an der Saale, Amberg, Erfurt, Esslingen am Neckar sowie Zagreb/Kroatien und Grambach/Österreich. Je einen Standort in den USA und in Kanada: Evansville/Indiana und Toronto/Kanada. Zwei Standorte in China: Ningbo/China und Suzhou/China.
>
> **Mitarbeiterzahl:** insgesamt 1.600 in der PIA Automation-Gruppe, davon 400 in Grambach
>
> **Jahresumsatz:** 90 Millionen Euro in Grambach und ein Umsatzvolumen in Höhe von rund 300 Mio. Euro bei der PIA Automation-Gruppe (2018)

handelte sich um den Automobilzulieferer von Frank Stronach in Weiz. Durch *Magna* bekommt *M&R Automation* die Gelegenheit, für *Steyr-Daimler Puch* zu arbeiten. Maitz und Ritter sind ein eingespieltes Techniker-Duo, jedoch mit komplementären Fähigkeiten, was in diesen Jahren ein Alleinstellungsmerkmal war. 1995 bietet sich die Gelegenheit in

Grambach, südlich von Graz, die ersten Räumlichkeiten für das Unternehmen zu beziehen. Kurze Zeit später kommt eine Montagehalle dazu, die angemietet wird. 1996 wird ein Grundstück in Grambach gekauft und begonnen, eine Betriebshalle darauf zu errichten. 1998 übersiedelte die Mannschaft von *M&R Automation* in die neue Betriebshalle.

Und eines Tages trudelt die erste Anfrage aus dem Ausland ein. Man fragt, ob *M&R Automation* sich vorstellen könne, auch einen Auftrag in Kanada zu erfüllen. Denn die Messtechnik erwies sich als wichtiges Thema beim Getriebebau. *M&R Automation* nimmt den Auftrag an und wird danach vier Anlagen für den Partner in Kanada bauen. Auf Wunsch dieses Kunden und aufgrund der Zeitverschiebung zu Österreich wird eine Niederlassung in Kanada angedacht. Die beiden Eigentümer sprechen mit einem Vertrauten namens Arnold Fuchs und bieten ihm an, als Techniker die Niederlassung in Kanada zu leiten. Auf der Suche nach geeigneten Räumlichkeiten in Kanada wird Manfred Gingl, Executive Vice Chairman von *Magna International Corp.*, den entscheidenden Tipp liefern. Der Österreicher Peter Reinlaender, Generaldirektor von *Magna International*, bietet der *M&R Automation* für die ersten zwei Jahre Büroräumlichkeiten an. Und so werden ab dann von Graz nach Kanada steirische Automations-Anlagen verschifft. Dabei lernt die Geschäftsführung des kanadischen Tochterunternehmens, dass Mitarbeiter im Unternehmen selbst ausgebildet werden. Denn einen Lehrberuf, wie es ihn in Österreich oder Deutschland gibt, kennt man in Nordamerika nicht. *M&R Automation* bildete pro Jahr bis zu 20 Lehrlinge aus und brachte ihnen das notwendige Wissen im Automationsbereich, das von Messtechnik bis hin zur Programmierung reicht, näher. Die Mitarbeiter der *M&R Automation* reichen vom hochqualifizierten Facharbeiter bis hin zum Universitätsabsolventen.

Bis zum Jahr 2003 wurde die Internationalisierung des Unternehmens durch die Gründung von Tochtergesellschaften vorangetrieben. So entstanden Niederlassungen in Deutschland, nämlich in Erfurt und in Stuttgart. Wer seine Produkte global ausliefern will, muss in Amerika und in China vertreten sein. Und so eröffnete 2013 das steirische Unternehmen in Suzhou eine weitere Niederlassung.

Das Unternehmerdasein hat nicht nur schöne Zeiten, sondern auch dynamische Phasen. Es gab etwa Wirtschaftskrisen, die nur gewisse Branchen trafen. Es gab aber auch die Weltwirtschaftskrise im Jahr 2008, die zu einem enormen Umsatzeinbruch für die *M&R Automation* führte. In dieser Zeit beschlossen die Gründer, antizyklisch zu investieren, indem sie ihr Geld in Investitionen und Bildungskarenzen steckten. Und sie suchten verstärkt das Gespräch zu den Mitarbeitern: Da es im Unternehmen keinen Betriebsrat gab, sprachen Gerhard Maitz und Herbert Ritter mit allen Mitarbeitern persönlich, um ihnen die Lage der Firma zu erklären. Außerdem trafen sie mit ihnen eine Vereinbarung und schafften so einen Gleichklang des Teams. Sie fanden, dass diese Art der offenen Kommunikation dabei helfe, ihre Ziele weiter zu verfolgen: Einerseits, um die Stimmung im Haus nicht kippen zu lassen, andererseits, um den Menschen einen Weg aus der Krise zu zeigen. Gegen 17:00 Uhr gabt es täglich ein ungezwungenes Meeting bei Kaffee und Kuchen. Das Team traf zusammen und hatte dabei die Möglichkeit, miteinander den Tag Revue passieren zu lassen. Manchmal wurden auch Geburtstage von Mitarbeitern gefeiert. Und diese Gelegenheit wurde von Herbert Ritter und Gerhard Maitz genutzt, um ihren Mitarbeitern die Wahrheit über die Firmensituation zu erklären und mit ihnen ihre Pläne in Zeiten der Krise und geplante Vereinbarungen zu besprechen. In dieser schwierigen Zeit verließen lediglich drei Mitarbeiter das Unternehmen, darauf waren die beiden Gründer sehr stolz. Die Mannschaft überwand die harten unternehmerischen Monate und Jahre, denn sie hielt zusammen. Alle zogen an einem Strang.

Bis zum Jahr 2015 war die *M&R Automation* ein Unternehmen, das hauptsächlich aus sich heraus gewachsen ist. Leitende Mitarbeiter wurden innerhalb der Firma rekrutiert. Das Unternehmen vermehrte sich wie ein Organismus durch Zellteilung. Es entwickelte dadurch auch Eigenheiten, darunter etwa eine extreme Kundenfokussierung, die eine starke Flexibilität erforderte, aber auch eine Orientierung auf die eigenen technischen Kompetenzen und Lösungen. Maitz und Ritter sagten ihrem Team, wie sie etwas haben wollten, und die Mitarbeiter führten dies aus. So wurde ein bestimmter Führungsstil bei *M&R Automation* geprägt.

2015 ging Gerhard Maitz in den Ruhestand. Ritter, der zehn Jahre jünger ist als sein Kompagnon, beschließt mit ihm gemeinsam, die Firma nicht aufzuteilen. Aus diesem Grund wurde die *M&R Automation* an die Frankfurter Privat-Equity-Firma *Quadriga Capital* verkauft. Diese entsendet den Stuttgarter Bernd Stütz, der zuletzt als CEO eines weltweit führenden Herstellers für Dosieranlagen und Systeme für die Flüssigkeitsdosierung in Leonberg/Deutschland tätig war. Stütz soll gemeinsam mit Anton Maierhofer die Geschäftsführung der *M&R Automation* übernehmen. Gründer Herbert Ritter wechselte in den Aufsichtsrat.

Der institutionelle Investor *Quadriga*, der das Unternehmen ersteht, behält es zwei Jahre lang, um es im Jahr 2017 weiter an die *PIA Automation Holding* zu verkaufen. Hierbei handelt es sich um ein weltweit tätiges Automatisierungsunternehmen, das dem chinesischen Mehrheitsgesellschafter Jeff Wang gehört. Für Jörg Mugrauer, Partner der *Quadriga Capital Beteiligungs GmbH*, ist dieser Schritt im Sinne der Wachstumsstrategie ideal; dadurch kann der Wachstumskurs der *M&R Automation* fortgesetzt werden. Für die *PIA Automation* bedeutete die neue Partnerschaft mit *M&R Automation* einerseits eine Portfolio-Ergänzung im Bereich von Fertigungslösungen für Powertrain und E-Mobility, andererseits eine nachhaltige Verstärkung für das Trendthema Industrie 4.0, einem Zukunftsprojekt zur umfassenden Digitalisierung der industriellen Produktion. Darüber hinaus bringt die *M&R Automation* mit ihren fünf Standorten in Österreich, Deutschland, Kanada und China ein komplementäres Kundenportfolio sowie eine hohe Service-Kompetenz in die *PIA Automation* ein.

PIA Automation ist ein weltweit aufgestelltes Netzwerk, das in Europa, Nordamerika und China Tochterunternehmen hat. Heute ist das Unternehmen aus Branchen wie der Automobilindustrie, der Elektronikindustrie, der Konsumgüterindustrie sowie der Medizintechnik nicht mehr wegzudenken.

Im Juli 2017 stößt Johannes Linden als neuer CEO zur *PIA Automation Holding*. Nachdem sich Bernd Stütz im November 2017 in den Ruhestand verabschiedet hat, übernimmt Johannes Linden auch am Standort in Grambach die Rolle des Vorsitzenden der Geschäftsführung. Anfang 2018 erfolgt die Umfirmierung von *M&R Automation* in *PIA Automation Austria*.

Johannes Linden studierte Maschinenbau an der Rheinisch-Westfälischen Technischen Universität in Aachen. Doch weil man ihm immer wieder zu verstehen gibt, dass man »mit einem Ingenieurtitel nur der Knecht der Kaufleute ist«, beschließt er zusätzlich noch ein Betriebswirtschaftsstudium über die Fernuniversität Hagen zu absolvieren. Mit 33 Jahren wird er Entwicklungsleiter von *SIG*, der Schweizerischen Industrie-Gesellschaft. *SIG* ist ein Industrieunternehmen mit Hauptfirmensitz in Neuhausen am Rheinfall im Schweizer Kanton Schaffhausen. Nach zwei Jahren übersiedelt Johannes Linden im Jahr 2003 nach Columbus in Ohio und arbeitet dort für *SIG* als Geschäftsführer für Nordamerika. 2005 kehrt er wieder heim nach Deutschland, wo er für *SIG* die Leitung der Strategischen Planung in Linnich in Nordrhein-Westfalen übernimmt. 2006 wechselt Johannes Linden als CEO nach Karlsruhe zur *Maschinenfabrik Mall + Herlan GmbH*, die sich auf Maschinen und Anlagen für die Herstellung von Metallverpackungen spezialisiert hat und zur Nummer eins in der Welt sowie zu einem gefragten Partner der Verpackungsindustrie geworden ist. Linden ist als Geschäftsführer zuständig für Gesellschaften in Deutschland, der Schweiz und Italien. Ab dem Jahr 2014 arbeitete er als Geschäftsführer bei der *Schuler Pressen GmbH*, die auf dem Gebiet der Umformtechnik tätig und als Weltmarktführer für Pressen bei der Herstellung von Karosserieblechen und anderen Autoteilen sowie Blech-Produkten zuständig ist.

2017 ereilt ihn ein Anruf der *PIA Automation Holding*. *PIA* sei auf der Suche nach einem neuen Vorsitzenden der Geschäftsführung für die Holding. Für Johannes Linden machen vor allem zwei Faktoren den Reiz dieser Position aus: Zum einen ist die Automatisierung eine Wachstumsbranche mit enormem Zukunftspotenzial. Und zum anderen ist *PIA* ein sehr junger und doch gleichzeitig weltweiter Zusammenschluss von in ihren jeweiligen Bereichen führenden Maschinenbauunternehmen. Der Herausforderung, hieraus eine Gruppe zu formen, deren Ganzes mehr ist als die Summe der Einzelteile, stellt er sich mit großem Enthusiasmus.

Damit etwa in der Automobilindustrie bei der Produktion von Antriebssträngen für verschiedenste Getriebe alles glatt läuft, braucht es die technisch ausgereiften Lösungen und innovativen Produktionstechnologien von *PIA Automation*. Prüfanlagen für Automobilkomponenten oder Produktionsanlagen, die in Sekundenschnelle elektrische Zahnbürsten fertigen, sind ebenso Beispiele für erfolgreiche Projekte des Experten für industrielle Automation.

Aufgrund der Gruppenstruktur konnte *PIA* wie ein mittelständischer Betrieb agieren. Verglich man damals Großunternehmen und mittelständische Betriebe, dann zeigten sich Vorteile auf beiden Seiten. Großunternehmen konnten beispielsweise enorme Mittel aufbringen und damit an großen Veränderungen teilnehmen. Dies ging aber mit einer langwierigen Entscheidungsfindung und einer gewissen Trägheit einher. Mittelständler hingegen waren schlanker, schneller und konnten ihre Aktivitäten gezielt konzentrieren. Ihr wesentlicher Vorteil konnte mit „Klasse statt Masse" umschrieben werden. Mittelständler waren agiler und konnten daher in speziellen Marktsegmenten mit kundenspezifischen Lösungen tätig sein und punkteten.

PIA war hier ein One-Stop-Solution-Provider, der die Stärken und Kompetenzen all seiner Standorte nutzte. PIA entwickelte Automatisierungslösungen, maßgeschneidert für die Produkte und Anforderungen des Kunden. Organisiert in Strategic Business Units (SBUs) wurden innerhalb des globalen *PIA*-Netzwerks Synergieeffekte ideal genutzt und das Know-how aller Standorte geteilt. *PIA* war und ist auch heute noch ein Kollektiv mittelständischer Unternehmen, das als funktionierende Einheit global agiert.

Um die maximale Nähe zum Kunden zu gewährleisten, sorgen die SBUs für ein bestmögliches Zusammenwirken aller *PIA*-Standorte. Die projektbezogenen Kooperationen der *PIA*-Standorte werden optimiert und es wird dafür gesorgt, dass lokal vorhandenes Know-how in die gesamte Firmengruppe eingebracht und für alle verfügbar gemacht wird. Fester Ansprechpartner für die Kunden ist ein standortübergreifend agierender *PIA*-Key-Account-Manager, der mit den SBU-Verantwortlichen an jedem Standort zusammenarbeitet und die Fachkompetenzen für das jeweilige Projekt bündelt.

> **Wege aus der Krise**
>
> »In jeder Krise liegen Chancen, und diese erfordern ein beherztes Handeln! An mehreren Standorten der PIA-Gesellschaften konnten wir durch die sofortige Entwicklung und Produktion von Schutzmaskenanlagen in der COVID-Pandemie wirtschaftlich und moralisch sehr gut mit der Situation umgehen.«

In Europa und Nordamerika zählt *PIA Automation Austria* zu den Marktführern bei der Herstellung von Produktionsanlagen für Antriebsstrangkomponenten. Daher ist der Standort der globale Powertrain-Leitstützpunkt – also die SBU für Powertrainsysteme – der PIA-Gruppe. Motoren verschiedenster Bauarten, unterschiedlichste Getriebetypen, deren Komponenten High-End-Bauteile sind und nach High-End-Produktionslösungen verlangen. Gerade in diesem Bereich wird die Forderung nach intelligenten und kostengünstigen Produktionssystemen lauter. Parallel dazu müssen Effizienz, Qualität, Flexibilität und Verfügbarkeit in der Produktion weiterhin steigern, ohne dabei die Prozesssicherheit zu mindern. Die Lösung steckt in bausteinförmigen Produktionsanlagen: Die Powertrain-Production-System-Modulserie (PPS) von *PIA Automation Austria* vereint Innovation, Qualität und Wirtschaftlichkeit unter einem Dach. Die modular aufgebauten Produktionseinheiten umfassen alle Maschinen, die zur Montage und Prüfung von Antriebsstrangaggregaten benötigt werden. In diesem Bereich hat *PIA* Automobilgeschichte mitgeschrieben. Zahlreiche Technologieentwicklungen im Antriebsstrang basieren auf automatisierten Verfahren, die in Grambach erdacht und immer weiter ausgereift wurden.

Automation ist ein Schlüsselkonzept der digitalen Transformation. Durch umfangreiche Vernetzung werden Maschinen intelligent und somit besser steuerbar, anpassungsfähig und sogar lernfähig. Die intelligente Verbindung von automatisierter Produktion mit dem Lieferanten- und Servicenetzwerk wird Akteuren in allen Branchen immense Vorteile verschaffen. Den Vorsprung durch Vernetzung nutzt *PIA* konsequent und integriert Industrie 4.0 als wichtiges Asset im Unternehmen. Durch die neuen Möglichkeiten entwickelte *PIA* hochwertige Produkte als Hilfestellung für Produktions-, Instandhaltungs- und Qualitätsverantwortliche sowie Fachkräfte entwickelt. Diese Tools bieten umfangreiche Funktionalität, um die Herausforderungen beim Anlagenbetrieb und der -optimierung zu meistern. *PIA* macht sich „Big Data" für verschiedene Auswertungen zunutze, indem auf Basis historischer Daten und unter Verwendung prädiktiver Methoden zukünftige Zustände antizipiert werden. Mit Industrie-4.0-Lösungen stellt PIA einerseits seinen Kunden die Technologie für wesentliche Produktivitätssteigerungen bereit und verhilft zur Steigerung der Wettbewerbsfähigkeit. Andererseits nutzt PIA diese Evolution auch im Inneren, um auf Basis von Echtzeit-Daten besseres Engineering zu betreiben. Neben der Powertrain-Kompetenz am Standort in Grambach gilt *PIA Automation Austria* innerhalb der Unternehmensgruppe auch als das Industrie-4.0-Zugpferd.

Die Auftragslage in Grambach war im Jahr 2017 so gut, dass die Produktionshallen an ihre Kapazitätsgrenzen stießen. Auch die Anmietung zusätzlicher Flächen in der Nachbarschaft reichte nicht mehr aus. Daraus folgend musste etwa für die Ausbildung von Lehrlingen, die im Unternehmen einen hohen Stellenwert besitzt, zu Beginn des Jahres bereits eine eigene Lehrlingsinsel geschaffen werden, die in erhöhter Position zwischen zwei Produktionshallen lag, um den jüngsten Mitarbeitern eine ungestörte, professionelle Ausbildung zu bieten. Rasch wurde der Entschluss gefasst, eine neue Betriebshalle zu bauen: 2000 Quadratmeter stehen seit dem Jahr 2018 für die Produktion von hochinnovativen Montage- und Prüfanlagen zusätzlich zur Verfügung. Dieser Zubau trägt auch der positiven Entwicklung der Mitarbeiterzahl Rechnung.

Wie alle Unternehmen im High-Tech-Umfeld kämpft auch *PIA* um eine limitierende, aber entscheidende Ressource: Fachkräfte. Die Herausforderung, qualifizierte Mitarbeiter zu finden, ist kein österreichisches oder europäisches Problem. Österreich hat rund 8,7 Millionen Einwohner. Bei einer Einwohnerzahl von knapp 1,4 Milliarden könnte man annehmen, dass es in China absolut kein Problem ist, geeignetes Personal zu finden. Dem sei aber nicht so. Die chinesischen Kollegen stehen vor den gleichen Herausforderungen wie die Standorte in Europa oder das HR-Team in Nordamerika, so Linden. Es bedürfe immer und überall einer gewissen Anstrengung, hochqualifizierte und motivierte Menschen zu finden. »Wir müssen uns attraktiv aufstellen und jedem klar machen, dass *PIA* mehr ist als nur ein Arbeitsplatz. Für uns zählt, dass unsere Mitarbeiter gerne bei uns arbeiten und ihre Arbeit mit einem Lächeln beginnen«, berichtet Johannes Linden.

In kaum einen Bereich explodieren Wissen in derartiger Geschwindigkeit wie in der Automation. Lebenslanges Lernen, Training on the Job und Höherqualifizierung sind daher für PIA keine leeren Worte. Das Unternehmen weiß, dass es den international hervorragenden Ruf nur dann behaupten kann, wenn es in die Qualifizierung seiner Mitarbeiter investiert. Die kontinuierliche Weiterbildung stellt eine der wichtigsten Säulen in der *PIA* Personalpolitik dar. In der hauseigenen *PIA Academy* werden daher Fachseminare, aber auch Persönlichkeitstrainings, Schulungen zur Steigerung der interkulturellen Kompetenzen sowie Work-Life-Balance-Kurse durchgeführt – alles kostenlos für das eigene Personal. In der *PIA Academy* legt man besonderen Wert auf die Umsetzung der neuesten Erkenntnisse der Lerntheorie. Von zentraler Bedeutung sind drei moderne Prinzipien des effektiven Wissenserwerbs: Lebenslanges Lernen, Interaktives Training (mit digitalen Medien) und Blended Learning (Kombination virtueller Online-Lernsettings mit Präsenzunterricht).

Als Unternehmen, das auch ganz wesentlich von den Ideen der Mitarbeiter lebt, sei es wichtig, dass die Mitarbeiter gerne für das Unternehmen arbeiten und ihre Fähigkeiten frei zur Entfaltung bringen könnten. Neben einem exzellenten Arbeitsklima biete *PIA* – im Rahmen von *PIA Life* – Mitarbeitern auch außerhalb der Arbeitszeit eine Bandbreite an Aktivitäten, die den Zusammenhalt fördern sollen. Dazu zählen gemeinsame Ausflüge, Sportangebote, Familienfeste oder Angebote rund um das Thema Gesundheit und Sicherheit.

PIA Academy und *PIA Life* haben ihren Ursprung in Grambach. Beide Erfolgsgeschichten wurden mittlerweile auf die gesamte *PIA*-Gruppe ausgerollt. Die Innovationskraft von *PIA Automation Austria* zeigt sich nicht nur in den hochwertigen Produkten, sondern auch in den Initiativen für und mit Mitarbeitern. Den »Styrian Spirit« kennen nun 1.400 *PIA*-Mitarbeiter auf drei Kontinenten.

Erfolg ist für Johannes Linden, wenn man die Ziele erreicht, die man sich vorgenommen hat. Dann habe man auch Erfolg in der Gruppe. »*PIA Automation* wird sich weiterentwickeln, denn mit den einzelnen Firmen wollen wir ein Netzwerk mit internationaler Hochleistung zustande bringen.« Im Vergleich zu anderen Firmen sei *PIA Automation international* sehr gut aufgestellt und habe weltweit mit seinen Produkten einen Fußabdruck hinterlassen. »Wir sind gut organisiert, haben lokale Expertisen, und wir werden für spezielle technische Aufgaben und Lösungen angefragt.«

Der größte Wachstumsmarkt für Automation befindet sich im Land der aufgehenden Sonne, nämlich in China. Ziel von China ist es, als Werkstatt der Welt hochwertige Produkte herzustellen, die nicht über den Preis bestimmt werden. Um dies zu erreichen, bedarf es einer Umstellung: Weg von der manuellen Herstellung, hin zur automatisierten Produktion. Daraus folgt, dass China zum größten Wachstumsmarkt für Automationsproduktion weltweit werden wird. So wird China bereits in zwei Jahren der größte Standort von *PIA Automation* sein. Mit den Bereichen Powertrain, E-Mobility und Industrie 4.0 besetzt *PIA Automation Austria* heute wachstumsstarke Zukunftsfelder. Der Bedarf an Montageanlagen für Elektromotoren oder aber auch Elektroachsen steigt.

Die Zusammenarbeit des Teams in Grambach mit den chinesischen Kollegen funktioniert schon heute gut. Denn gerade in der Automations-Branche, wo vieles ständig neu entwickelt wird, geht es nie um Reproduktion, sondern vielmehr darum, die Möglichkeiten, die man in seinem Unternehmen hat, nutzbar zu machen. China kopiere Grambach nicht, das wäre in diesem speziellen Bereich – den Sondermaschinenbau – nicht möglich. Es ginge somit nichts verloren: »Wir brauchen gute Verfahren, gute Systeme, aber vor allem die Fähigkeit und die Motivation der Mitarbeiter. Davon hängt der Erfolg eines Unternehmens schließlich ab. Da haben wir noch gute Jahre vor uns als Europäer.«

Die Kunden von *PIA Automation* sind Serienproduzenten, für die maßgeschneiderte Lösungen erstellt werden. Unterschiedliche geschäftliche Ausrichtungen führen zu unterschiedlichen Kulturen. Die Österreicher bieten eine gute Ergänzung des Produktportfolios und befeuern den Wachstumskurs in Nordamerika, Europa und China. Vor allem in China sieht der deutsch-österreichische Part der *PIA Automations*-Gruppe hervorragende Wachstumschancen. Es komme darauf an, aus welcher Perspektive man die Dinge betrachte und was man sich vom Leben wünsche. Gerade als Unternehmer und Manager müsse man eine konkrete, reelle Vision haben und ein Ziel. Dieses zu erreichen sei eine ständige Motivation. Johannes Lindens unternehmerischer Leitspruch lautet schlicht *PIA*. »*PIA* steht für Passion, Inspiration und Ambition. Und genau diese Kombination – sozusagen unsere DNA – macht den Unterschied aus. Jedes Projekt benötigt einen innovativen Ansatz. Aber nur mit Leidenschaft kann aus etwas Gutem etwas Besonderes, etwas Einzigartiges werden. Und dieser gedankliche Ansatz umspannt unsere Kundenprojekte genauso wie das Corporate Citizenship von *PIA*«, erklärt Johannes Linden abschließend.

Der Erfolg dieses Unternehmens liegt in:

- der Motivation der Mitarbeiter als großes Atout
- maßgeschneiderten Lösungen für die Kunden
- Entwicklung einer konkreten, reellen Vision und eines realisierbaren Ziels
- Investitionen in kontinuierliche Weiterbildung der Mitarbeiter durch: Fachseminare, Persönlichkeitstrainings, Schulungen zur Steigerung der interkulturellen Kompetenzen sowie Work-Life-Balance-Kurse
- Verbindung von automatisierter Produktion mit dem Lieferanten- und Servicenetzwerk
- einem Fokus auf »Industrie 4.0«-Lösungen
- bausteinförmigen Produktionsanlagen, die modular aufgebaut wurden, um Effizienz, Qualität, Flexibilität und Verfügbarkeit in der Produktion zu steigern
- maximaler Nähe zu den Kunden durch ein gutes Zusammenwirken aller Unternehmensstandorte
- der Investition in Bildungskarenzen in Zeiten einer Wirtschaftskrise
- der Nutzung der Stärken und Kompetenzen der Standorte als »One-Stop-Provider«
- der gezielten Konzentration auf die eigenen Aktivitäten: »Klasse statt Masse«

Der Flugzeugzulieferer

Herbert Brunner, Eigentümer und Geschäftsführer von Antemo in Sankt Peter ob Judenburg, entwickelt und fertigt gemeinsam mit seinem Sohn Martin Bauteile, Baugruppen und Anlagen für die Flugzeug- und die Raumfahrtindustrie. Doch auch die Halbleiterindustrie, die Medizintechnik sowie der Maschinen- und der Anlagenbau profitieren von den Kompetenzen des Murtaler Unternehmers.

Weitläufige Almen, dichtgrüne Wälder, kristallklare Gewässer und Steinriesen machen das Murtal zu einem besonderen Vergnügen. Die Mur bildet den »grünen Faden« durch die Region, die sich von den sanften Seetaler und Seckauer Alpen bis hin zu den schroffen Gipfeln der Tauern hin erstreckt. Rund um die alte landesfürstliche Stadt Judenburg, im Spätmittelalter ein bedeutender Handelsplatz, haben die Jahrhunderte bemerkenswerte Denkmäler hinterlassen. Der Nachbarort Sankt Peter ob Judenburg ist eine 1.100-Seelen-Gemeinde und liegt an den nördlichsten Ausläufern der Seetaler Alpen, am Fuße des Zirbitzmassivs. Dort arbeitet Herbert Brunner gemeinsam mit seiner Frau Waltraud und seinem Sohn

Martin sowie einem 14-köpfigen Team in einer im Jahr 2018 neu errichteten Firmenzentrale an mehreren Projekten aus der ganzen Welt. Darunter sind gerade spektakuläre Aufträge von verschiedenen Flugzeugherstellern. *Antemo* fertigt für die Flugzeughersteller spezielle Interieur-Komponenten wie etwa Tische, Sichtblenden oder Schlösser an.

Die Basis für diese Kompetenz ist Herbert Brunners Lehre zum Maschinenbautechniker. Er absolvierte nach dem Pflichtschulabschluss eine vierjährige Werkzeugmacherlehre bei einem Beschlägehersteller in Knittelfeld und die vierjährige Ausbildung zum Meister für Maschinenbautechnik. Anschließend begann er als Facharbeiter im Fohnsdorfer Zweigwerk der *Elektrizitäts- und Metallwaren-Industrie-Gesellschaft m. b. H.* – kurz *Eumig* genannt. *Eumig* stellt Radios, Filmkameras und Projektoren sowie Tonbandgeräte und Kassettendecks her. Der bekannte österreichische Konzern besitzt in der Steiermark gleich zwei Produktionswerke: eines davon für Filmkameras in Fürstenfeld, das andere für elektronische Leiterplattenbauteile, Werkzeugbau und Kunststofffertigung in Fohnsdorf.

Herbert Brunner erinnert sich noch genau an seinen ersten Arbeitstag und wie er sein erstes Gehalt mit dem Betriebsrat des Unternehmens vereinbarte. Der Betriebsrat erklärte ihm, dass er »9.000 Schilling pro Monat« verdienen werde. Das sind heute 654 Euro. Seine Arbeit bestand darin, Bergarbeiter zu schulen. Als Facharbeiter baute Herbert Brunner Werkzeuge und mit 19 Jahren wurde er zum Gruppenleiter befördert. Das war 1978. Im Jahr 1984 wechselte Brunner von der Fabrikhalle in ein Büro und war mit einem Mal zuständig für die Arbeitsvorbereitung und die Kalkulation. Ein Jahr später verantwortete er den Vertrieb für Österreich und Bayern, ehe er schließlich 1988 die weltweite Vertriebsleitung des Unternehmens übernimmt.

Brunner ist auch an Bord der Firma *Eumig*, als diese 1994 zu *AT&S* umfirmiert wird: Konkret entsteht der weltweit tätige Leiterplattenhersteller aus einem Zweigwerk der *Eumig* und zwei weiteren Unterneh-

---

ANTEMO Anlagen & Teilefertigung GmbH

Produkt: Bauteile, Baugruppen und Anlagen für die Flugzeug- und die Raumfahrtindustrie, die Halbleiterindustrie, die Medizintechnik, sowie Maschinen- und Anlagenbau
Standorte: St. Peter ob Judenburg.
Mitarbeiterzahl: 14
Jahresumsatz: *keine Angabe*
Exportländer: weltweit

men, nämlich der *Körting Elektronik* in Fehring und einer Betriebsstätte der *Voest Alpine* in Leoben. Drei Unternehmer, die in Österreich bekannte Gesichter sind, hatten sich an einem Management-Buy-out beteiligt: Der ehemals jüngste Finanzminister Österreichs, Hannes Androsch, sowie die Unternehmer Willibald Dörflinger und Helmut Zoidl. Unter der Führung des Trios avanciert Brunner zum Prokuristen von *AT&S* und wird für die Bereiche Marketing und Vertrieb Werkzeugbau sowie Aircraft zuständig. Darüber hinaus übernimmt er die Geschäftsführung der Tochterfirma SET.

AT&S ermöglicht Herbert Brunner mehrere wichtige Managementseminare, etwa in der Österreichischen Kaderschmiede für Manager, Hernstein, Universität Salzburg, oder an der Universität Sankt Gallen. Das sind wichtige Schritte für ihn, die ihn in seinem künftigen Unternehmertum unterstützen und festigen. Ein Gedanke, den er von damals mit auf den Weg nehmen wird, lautet: »*Wenn Du innovativ und gut bist, dann hast Du eine Chance.*«

Mit der Übernahme der *AT&S* durch das Triumvirat Androsch-Zoidl-Dörflinger wurden neue Kapitel in der Unternehmensgeschichte aufgeschlagen: Insbesondere die Sparte Flugzeugtechnik wurde sukzessive aufgebaut, nachdem ein großer Auftrag des Flugzeugherstellers *McDonnell Douglas* aus Amerika erlangt wurde. Herbert Brunner leitet zu diesem Zeitpunkt das Profitcenter Aircraft. Im Jahr 2000 wird der Bereich Werkzeugbau von *AT&S* an die High-Tech-Plastics-Gruppe, deren Sitz sich in Fohnsdorf befindet, verkauft. Als Profitleiter Aircraft schafft es Brunner, dass der Umsatz des Unternehmens von 500.000 Euro auf acht Millionen Euro hinaufklettert. Der Job macht ihm immensen Spaß, aber er ist gleichzeitig auch sehr fordernd. Und so entscheidet sich Brunner dafür, im Sommer 2006 aus dem Unternehmen auszusteigen.

Es folgt eine Periode der Regeneration vom stressreichen Job. Brunner, der sich seit dem Jahr 2000 als ÖVP-Gemeinderat aktiv in die Lokalpolitik von St. Peter ob Judenburg einbringt, organisiert bis 2015, als er das Amt abgibt, mehr als 180 Veranstaltungen in den Bereichen Sport, Kultur und Wirtschaft, »die sich fast alle selbst finanziert haben«, betont Brunner. Während dieser Zeit beschließt Brunner, auch als Berater für andere Unternehmen tätig zu werden. Aufgrund seiner Erfahrungen in technologisch anspruchsvollen Marktsegmenten hat er sich über die Jahre hinweg ein Netzwerk für Produktinnovationen aufgebaut. Er möchte mit diesen Kontakten Effizienzsteigerungen in Unternehmen fördern – auf Basis eines von ihm entwickelten Marketing- und Vertriebssystems. Zwei Jahre lang arbeitet er als Berater mit seiner Firma namens *HP-Consulting* und berät unterschiedliche Unternehmen.

Brunner ist ein leistungsorientierter Manager, erwartet von seinen Businesspartnern Fairness und Respekt. Die vielzitierte Handschlagqualität ist Brunner tatsächlich eigen. In den Jahren der Consulting-Selbstständigkeit beginnt allmählich, eine neue Vision zu entstehen: Er will ein eigenes Unternehmen gründen und aufbauen.

Im Sommer 2008 besucht er in Fohnsdorf den Sondermaschinenhersteller Walter Moisi. Moisi ist Besitzer der Firma *Antemo Anlagen- und Teilefertigung GmbH*. Das Unternehmen ist auf die Herstellung von Komponenten für die Industrie spezialisiert. Bei einem Gespräch bietet Walter Moisi Herbert Brunner plötzlich an, sein Unternehmen zu 100 Prozent zu übernehmen. Brunner überlegt einige Monate. Doch am 21. Dezember ist er entschlossen und unterschreibt den Kaufvertrag. Es ist eine riskante Entscheidung, denn 2008 ist auch das Jahr der beginnenden Weltwirtschaftskrise. Doch Herbert Brunner hat zu diesem Zeitpunkt nicht nur Mut, sondern auch einen Plan und ein Ziel mit dem erstandenen Unternehmen. Er ist jetzt Entrepreneur. Was ihn besonders freut ist die Tatsache, dass ehemalige Kunden hinter ihm stehen und ihn ermutigen. Ja, noch viel mehr: Sie geben ihm sogar Aufträge. »Versuchen wir es für sechs Monate miteinander«, versprechen sie ihm. Das ist eine wichtige Zusage für den damaligen Jungunternehmer, die ihn in seiner Vision bestärkt. Doch damit ist es noch lange nicht genug: Nach sechs Monaten werden die Verträge verlängert. Das gibt Herbert Brunner einen besonderen Auftrieb. Man glaubt an ihn, sein Unternehmen und an die von ihm hergestellten Produkte.

Rückwirkend betrachtet, erklärt er, dass es eine »gute, aber auch sehr riskante Entscheidung war«, dieses Unternehmen zu übernehmen. Trotzdem gestalteten sich die ersten Jahre nach der Übernahme aufgrund der Wirtschaftslage als schwierig. Herbert Brunner gesteht heute sehr ehrlich, dass es Nächte gab, in denen er nicht habe schlafen können. Im Jahr 2009 kann er 270.000 Euro Umsatz und einen Gewinn von 14.000 Euro verzeichnen. Doch ab 2010 beginnen die Umsätze stetig anzusteigen und *Antemo* beginnt, Geld zu verdienen.

Brunner, geschätzter Unternehmer und Lokalpolitiker, wird rund um diesen Aufstieg auch die Geschäftsführung des 3G-Gewerbeparks zuteil: Das 7,5 hektargroße Areal der Gemeinden St. Peter ob Judenburg, St. Georgen ob Judenburg und Unzmarkt-Frauenburg soll durch seine Leitung an innovative Wirtschaftsbetriebe vermarktet werden – und so nachhaltig zu Betriebsansiedlungen führen. Innerhalb von nur drei Jahren, ist der laufende Betrieb kostendeckend – die mit Unterstützung von Brunner durch die initiierten Ansiedlungen entstehenden Kommunaleinnahmen decken die finanziellen Aufwendungen. »Ein großer Erfolg«, sagt Brunner.

Im Jahr 2014 wird *Antemo* nach EN 9100 zertifiziert und entspricht damit den höchsten Lieferstandards der Zuliefer-Industrie nach der International Aerospace Quality Group. Zu den Zertifizierungskriterien zählen Qualität und wirtschaftliche Effizienz sowie der Nachweis der Verwendung zertifizierter Werkstoffe bei der Verarbeitung. Brunner beschäftigt bei *Antemo* zu diesem Zeitpunkt acht Mitarbeiter.

Wie sieht Herbert Brunner Entrepreneurship? Er sagt, man müsse als Unternehmer an das glauben, was man tue. Man müsse weiters eine Vision, einen Weg und ein Ziel haben. Viele Menschen hätten zwar eine Vision, aber keinen Weg und kein Ziel, weiß Brunner. Doch würden sie sich zutrauen wieder aufzustehen nach einer Niederlage? Im Sport lerne man, mit Niederlagen zu leben. Als Sportler lerne man eigentlich ständig – und das gelte auch für Unternehmer, denn man liege oft am Boden und müsse immer wieder hochkommen. Fakt sei jedoch, und bei diesen Worten wird Herbert Brunner sehr ernst, »man muss an das glauben, was man vorhat«. Nur dann könne man wieder aufstehen als Unternehmer.

Doch auch unternehmerische Netzwerke, Brunner nennt sie »Lebensbegleiter«, sieht er als unerlässlich an. Also jene Kontakte, die man sich im Laufe eines Lebens durch seine Arbeit aufbaut. Denn: Als Unternehmer benötige man die Unterstützung von Menschen, die an einen glaubten und einen immer wieder ermutigten, weiter zu machen. Für den *Antemo*-Geschäftsführer ist diese Unterstützung allerdings keine Einbahnstraße: Sowohl in der Wirtschaftskammer Steiermark als auch auf WKO-Bundesebene engagiert sich Brunner, »um die gesamte Branche zukunftsorientiert auszurichten« – mit bemerkenswerten Ergebnissen: Als stellvertretender Bundesinnungsmeister und steirischer Landesinnungsmeister der Mechatroniker zeichnet Brunner etwa für zwei neue Lehrberufe verantwortlich. 2020 initiiert er das Lehrmodul für den 3D-Druck, im Jahr darauf den »digitalen Zerspanungstechniker«. »Es ist notwendig, moderne Technologien in die Ausbildung unserer jungen Fachkräfte zu integrieren«, erklärt Brunner. Durch seine regionalen und nationalen Erfolge wird er indes – neben FACC-CEO Robert Machtlinger – an die Schalthebel der *AICAT* bestellt: Als Vizepräsident der größten österreichischen Plattform für Luftfahrt will er für »neue Wertschöpfung hierzulande sorgen«. Nach der coronabedingten Vollbremsung der Flugbranche eine Herkulesaufgabe: Frühestens 2022 soll der Markt wieder die Flughöhe der Vorkrisenzeit erreichen. Heißt für Brunner: zielgerichtete Vernetzung zwischen den Technologiesektoren und Know-how-Transfer auf den erforderlichen Ebenen. »Hier wollen und müssen wir weiter ansetzen«, ist sich Brunner sicher. Das Vertrauen seines Netzwerks, dass dies gelingt, ist ihm sicher: Für die Verdienste um die Republik Österreich wird ihm sogar der Ehrentitel des Kommerzialrat verliehen.

Die Wertschätzung, die ihm zuteil wird, gibt er auch an seine Mitarbeiter zurück: Denn seine Beschäftigten behandelt Herbert Brunner mit größtem Respekt. Er wählt sie gut aus. »In kleinen Unternehmen ist die Firmenkultur besonders wichtig«, erklärt sein Sohn Martin, der als Prokurist bei *Antemo* arbeitet. Bei einem Rundgang durch die Firma fällt auf, dass die Büros offen gestaltet sind. Selbst der Chef hat kein eigenes, abgeschlossenes Büro, sondern seinen Schreibtisch inmitten seiner Mitarbeiter stehen. Es wird auf Augenhöhe gearbeitet, die Mitarbeiter duzen die Chefs und während der Arbeit wird immer wieder viel besprochen. Es herrscht Vertrauen im Unternehmen. Jeder Mitarbeiter erhält ein Projekt und muss zu einer gewissen Zeit damit fertig sein. Wie er sich jedoch seine Arbeitszeit einteilt, bleibt ihm überlassen. Es ist das Ergebnis, das für *Antemo*-Mitarbeiter zählt. Herbert Brunner fügt hinzu: »Wir wollen Mitarbeiter die selbstständig denken, handeln und arbeiten. Das ist uns sehr wichtig.«

Wie er seinen Vater als Manager sieht? Martin Brunner lächelt verschmitzt: »Mein Vater hat eine ruhige und objektive Art. Er sucht häufig das persönliche Gespräch mit den Kollegen. Als Geschäftsführer des Unternehmens ist er stets offen für Neues – *Antemo* profitiert dadurch massiv, da wir stets am Puls der Zeit agieren. Er legt häufig selbst Hand an. Er arbeitet gerne. Er ist wirklich ein klassischer Unternehmer und arbeitet oftmals auch an Samstagen und in der Urlaubszeit, wenn ein Auftrag rasch abgewickelt werden muss.«

> **Wege aus der Krise**
>
> »In der Zeit der COVID-19-Krise haben wir folgende Punkte in unserem Unternehmen vorangetrieben:
> - Digitalisierung
> - Stärkung der digitalen Kompetenzen bei Mitarbeitern
> - Investitionen in klimafreundliche Technologien
> - Ausbau der Innovationskraft
> - Aufbau internationaler Technologie-Kooperationen
> - Stärkung des Eigenkapital
> - Gründung eines neuen Unternehmens für einfache Bauteile in Kroatien.«

Im Frühsommer 2018 wurde der Standort der *Antemo* von Fohnsdorf nach Sankt Peter ob Judenburg verlegt, in den von Herbert Brunner geleiteten 3G-Gewerbepark. Dort steht nun eine Hightech-Fertigungshalle samt Büros und Besprechungsräumen auf 1.300 Quadratmetern. Hintergrund für den Wechsel des Standorts waren einerseits steigende Sicherheitsanforderungen der internationalen Kunden sowie andererseits die stark wachsende Auftragslage. Denn nach einer zähen Anfangsphase zählt Brunners Unternehmen heute zu den führenden österreichischen Flugzeugzulieferern. So werden Flugzeuge von bekannten Herstellen wie etwa Airbus, Bombardier und Boeing mit Innenraumkomponenten von *Antemo* ausgestattet. Das Unternehmen wickelt Großaufträge von Nordamerika bis Skandinavien ab. Der Murtaler Prototypen- und Kleinserienfertiger zieht mittlerweile Millionenaufträge in der Luftfahrtbranche an Land und fertigt bereits unterschiedliche spezielle Interieur-

Komponenten. Weiters bietet *Antemo* die erste Eigenentwicklung eines Business-Tisches für Privatjets an. Auch ein Auftrag für ein skandinavisches Luftfahrtunternehmen ist in Arbeit: Dabei sollen medizinische Innenraum-Ausrüstungen für einen schwedischen Luftfahrthersteller adaptiert werden. Doch nicht nur Aufträge für Luftfahrtunternehmen gilt es abzuarbeiten. Daneben beliefern Brunner, sein Sohn Martin sowie das 14-köpfige Team auch die Bereiche Medizintechnik, die Halbleiter-Industrie und den Maschinen- und Anlagenbau. Insgesamt gesehen liegt der Fokus der fünf Geschäftsfelder von *Antemo* derzeit im Prototypenbau, Klein- und Kleinstserien, der Lohnfertigung, der Baugruppenmontage und bei computergesteuerten Robotersystemen. Die Unternehmensphilosophie wurde stark auf die Bedürfnisse der internationalen Kunden ausgelegt. So arbeitet *Antemo* heute als flexibles Unternehmen und versucht, seinen Kunden die bestmögliche technische Beratung zu bieten, aber auch die modernste Fertigungstechnik. Das Unternehmen ist spezialisiert auf die rasche Fertigung von Einzelteilen bis hin zur mittleren Serienfertigung und bietet seinen Kunden auch die komplette Montage inkl. Oberflächenbehandlungen.

Derzeit arbeitet Herbert Brunner übrigens daran, das Unternehmen für die nächsten Jahrzehnte fit zu machen. Erst unlängst erfolgte – federführend durch Sohn Martin – der Aufbau einer neuen *Antemo*-Produktionsstätte in Kroatien. Denn es muss auch ohne Herbert Brunner erfolgreich weitergehen können. 80 Prozent der Unternehmer versäumen es, ihr Unternehmen für den Fall des Falles vorzubereiten. Eine solche Situation will Brunner unbedingt vermeiden. Doch das geht nur, wenn seine Mitarbeiter das Wissen und die Firmenphilosophie ihres Chefs verinnerlichen, um erfolgreiche Kundengespräche führen zu können und die Produktion in bestmöglicher Zeit abzuwickeln. Aus diesem Grund nimmt Brunner neuerdings seine Mitarbeiter auch zu den Kunden mit. Die Rechnung sei bereits aufgegangen, sagt Herbert Brunner. Und man freut sich mit ihm über seinen Erfolg.

Der Erfolg dieses Unternehmens liegt in:

- dem Mut des Entrepreneurs
- dem Glauben des Entrepreneurs an seinen Plan und sein Ziel
- der Zertifizierung, die eine besondere Qualität und wirtschaftliche Effizienz sowie die Verwendung zertifizierter Werkstoffe bei der Verarbeitung nachweist
- einer Firmenkultur getragen durch Wertschätzung
- den unternehmerischen Netzwerken, den Lebensbegleitern, also jenen Kontakten des Entrepreneurs, die er sich im Laufe seines Lebens durch seine Arbeit aufgebaut hat
- der freien Zeiteinteilung der Mitarbeiter und ihrem selbstständigen Denken und Handeln
- einem Entrepreneur, der selbst gerne Hand anlegt und mitarbeitet
- einer auf die Bedürfnisse der internationalen Kunden ausgerichteten Unternehmensphilosophie
- der bestmöglichen technischen Beratung der Kunden
- der modernsten Fertigungstechnik

Der geheime Motor der Automotive-Industrie

Manfred Kainz ist nicht nur ehemaliger Landespolitiker, Unternehmer und ein engagierter Netzwerker auf dem internationalen Parkett, er ist auch Mitbegründer des wichtigsten Clusters in Europa, des ACstyria Autoclusters, sowie Gründer und Eigentümer des Automobilzulieferers TCM International.

Wer die Weststeiermark kennt, weiß, dass es sich um ein wunderbar grünes Gebiet mit zahlreichen Hügeln, einigen Bergen und noch mehr Weingärten handelt. Die Farbe Grün dominiert hier in all ihren Facetten. Nicht umsonst zählt das Schilcherland, benannt nach dem steirischen Roséwein Schilcher, zu den sympathischsten Gegenden des Landes. Der Slogan »Die Menschen im Schilcherland wissen, was Freude und Vergnügen bereitet. Resch und fesch, pfiffig und munter, spritzig und geradlinig geht's hier durchs Leben« hält offenbar, was er verspricht. Denn es handelt sich nicht nur um ein fruchtbares Land, sondern auch um eines mit den einfallsreichsten und zielstrebigsten Köpfen. Schon seit langer Zeit werden hier nicht nur Ideen entwickelt und kreiert, sondern auch in die Tat umgesetzt.

Hier im Schilcherland beginnt auch die Geschichte von Manfred Kainz, dessen Großvater Johann Eberhard im Jahr 1946 eine Holzbohrerfabrik in Sankt Josef in der Weststeiermark eröffnete. Manfred Kainz lebte mit seinen Eltern bei den Großeltern und war inspiriert von den guten Kunden, die bei seinem Opa einkauften. »Es kamen sehr schöne Leute in Opas Fabrik, sie fuhren im Mercedes vor, waren braun gebrannt und sehr gut gekleidet. Ich hatte als Kind den Eindruck, die haben wirklich viel Geld.« Als kleiner Bub wollte Manfred Kainz Vertreter werden, doch er wurde zunächst Bürokaufmann, arbeitet kurze Zeit bei seinem

Großvater im Unternehmen und beginnt anschließend eine Lehrstelle. Doch das gewählte Unternehmen geht nach kurzer Zeit in Konkurs, ebenso drei weitere Unternehmen, bei denen Kainz als Lehrling beginnt. »Das darf doch nicht wahr sein«, ärgert er sich.

Im Jahr 1982 wird er vom steirischen Kabarettisten Ewald Dworak kontaktiert, da ein Schauspieler in dessen Kabarettgruppe ausgefallen ist. Manfred Kainz zögert keine Minute und beschließt über Nacht Mitglied der Kabarettgruppe *Tolldreist & Unikum* zu werden.

> **TCM International – Tool Consulting & Management GmbH**
> **Produkt:** Toolmanagement.
> **Standorte:** Stainz, weltweit 41 Betriebsstätten in den EU-Ländern, Russland, Asien, China und Brasilien.
> **Mitarbeiterzahl:** 523
> **Jahresumsatz:** 90 Millionen Euro
> **Exportländer:** weltweit

Zu improvisieren und schnell auf Bemerkungen seines Kabarettpartners auf der Bühne zu reagieren, ist kein Problem für Manfred Kainz. Schauspielerei interessiert ihn. Gemeinsam mit Ewald Dworak wird er in den aufgeführten Programmen kritisch, aber humorvoll politisieren. Die Programme sprechen für sich: *A Bombenstimmung, Verpfuscht und zugenäht, Verschwitzte Gesellschaft, Lauter Topfen, Alles in Butter oder auch nicht*. Gemeinsam stellen die beiden Kabarettisten sogar einen Weltrekord auf. Denn am Silvester-Abend des Jahres 1985 spielen sie auf dem Hochreichhart, der mit 2.414 Metern Höhe zum zweithöchsten Berg in den Seckauer Tauern zählt, die höchste Kabarettvorstellung der Welt. Die Idee für diese Veranstaltung stammt von Manfred Kainz. 40 illustre Gäste lauschen an diesem Abend gespannt den beiden Männern.

Manfred Kainz und Ewald Dworak touren mehrere Jahre gemeinsam durch Deutschland, Belgien und schließlich durch ganz Europa. Später wird Manfred Kainz auch neben seiner Arbeit Kabarettabende bestreiten.

Wieder zurück in Österreich entdeckt Kainz in einer Tageszeitung eine Annonce. Bei *Masterfoods* ist eine Stelle als »Merchandiser« ausgeschrieben. Im Duden wird »Merchandiser« mit »Imageberater für den Handel« definiert. Bei seiner neuen Tätigkeit handelt es sich um eine Außendienststelle, in der er Hundefutter an den Handel verkaufen soll. »Das kann ein angenehmer Job sein«, denkt Kainz sich, denn verkaufen kann er. »Ich hatte ein rundes Gesicht, ich lächelte und ich trug keinen

Vollbart. Somit waren die perfekten Voraussetzungen für diese neue Aufgabe gegeben.« Mit seiner angenehmen, ruhigen, aber begeisternden Art gewinnt er die Sympathien seiner Kunden und zusätzlich heimst er zahlreiche Verkaufswettbewerbe ein. »Ich war einfach überzeugt vom Produkt.«

Dass Manfred Kainz ein sehr guter Verkäufer ist, spricht sich in der Branche rasch herum. Und so wird er vom Besitzer der Firma *Wika*, ein auf Zerspanungstechnik spezialisiertes Familienunternehmen, angesprochen, ob er sich vorstellen könne, vom Lebensmittelhandel in den Werkzeughandel zu wechseln. Kainz wechselt den Arbeitsplatz. Doch nun hat er es mit einem Vorgesetzten zu tun, der mit seiner allzu lockeren Art kein gutes Bild der Firma abgebe. Es habe sich um einen notorischen Unpünktlichen gehandelt, einen Mann, der vor den Kunden ein Produkt anpreise, von dem er in Wahrheit keine Ahnung habe und – was Kainz besonders wurmte: Sein Chef sei ein notorischer Spieler und verbringe viele Stunden im Casino. Kainz weiß sofort, dass er in diesem Unternehmen nicht lange bleiben wird.

Eines Tages fragt der Besitzer der *Hausensteiner GmbH* in Graz Manfred Kainz, ob er sich vorstellen könne, das Unternehmen zu übernehmen. Kainz kann. Gemeinsam mit seiner Frau Anna übernimmt er im selben Jahr zunächst den Unternehmensbereich Werkzeughandel mitsamt der Vertretung für die *Plansee Tizit*-Werkzeuge. Damit legt er den Grundstein zu seiner weltweiten Karriere als erfolgreicher Unternehmer im Werkzeughandel und als führender Dienstleister in der Automobilindustrie.

Gemeinsam mit zwei Partnern wird 1987 die *DI Weber GmbH* für die Produktion von Zerspanungswerkzeugen aus High-Speed-Schnellstahl gegründet. Durch Kainz' ungebrochenen Fleiß, seine positive Ausstrahlung und sein Umgang mit neuen Kunden sowie sein Verkaufstalent erhält das Unternehmen 1989 die Generalvertretung für mehrere bekannte, international tätige Werkzeughersteller. Darunter finden sich Firmen wie *HAM*, *Strasmann*, *Toshiba Tungaloy*, *Becker Diamant*, *Polytool* und *Boss*. Zur selben Zeit entwickeln Kainz und sein Team die Idee, ihren Kunden einen Rundumservice, »von der Spindel bis zum Span«, anzubieten und Werkzeuge von der Erstellung bis zum Verkauf zusätzlich mit einem umfassenden Service zu begleiten. »Die ganze Welt spricht heute von USP, dem berühmten Konkurrenzvorteil. Doch was sind eigentlich diese herausragenden Merkmale, durch das sich ein Produkt deutlich vom Mitbewerb abhebt?«, stellt Manfred Kainz fragend in den Raum. Diese besonderen Merkmale muss ein Unternehmer erst mit seinem Team erarbeiten. So wie Kainz es mit seinen Mitarbeitern ständig macht.

Nachdem die beiden Gesellschafter der Firma *Hausensteiner* sich aus dem operativen Geschäft zurückgezogen haben, wird Manfred Kainz geschäftsführender Gesellschafter. In dieser Zeit baut er mit seinem Team ein österreichweites Vertriebssystem auf, das bereits nach kurzer Zeit sehr erfolgreich ist.

1994 erweist sich als Jahr umwälzender Veränderungen: Sieben Mitarbeiter und Andreas Maier von *HAM* übernehmen einen Großteil der *Hausensteiner*-Anteile, sowohl in der *Hausensteiner GmbH* als auch in der *DI Weber GmbH*. Im Zuge des Verkaufs werden die beiden Gesellschaften zusammengeführt. Darüber hinaus erkennt Kainz das große Potenzial eines neuen CNC-Schleifmaschinenkonzepts aus Tübingen und erwirbt eine dieser Maschinen für seine Voitsberger Schleiferei. Über die Generalvertretung von *HAM* kommt es in der Folge zu einer Zusammenarbeit mit dem neu errichteten Motorenwerk von *Opel* in Ungarn. Da zeichnet sich plötzlich ab, dass *General Motors* seine gesamte Werkzeugversorgung an einen externen Partner vergeben will – eine Chance, die Manfred Kainz geschickt nutzen wird. Gemeinsam mit den Firmen *Hausensteiner*, *HAM*, *Látrányi & Mapal Dr. Kress KG* gründet Manfred Kainz 1995 eine weitere Firma, die *Hungarian Tool Consulting & Management Ltd*.

Ab 1996 etabliert Kainz seine Firma *TCM* weltweit als Tool-Management-Anbieter. Über das *Opel Motorenwerk* in Ungarn erobert sein Unternehmen nicht nur Kunden in ganz Österreich, sondern auch verstärkt im Ausland. *TCM* überzeugt die neu gewonnenen Kunden und wird von General Motors dreimal in Folge als »*Supplier of the Year*« ausgezeichnet. Parallel dazu wächst das Unternehmen rasant, sodass bereits im Jahr 1997 die *DI Weber GmbH* und die *Hausensteiner GmbH* unter der neu gegründeten Marke *Tool Consulting & Management GmbH* (TCM) zusammengeführt werden.

1998 folgt die Gründung der *TCM International Tool Consulting & Management GmbH* mit Firmensitz in Graz. Weitere Büros in Koblenz und in Ungarn werden eröffnet sowie eine Tochterfirma in Polen gegründet. 1999 wird mit der Gründung der *TCM do Brasil LTDA* der Grundstein für einen Markteintritt in Südamerika gelegt. Im Jahr 2002 gelingen mit den

Toolmanagement-Übernahmen bei *Shanghai General Motors* sowie für *Ford* in Taubaté/Brasilien sowie der Übernahme des Toolmanagements bei *Holden* in Australien weitere große Schritte im Ausland.

In der Steiermark arbeitet Manfred Kainz mit *TCM* maßgeblich an der Gründung des heute nach wie vor wichtigsten Clusters des Landes, der *ACstyria Autocluster GmbH*. Erster Geschäftsführer des Clusters ist Manfred Kainz selbst. Und er wird dafür international gelobt, denn laut dem amerikanischen Ökonomen und Clustererfinder Michael Porter ist dieser steirische Cluster »der erfolgreichste innerhalb Europas und er zeigt auf einzigartige Weise die Wettbewerbsfähigkeit des Bundeslandes Steiermark auf«. Ohne Manfred Kainz gäbe es die Erfolgsgeschichte »Mobilitätscluster« in der Steiermark nicht: Immerhin sind heute 180 Firmen mit 40.000 Mitarbeitern Mitglied im Cluster. Gemeinsam erwirtschaften die *ACstyria Cluster*-Unternehmen 10 Milliarden Euro Umsatz im Jahr.

Manfred Kainz hat sich in den letzten Jahren, genauer gesagt ab 2002, auch politisch eingebracht: Er ist ein Gestalter, ein positiver Mensch, er ist Netzwerker, Erfinder und Vordenker. Er arbeitet sich in der Landespolitik bis zum Landtagsabgeordneten hinauf. Die Wirtschaft und die Wirtschaftlichkeit seines Bundeslandes bleiben ihm auch in dieser Funktion die wichtigsten Anliegen.

Parallel dazu geht es bei *TCM* hurtig voran: Binnen eines Jahres entsteht 2003 ein Technologie- und Entwicklungszentrum als Kooperation mehrerer Gemeinden, darunter finden sich Stainz, Georgsberg und St. Stefan. Das Zentrum wird zum neuen Firmensitz.

In Luxemburg wird eine neue Niederlassung der *TCM International GmbH* gegründet. Das internationale Interesse am *TCM Tool Management* scheint ungebrochen zu sein: So setzt der japanische Kompressorenhersteller *Sanden* in seinem neuerrichteten Werk in Polen ebenso auf Know-how aus der Steiermark wie *TRW* in Dacice/Tschechien, *SAIC Rover Shanghai* oder *Shanghai VW* Loutang/China. Mit der Übernahme der Bereiche Toolmanagement, Werkzeugbau und Werkzeugschleiferei für den *Opel*-Standort Bochum schlägt *TCM* im Juli 2006 ein neues Kapitel in der Unternehmensgeschichte auf. Das Schlagwort dieser Jahre lautet Tempo und es steht für die gesamte Bandbreite an *TCM*-Leistungen: Tool Management, Education, Measurement Management, Process Development, Design, Engineering & Management und Organisation.

Um Kunden ein möglichst breites Leistungsspektrum anbieten zu können, stellt TCM sich in diesen Jahren noch breiter auf: 2007 erweitert sich die TCM Dienstleistungspalette um weitere Bereiche, wie etwa Werkzeug-Konstruktion, Maschinenbau und Automatisierungstechnik, Mess- und Regeltechnik sowie die Produktion und den Vertrieb der PET-Elektrofahrzeuge. Auch das Produkt-Portfolio wird um ein ausgereiftes Werkzeugverwaltungs- und Ausgabesystem ergänzt.

Trotz der schwierigen wirtschaftlichen Rahmenbedingungen, ausgelöst durch die Wirtschaftskrise im Jahr 2009, gelingt es der *TCM* den bestehenden Kundenstock nicht nur zu halten, sondern darüber hinaus noch weitere Neukunden zu akquirieren. So setzen die chinesischen Unternehmen *SGMW* in Qing Dao sowie *Deutz Dalian* auf die Kompetenz der Österreicher. Die Eroberung neuer Märkte durch *TCM* schreitet ungebrochen voran. 2013 wird die *TCM RUS o.o.o.* mit Sitz in Uljanowsk als Joint Venture gegründet.

Heute ist die *TCM* in 14 Ländern tätig mit laufenden Projekten in Deutschland, Polen, Tschechien, China, Russland, Ungarn und der Slowakei. Firmenstandorte hat das Unternehmen darüber hinaus in Brasilien und Australien. Kainz war einer der ersten Unternehmer, der mit dem Iran Geschäfte machte – sehr erfolgreiche Geschäfte. Die Kooperationen mit diesem Land sind bis heute ungebrochen.

Die Zukunft seiner Branche sieht Manfred Kainz eindeutig in einer Kombination aus den folgenden Bereichen: Mensch, Technik, Information, Kommunikation und System. »Eine Firma, in der Menschen nicht mehr das Sagen haben und nicht arbeiten, sondern Roboter, will ich nicht«, erklärt er im Gespräch.

Eines der neueren Projekte, das er mit großer Freude und Aufmerksamkeit begleitet, ist die Entstehung der App *Studo*, die sein Sohn Julian gemeinsam mit Studienkollegen der Grazer Universität entwickelt hat. Über diese App können Studenten in ganz Österreich und auch in Deutschland die wichtigsten Informationen rund um ihr Studium abrufen: Also Lehrveranstaltungen, Prüfungsergebnisse, Stundenpläne mit Raumsuche. Außerdem gibt es in dieser App einen eigenen Mail-Client, über den Professoren und Studierende miteinander kommunizieren können. Im ersten Jahr nützten bereits an die 30.000 Studierende in Österreich diese App. 2022 sind es bereits 350.000 Studenten in Deutschland und Österreich. »Wir kommen aus dem fossilen Bereich, mein Sohn und seine Freunde aus dem Digitalen«, schmunzelt Manfred Kainz wohlwollend. Man spürt in solchen Augenblicken den positiven Menschen, den interessierten Unternehmer und auch den Kabarettisten in ihm. Ziel seines Sohnes Julian und damit auch von Manfred Kainz ist es die *Studo*-App in ganz Europa bekannt zu machen als ständigen Begleiter und Unterstützer im Alltag der Studierenden.

Für die nächsten Jahre wird sich die *TCM International* auf die Bereiche Automotive, Luftfahrt, Maschinenanlagen sowie Medizintechnik konzentrieren. »Als Unternehmer muss man mit offenen Augen durch das Leben gehen und auch mal ein Wagnis eingehen«, ist Manfred Kainz überzeugt.

Der Erfolg dieses Unternehmens liegt in:

- dem Erarbeiten von herausragenden Merkmalen, durch das sich ein Produkt deutlich vom Mitbewerb abhebt
- dem Entstehen eines Technologie- und Entwicklungszentrums als Kooperation mehrerer Gemeinden
- der Bereitschaft, Unternehmensbereiche von Kunden zu übernehmen und weiterzuführen

- einem Angebot eines möglichst breiten Leistungsspektrums für seine Kunden
- der ständigen Erweiterung der Dienstleistungspaletten um weitere Bereiche
- der ständigen Akquise von Neukunden – auch während der Wirtschaftskrise
- dem Aufbau von Geschäften in Regionen, die noch unerschlossen sind, wie z. B. Iran
- der ständigen Bereitschaft, mit offenen Unternehmer-Augen durchs Leben zu gehen
- dem Willen, als echter Entrepreneur ein Wagnis einzugehen und sich dessen täglich klar zu sein

Der Herr über besonders klangvolle Orgeln

Walter Vonbank ist in Vorarlberg geboren, aber seit 26 Jahren lebt und arbeitet er in der Steiermark, in seinem Werk in Triebendorf bei Murau. Er zählt zu den wenigen Orgelbaumeistern Europas, die international tätig sind.

Wenn man aus Murau herausfährt und die Bundesstraße nimmt, die zum benachbarten Triebendorf führt, muss man eine Bergstraße hinauffahren, um zu Walter Vonbank zu gelangen. Die Fahrt aus Murau auf den Murbergweg dauert knapp zehn Minuten. Man folgt einer waldumsäumten Straße und erklimmt die Höhen. Irgendwann steht man vor einem wunderschönen alten Bauernhaus, das 1711 erbaut wurde, und vor einem weiteren, mit modernen Glaselementen designten Holzhaus. Walter Vonbank und sein Hund warten. Vonbank sieht wie ein typischer Künstler aus: Er trägt eine Jeans und hat dichtes, graumeliertes Haar und einen kleinen Spitzbart am Kinn. Doch er strotzt vor Energie, gepaart mit einer stoischen Gelassenheit. Und er verfügt über eine Bassstimme, die ihn ausnehmend weise erscheinen lässt. Bei der Besichtigung seiner Werkstatt, die sich in einem von Architekt Raimund Dickinger umgebauten Stallgebäude befindet, bemerkt man sofort die Passion für seine Arbeit.

Walter Vonbank befasst sich mit dem Entwurf, der Konstruktion, der Herstellung und der Klanggestaltung von echten Orgeln. Wenn er keine Orgeln baut, dann pflegt, repariert, renoviert, restauriert und rekonstruiert er diese gemeinsam mit seinem Team. Oder er stimmt und intoniert sie mit dem Organisten, der auf dieser Orgel regelmäßig spielen muss.

Vonbank wurde im Klostertal in Vorarlberg geboren und machte zunächst eine Mechanikerlehre, weil er Lokführer werden wollte. Denn er stammt aus einer Eisenbahner-Familie. Mit 18 kam er zum Militär und arbeitete im darauffolgenden Sommer als Einzelhandelskaufmann. Danach war er Entwicklungshelfer und schließlich Holzfäller in Kanada. Südlich des Bodensees, in Schwarzach, gibt es die Orgelbaufirma Rieger. Vonbanks Freund erlernte dort die Kunst des Orgelbaus. Dieser Mann animiert ihn dazu, sein Metier näher kennenzulernen. Vonbank ist ein Mann der Tat und sehr interessiert. Wir schreiben das Jahr 1970. Es ist ein spannendes politisches Jahr in Österreich, denn in dieser Zeit wird die erste Grün-Bewegung gegründet (heute: *Die Grünen – Die Grüne Alternative*). Bürgerinitiativen, die sich gegen lokale Großprojekte formierten, sowie die Massenbewegungen gegen das Kernkraftwerk Zwentendorf und die Besetzung der Hainburger Au legten den Grundstein für die Gründung einer grünen Partei in Österreich.

Walter Vonbank sehnt sich immer mehr nach einer Arbeit, die »ihm und seiner Umwelt nicht schadet«. In Schwarzach wird er im Alter von 24 Jahren das Handwerk des Orgelbaumeisters erlernen. Das Entstehen einer Orgel fasziniert ihn, und so baut er Mitte der 1970er Jahre eine erste hübsche, kleine Truhenorgel. Für ein dreiviertel Jahr übersiedelt er nach England und arbeitet dort bei einem Orgelbaumeister. Dann kommt er nach Österreich zurück. Während sein bester Freund 1980 nach Seattle auswandert und dort ein erfolgreicher Orgelbaumeister wird, bleibt Vonbank lieber in Österreich. Seine Frau Ulli will ihr Studium in Wien fortsetzen und daher muss die junge Familie in die Bundeshauptstadt übersiedeln. Vonbank wird zwei Jahre lang bei einem

---

Walter Vonbank Orgelbau

Produkt: Restaurierung und Bau (Entwurf, Konstruktion, Herstellung und Klanggestaltung) von Orgeln.
Standort: Triebendorf bei Murau.
Mitarbeiterzahl: 4 (zwei Lehrlinge, zwei Arbeiter)
Jahresumsatz: *keine Angabe*
Exportländer: USA, Europa (Deutschland sowie die angrenzenden Länder), Asien

Kremser Orgelbaumeister arbeiten und seine Meisterprüfung schließlich in Wien abschließen. Hier baut er Orgeln für die Wiener Musikakademie (später: Universität für Musik und darstellende Kunst) im Auftrag des damaligen Professors für Orgel und Generalbass, Rudolf Scholz. Er wohnt mit seiner Frau in der Hintzerstraße, dem dritten Wiener Gemeindebezirk, und geht dort regelmäßig an etlichen Kirchen vorbei. Er sieht sich die Orgeln dieser Kirchen an und schätzt deren Zustand ein.

Walter Vonbank begeistert sich für die Holzarbeit. Wenn ihm genug Zeit bleibt, dann baut er Schaukelpferde für seine Kinder und deren Freunde. Lieber konzipiert er aber kleine Orgeln für den Schul- oder den Hausgebrauch. Gemeinsam mit der Vorarlberger Orgelfirma *Rieger* arbeitet er an einem Orgelprojekt für Hongkong, wo er auch einige Monate verbringt, um das gute Stück in Asien aufzubauen. Die Studenten der Musikakademie freuen sich über seine Rückkehr und nehmen ihn im Auto nach Niederösterreich mit, um ihm dort einige Kirchen und alte Orgeln zu zeigen. Eines wird Walter Vonbank in dieser Zeit klar: Er will sich unbedingt als Orgelbauer selbstständig machen. Dies macht er im Jahr 1988 wahr. 1991 übersiedelt Vonbank mit seiner Familie in die Steiermark, in einen Ort, in dem seine Frau einen Freund aus ihrer Studienzeit hat. Die Familie findet eine Wohnung in Scheifling, etwa 18 Minuten von Murau entfernt, und eine Scheune, die zur Werkstatt wird. Aufträge gibt es in dieser Zeit genug in Österreich. Vonbank beginnt, Orgeln für das Burgenland und später für Niederösterreich zu bauen. Die Orgeln werden zur Gänze aus Rohmaterial hergestellt – abgesehen von dem Gebläse, das zugekauft wird.

Sein erster Lehrling ist ein Schulabbrecher aus Wien. Auch das gefällt Vonbank: Er will sein Wissen an die jüngere Generation weitergeben und gleichzeitig versuchen, diesen jungen Mann für sein Gewerbe zu begeistern. Der Lehrling soll von ihm lernen, dass ein Orgelbauer nach eigenen Vorgaben vom Auftraggeber (den Kirchgemeinden und den Orgelsachverständigen) entwickelt und arbeitet. Diese enthalten vor allem die Disposition. Für räumliche, technische und klangliche Gegebenheiten muss der Orgelbauer spezielle Lösungen finden, die den musikalischen Vorgaben seiner Auftraggeber entsprechen. Seine Aufgabe besteht darin, die Orgel bis ins kleinste Detail zu planen und zu bauen. Dazu sind theoretische Voraussetzungen nötig, die speziell für den Orgelbau erworben werden müssen: etwa die Mensuierung von Orgelpfeifen. Darin ist Walter Vonbank ein Meister. Während die meisten seiner Mitbewerber jedes kleinste Detail zukaufen, ist Walter Vonbank darauf spezialisiert, die Festlegung aller Maße einer Pfeife und den Verlauf dieser Maße über eine Pfeifenreihe sowie das Verhältnis vom Durchmesser zur Länge der Pfeife – je nach Orgelgröße verschieden – selbst zu entwickeln. Neben dem Wissen über die verschiedenen Materialien, darunter Hölzer, Metalle, Filze, Leder und andere, muss der Orgelbauer auch Kenntnisse in der Statik, der Aerodynamik, der Mechanik oder der Elektronik in der Lehre erwerben. Zu den praktischen Fähigkeiten zählen der Bau des Pfeifenwerkes, sämtlicher Bestandteile der technischen Anlage und des Gehäuses einer Orgel. Nicht jeder Orgelbauer muss in jedem dieser Arbeitsbereiche ein Spezialist sein, denn in einer Werkstatt arbeiten oft für jeden Bereich eigene Experten. Doch Walter Vonbank ist ein Experte in allen Bereichen des Orgelbaus.

Nach der Anfertigung aller Bestandteile der Baugruppen und der Vorintonation des Pfeifenwerks wird die fertige Orgel in der Werkstatt meist ganz aufgebaut, um zu sehen, ob alle Teile auch richtig funktionieren. Anschließend wird das Musikinstrument wieder zerlegt, um zum Auftraggeber transportiert zu werden. Dort wird die Orgel komplett aufgebaut, vor Ort werden die Pfeifen intoniert und gestimmt.

Zu den regelmäßigen Wartungsarbeiten zählt das Stimmen des Pfeifenwerks und das Regulieren der Traktur. Ein Orgelbauer muss immer wieder kleinere und größere Reparaturen durchführen, die durch den Verschleiß, unvorhergesehene Einwirkungen oder unsachgerechte Behandlung notwendig werden. Bei der Überholung einer Orgel wird das Pfeifenwerk ausgebaut, alle Baugruppen einer Orgel werden gründlich gereinigt und wieder instandgesetzt. Im Zuge einer Überholung kann es zu kleineren Umbauten, aber auch zu Veränderungen oder zu Erweiterungen kommen. Bei der Orgelrestaurierung wird eine Orgel in einen vorherigen Zustand zurückversetzt. Dabei müssen die einzelnen Teile des Instrumentes in Material und Ausführung möglichst schonend restauriert oder aber originalgetreu rekonstruiert werden.

Für Walter Vonbank und seine Lehrlinge wird die Arbeit als eine »Art von Kommunikation, bei der man lernt, über das Hören zu Reden« beschrieben. 1996 entdeckt seine Frau einen alten Bauernhof in Triebendorf. Dort siedelt sich die Familie schließlich an und Vonbank lässt eine baufällige Riesenscheune im Jahr 1996 zur Werkstätte umbauen. Orgelbauen, sagt er, sei eine sehr arbeitsintensive Tätigkeit. Bei einer großen Orgel könne es bis zu einem Jahr und auch länger dauern.

Der Baumeister kauft zunächst Baumstämme und sägt die Bretter in die Form, die er benötigt. Das ist sehr aufwändig. Jede Orgel ist anders, weil sie für einen anderen Raum angefertigt wird. Jede Kirche ist anders, daher muss der Orgelbauer unterschiedliche akustische Lösungen finden. Er kann akustisch gestalten: Die Orgel muss technisch so spürbar sein, dass man darauf gute Musik spielen kann. Vonbank ist bestrebt, ein individuelles Instrument zu bauen und besteht darauf, alles selbst herzustellen, so wie er es einst gelernt hat. »Die Vielfalt darf nicht verloren gehen«, ist sein Credo. Eine Orgel herzustellen – egal ob es sich um eine Truhenorgel, eine Hausorgel, eine Musikhochschulorgel oder eine Kirchenorgel handelt –, setzt immer dieselbe Arbeit voraus. Die längste Zeit wird mit der Klärung der Finanzierung von Kirchenorgeln aufgewendet: Im Schnitt kostet eine gute Kirchenorgel um die 250.000 Euro, wobei jede Orgel ihren eigenen Charakter und ihren besonderen Stellenwert innerhalb der Gemeinde hat. Eine richtige Orgel wächst mit den Jahren heran, fast wie ein Mensch. Sie muss immer wieder gestimmt und auch restauriert werden. Walter Vonbank hat seine Orgeln nicht nur für einzelne Bundesländer in Österreich hergestellt. Hier wären besonders Niederösterreich, Salzburg, Tirol und die Steiermark zu nennen.

Er hat aber auch für Deutschland, hier im Besonderen für Dresden und Köln, aber auch für Amerika, etwa für Seattle, Orgeln gebaut. »Eine gute Orgel für das Ausland zu bauen ist dasselbe, wie eine österreichische Orgel. Da gibt es keinen Unterschied. Ich muss im Ausland gewisse Kriterien erfüllen und in Österreich auch. Es handelt sich um einen ganz normalen Auftrag und es ist nicht so, dass ich dadurch mehr Geld verdienen würde.« Walter Vonbank erachtet es als wichtig, Fachkräfte zu beschäftigen und den jungen Lehrlingen das Handwerk zu zeigen: Orgelbau ist ein Traditionshandwerk, dass es bereits seit Tausend Jahren gibt. Der Höhepunkt des Orgelbaus war im 16. und im 17. Jahrhundert. Orgeln sind für Vonbank ein Dokument der Zeit, des Wachsens und Veränderns.

In auftragsschwachen Zeiten hat Vonbank »nie nachgegeben«. Dinge, die begonnen werden, sollten, laut dem Orgelbauer, auch finalisiert werden. Er habe es immer »sehr spannend gefunden, nicht loszulassen«. Man müsse beim Handwerk Geduld haben und immer aktiv als Unternehmer bleiben. »Tee trinken und abwarten ist etwas für die Freizeit. Wenn ich Orgeln baue, kann ich keine Wartepausen einbauen. Da ist jeden Tag etwas anderes eingeplant.«

Zurzeit ist gerade ein Projekt in einer Kirche in Kärnten im Entstehen. Das Denkmalamt hat sein »Okay« bereits gegeben, ebenso die zuständige Kirche und das Gremium: Also die Gemeinderäte und die Orgelkommissionen, die von den Diözesen entsandt werden. Wenn sich alle einig sind und die Finanzierung gesichert ist, dann kann es demnächst mit dem Bau einer weiteren Orgel losgehen.

Der Erfolg dieses Unternehmens liegt in:

- der Zielstrebigkeit des Unternehmers
- der Faszination für das Material Holz und dem regelmäßigen, zuverlässigen Warten und Betreuen aller gebauten Orgeln
- dem Mantra »niemals nachgegeben« – auch in auftragsschwachen Zeiten
- dem zweiten Mantra, dass »Dinge, die begonnen werden, auch finalisiert werden sollen«
- dem Weitergeben von Wissen, um ein Traditionshandwerk fortzuführen
- der Zuverlässigkeit des Gewerbetreibenden, basierend auf einem strikten Terminplan, der auch eingehalten werden muss
- der besonderen Arbeitsweise mit einem Team, in der es um eine »Art von Kommunikation, bei der man lernt, über das Hören zu reden«, geht
- der Produktion aus einer Hand und dem weitgehenden Verzicht auf zugekaufte Teile

Der Meister über die Ursprungsquelle

Gerald Doleschel ist Geschäftsführer der Peterquelle, Österreichs ältestem Mineralwasserhersteller. Das Wasser aus der steirischen Quelle ist ein internationaler Sprudel-Hit geworden.

Das malerische, grüne Dörfchen Deutsch Goritz liegt mit seinen knapp zweitausend Einwohnern in der Südoststeiermark, etwa zehn Minuten von der slowenischen Grenze entfernt. Die Geschichte von Deutsch Goritz reicht bis ins 14. Jahrhundert zurück. In eine Zeit, in der das Dorf im Besitz eines im Städtchen Grabersdorf ansässigen Adelsgeschlechts namens Krabatsdorfer stand. Nach Ende des Zweiten Weltkrieges wurde Deutsch Goritz kurzzeitig von bulgarischen und danach von jugoslawischen Truppen besetzt. Ab 1945 war es zehn Jahre lang Teil der britischen Besatzungszone. So hat sich eine erdgebundene, multikulturelle Bevölkerung herausgebildet.

Auf eines sind die Bewohner des Zweitausend-Seelen-Dorfes besonders stolz: Seit über 200 Jahren befindet sich eine Quelle auf einem bewaldeten Grundstück mitten in Deutsch Goritz. Die Bauern der umliegenden Höfe bauten dort einst einen Schlagbrunnen, um das Wasser händisch zu entnehmen, denn der Quelle schrieb man geheime Heilkräfte zu. War ein Familienmitglied krank, wurde in Tonkrügen und Milchkannen Wasser von der Quelle geholt und der Kranke damit versorgt. Ebenso geschah es, wenn eines der Tiere der Umgebung krank wurde. Die Erzählung will es so, dass alle, egal ob Mensch oder Tier, wieder gesund wurden, wenn sie von dem prickelnden Wasser tranken. An heißen Tagen holte die Bevölkerung kaltes Wasser aus der Quelle, um sich Abkühlung zu verschaffen. Erstmals wurde das Wasser von Deutsch Goritz im Jahr 1858 in einem Druckwerk über die »*Übersicht der Heil-*

wässer« erwähnt. In einem späteren Bericht aus dem Jahr 1915 wird angeführt, dass es »von den Leuten der Umgebung gerne getrunken wird«.

Wenn man Gerald Doleschel, seit fünf Jahren Geschäftsführer des steirischen Mineralwasserherstellers *Peterquelle* heute fragt, wie ergiebig die Quellen denn eigentlich sind, dann bekommt man zur Antwort: »Unsere Quellen schütten jeweils 5 Liter in der Sekunde aus. Pro Jahr produzieren wir insgesamt 25 Millionen Flaschen.« Doch das war nicht immer so. Denn der Weg zum Erfolg – auch zu einem internationalen – war steinig.

Peterquelle Mineralwasser GmbH & Co KG

Produkt: Mineralwasserhersteller. In Glasflaschen werden folgende Wasser hergestellt und verkauft: Peterquelle (ursprüngliches Heilwasser, fein-prickelnd mit Kohlensäure aus natürlichem Ursprung), Minaris (natürliches Mineralwasser prickelnd-mild-naturell), Steirerquell (prickelnd-mild und naturell ursprünglich für den deutschen Markt konzipiert). Erfrischungsgetränke in PET-Flaschen: Mizi (Mineral-Zitrone) und Hizi (Himbeer-Zitrone) sowie Apfelspritzer (Mineral-Apfel).
Standorte: Deutsch Goritz in der Südoststeiermark
Mitarbeiterzahl: 30
Jahresumsatz: 5 Millionen Euro, zur Hälfte in der Gastronomie, die andere Hälfte im Handel.
Exportländer: Europa, arabischer Raum
Motto: traditionell, erdig, steirisch regional

Die Geschichte der *Peterquelle* beginnt im Frühjahr 1959, als zwei Geschäftsleute aus Graz, Theresia Schigerth und ihr Neffe Hermann Kern, die gemeinsam ein erfolgreiches Transportunternehmen zwischen Wien und Graz leiten, eine Quelle zur kommerziellen Nutzung suchen. Über Vermittlung des Insiders Franz Ladler werden die beiden in der Südoststeiermark fündig. Eigentümer des Grundstücks, auf dem sich die Quelle befindet, ist das Ehepaar Karl und Christine Kohlroser. Doch an dem Tag, an dem Theresia Schigerth und ihr Neffe erste wasserrechtliche Verhandlungen mit Deutsch Goritz aufnehmen, um im Anschluss daran die kommerzielle Verwertung der Quelle starten zu können, überreicht der Bürgermeister eine Petition an die Bezirkshauptmannschaft Radkersburg. In seinem Schreiben erklärt er, dass die freie Entnahme des Mineralwassers aus der Goritzer Quelle den Bewohnern von acht Gemeinden gesichert werden müsse. Der Bürgermeister argumentiert, dass die Quelle schon lange bestehe und von den Bewohnern regelmäßig genutzt werde. Die älteren Bewohner der umliegenden Gemeinden unterstützen sein Ansuchen, indem sie bestätigen, dass dieser Brunnen bereits seit ihrer Jugend existiere.

Da die Qualität des Brunnenwassers vor einem möglichen Verkauf des Trinkwassers analysiert werden muss, wird vom Chemischen Institut der Universität Graz der Gehalt an Mineralstoffen untersucht. Das Resultat der Untersuchung ist positiv. Das Wasser enthält sowohl einen hohen Wert an Mineralien als auch an natürlicher Kohlsäure. Mit diesen beiden Inhaltsstoffen stellt es eine Einzigartigkeit in Österreich dar.

Im Dezember 1959 gründen Theresia Schigerth und ihr Neffe eine Brunnenverwaltungs-Gesellschaft, deren Gegenstand die kommerzielle Verwertung der Quelle auf rechtlich vereinbarten Grundstücken ist. Ab diesem Zeitpunkt kann mit der Abfüllung und dem Vertrieb des Mineralwassers begonnen werden. Neben Theresia Schigerth und Herrmann Kern werden noch vier weitere Gesellschafter ins Firmenbuch eingetragen. Schigerth und ihr Neffe besitzen mit jeweils 20 Prozent aber die höheren Anteile in der neu gegründeten Gesellschaft. Dann wird ein Brunnenmeister beauftragt, die Quelle von 22 auf 34 Metern Tiefe zu bohren und eine Quellenfassung zu errichten, sodass es ab 1960 zu den ersten Wasserabfüllungen kommen kann.

Ein balneologisches Gutachten besagt sogar, dass das Wasser eine Heilquelle ist. Im Speziellen soll das Trinkwasser der *Deutsch Goritzer-Quelle* zur diätetischen Unterstützung, bei der Behandlung von Sodbrennen und Herzleiden, bei der Spülbehandlung der Nieren sowie als Badewasser geeignet sein. Und so wird einige Monate später den Besitzern der Quelle vom Land schriftlich bescheinigt, dass ihr Wasser »eine heilende Wirkung besitzt«. Das wird am 26. April 1960 offiziell kommuniziert und führt in der Folge in ganz Österreich zu einem noch nie dagewesenen Boom beim Verkauf von Mineralwasser der Firma *Peterquelle*.

Zu Beginn arbeiten sechs Mitarbeiter in Deutsch Goritz. 1964 wird die erste vollautomatische Abfüllanlage neben dem Brunnen installiert, um den hohen hygienischen Anforderungen gerecht zu werden. Die ersten Flaschen mit dem Label *Peterquelle* werden in Wien verkauft, sie stehen unter dem Motto »gesundes Wasser«, denn die Österreicher kaufen »prickelndes Wasser« Mitte der 1960er Jahre vorwiegend aus Gesundheitsgründen. Mit der Zeit etabliert sich neben Wien eine weitere Klientel in der Steiermark. Schließlich wird das Wasser in allen neun Bundesländern verkauft. Mit einem Mal wird das Dörfchen Deutsch Goritz für sein gesundes Mineralwasser bekannt.

Die Flasche der Peterquelle trägt ein einfaches, weißes Etikett mit einem grünen Brunnen, in dem sich ein Schlüssel befindet. Hintergrund für diese Zeichnung ist das Gemeindewappen. Es beinhaltet drei bekannte Symbole: eine Lilie, eine goldene Ähre und einen Springbrunnen, wobei die Lilie die Kirche von Deutsch Goritz symbolisiert und die goldene Ähre den landwirtschaftlichen Charakter der Gemeinde aufzeigen soll. Der Springbrunnen stellt die Heilquelle dar. Bekanntlich wurde Aposteln die Schlüsselgewalt übertragen. Der Volksmund in Deutsch Goritz sagt: »Wie Petrus den Schlüssel zum Himmel hat, so soll die Peterquelle der Schlüssel zur Gesundheit sein.«

Es kommt der Moment, in dem die Eigentümer der *Peterquelle* beschließen, für ihr Wasser noch stärker zu werben, obwohl es zu Beginn der 1970er Jahre noch keinen eigenen Werbe-Etat gibt. Hermann Kern hat eine besondere Affinität zum Sport, und so entsteht bei ihm der Gedanke, diverse erfolgreiche Sportler zu sponsern. Allen voran haben es ihm die bekannten Radrennsportler der damaligen Zeit angetan, aber auch Skifahrer und Rennfahrer. In den Fotoalben seiner Sponsorentätigkeiten finden sich Berühmtheiten wie die Skiidole Annemarie Moser-Pröll, Toni Innauer, Thomas Muster oder der Rennfahrer Niki Lauda mit *Peterquelle*-Flaschen in der Hand oder vor Tischen stehend, auf denen unzählige Flaschen des steirischen Mineralwassers aufgereiht wurden.

Auch Radrennfahrer Rudi Mitteregger, der vierfache »Großglocknerkönig«, wird oft mit *Peterquelle*-Flaschen in Zeitungen abgebildet und auch bei Sportveranstaltungen gesehen.

Die erste Abfüllanlage für das prickelnde Wasser wird 1964 in Deutsch Goritz installiert, in einer vom damaligen steirischen Landeshauptmann Josef Krainer senior eröffneten Betriebshalle. Die 1970er Jahre entwickeln sich zu einer Goldgräberzeit für die Gründer der *Peterquelle*. Denn die Umsätze des gesunden Wassers gehen derart rasch in die Höhe, dass die Halle nach drei Jahren für die umfangreiche Produktion zu klein wird. Daher wird 1977 bereits eine zweite, größere vollautomatische Abfüllanlage in Betrieb genommen. Beide Anlagen ermöglichen die Abfüllung von insgesamt 250.000 Ein-Liter-Flaschen. Heute stehen auf demselben Gelände bereits vier Anlagen.

Auch die 1980er erweisen sich als positive Jahre für den Deutsch Goritzer Mineralwasserhersteller. 1987 wird Binia Schweiger aus Leibnitz zur Geschäftsführerin bestellt und unter ihrer Ägide eine neue Mineralwasser-Marke namens *Minaris* eingeführt. Der Name stammt aus dem Lateinischen »Minor« und bedeutet »untergeordnet«. Das *Minaris*-Quellwasser ist ein leichteres Mineralwasser. Es hat weniger Anteile an gelösten Mineralien und Kohlensäure als die *Peterquelle* und kommt aus einem anderen Brunnen. Es ist günstiger als das Mutter-Produkt und vor allen Dingen ein Mineralwasser für die jüngere Generation.

Die Jahre vergehen. Das Geschäft mit dem Wasser läuft sehr gut, mit 12 Angestellten, 36 Arbeitern und fünf Außendienstmitarbeitern. Doch dann beginnen die 1990er Jahre, und es wird härter in der österreichischen Getränkeindustrie, denn die vier Leading Companys im Mineralwasserbereich rivalisieren miteinander. Bei der *Peterquelle* wehrt man sich gegen diesen Konkurrenzkampf. Die Gründerfamilie beschließt, ihre Firmenphilosophie fortzusetzen: Tradition und Herkunft bleiben die wichtigsten Werte des Unternehmens. Daher entscheidet man sich, zunächst wieder – back to the roots – die Steiermark als wichtigste Region zu beliefern. »Wasser soll man regional vertreiben, nicht nur Fleisch, Obst, Gemüse oder Wein. Außerdem ist ein wirklich reines Wasser nicht überall gegeben. Doch gerade in diesem Bereich sehen wir unsere Chance«, erklärt *Peterquelle*-Geschäftsführer Gerald Doleschel.

Im Jahr 2008 muss das Unternehmen neu strukturiert werden. Binia Schweiger bleibt zwar mit einem Minderheitsanteil, doch als Eigentümer fungieren im Anschluss an die Umstrukturierung mehrere Privatpersonen. Neben dem Hauptprodukt Peterquelle gibt es also *Minaris* und neuerdings das Bio-Getränk *Peterquelle-Bionara*.

Und dann geschieht zu Beginn des Jahres 2009 das Unglaubliche. Da im Ausland die Marke Österreich sehr viel zählt, beschließt man bei der *Peterquelle* eine symbolische Wasserpipeline Richtung Süddeutschland zu verlegen. Trotz des Beginns einer Wirtschaftskrise setzt das Unternehmen auf neue Märkte. Mit einem derartigen Coup rechnet niemand in der Getränkeindustrie. Die Steirer trotzen den anbrechenden schlechten Zeiten. Der Grund für die schwache Wirtschaft in anderen Ländern sei aber eindeutig: Niedrige Produktivität, wenig Innovationskraft und mangelnde Investitionen in Forschung und Entwicklung bewirkten eine Wettbewerbsschwäche der Produkte auf den internationalen Märkten.

In Bayern und in Baden-Württemberg wird seit Beginn des Jahres 2009 die Marke *Steirerquell* vertrieben. Mit im Boot befindet sich Starkoch Johann Lafer, ein gebürtiger Steirer, der in Deutschland arbeitet. Die Expansion des steirischen Wassers schreitet mit dem Starkoch als Produktbotschafter noch zügiger voran. Im Nu werden einige Großkunden und der Zugang zu Fachgetränkemärkten gewonnen.

Die *Peterquelle* sprudelt zwischen Tradition und Innovation aus der Steiermark. Daher gilt es für das Management fortan, die Marke Schritt für Schritt international stärker zu positionieren. Dafür setzt man vor allem auf Public Relations, strategisches Business-Lobbying und auf prominente Marken-Fürsprecher, sogenannte »Brand-Advocates« – wie eben Johann Lafer. »Ich bin davon überzeugt, dass Innovation ein natürlicher Feind von wirtschaftlich turbulenten Zeiten ist. Das Unternehmen *Peterquelle* zeigt hier jedoch erfolgreich, dass Innovation auch das Erobern neuer Märkte bedeuten kann«, kommentiert Manager Gerald Doleschel. Der Erfolg gibt ihm Recht. Bereits 2015 erreichte das steirische Mineralwasser allein in den Monaten zwischen Frühsommer und Herbst Steigerungsraten im Verkauf in Höhe von 30 Prozent. Das sind Zahlen, von denen die Wirtschaft, insbesondere die Getränkeindustrie, in vielen Ländern nur träumen kann. 2016 lagen die Steigerungsraten im selben Zeitraum bei 22 Prozent. Seither wurden an die 30 neue Mitarbeiter angestellt, um im Schichtbetrieb das erforderliche Pensum erfüllen zu können.

Das Ziel des Unternehmens seit Beginn des 21. Jahrhunderts war es, in den europäischen Märkten Fuß zu fassen. So findet man das Label *Peterquelle* seither in Slowenien und Kroatien, aber auch in der Schweiz. In den letzten Jahren begann man etwas schneller zu wachsen und in Märkten wie Deutschland, einem der größten und wichtigsten Exportmärkte der Alpenrepublik, das Image der Marke als etwas Besonderes, eine außergewöhnliche steirische Spezialität aufzubauen.

Im Jahr 2008 wurde einer der erfolgreichsten deutschen Unternehmer der Nachkriegszeit, Hans-Jürgen Riegel, und ein Kreis an prominenten deutschen Unternehmern als Eigentümer gewonnen. Österreich war Riegels Wahlheimat, und in seiner Jugend verbrachte er viel Zeit am Landgut der Familie in der Steiermark. Hans-Jürgen Riegel erwarb 55,2 Prozent, Wolfgang Gural (*Hagebau, Gourmetback*) sowie Hans Seidl (*Seidl Confiserie*) und Hans Bauer jeweils 14,93 Prozent. Vertrieben werden die Mineralwassersorten des Unternehmens seither von der *Waterplus*-Gesellschaft und eine Beteiligungsgesellschaft namens *Adventure* hält seit dem Ausstieg von Binia Schweiger als Gesellschafterin im Herbst 2014 rund 100 Prozent an der *Peterquelle*.

Im November 2020 wurde *Peterquelle* an Hans Kilger verkauft, Investor und Unternehmer aus München sowie steirischer Weinenthusiast, der damit sein Portfolio bei *Domaines Kilger* erweiterte. Kilger begleitet und berät als Wirtschaftsprüfer und Steuerberater seit Jahren erfolgreich Unternehmen. Seit langem hatte er eigene Ideen zu nachhaltiger und naturnaher Landwirtschaft. Im Jahr 2015 gründete er in der Weststeiermark das Weingut *Domaines Kilger*, zwei Jahre später folgte dann im Burgenland das Weingut *Schiefer* und *Domaines Kilger* mit dem Winzer Uwe Schiefer. Die *Peterquelle* ist seither Teil von Kilgers Genusslandschaft.

Heute arbeitet *Peterquelle* mit sechs Brunnen, davon zwei für die *Peterquelle*, zwei für die Marke *Minaris* und zwei weitere für die Marke *Steirerquell*. Doch das Portfolio der *Peterquelle* hat sich im Laufe der Jahre verändert und wurde erweitert: Neben den Mineralwassern werden seit 2017 auch Erfrischungsgetränke – im Fachjargon Near-Water-Produkte genannt – namens MIZI (Mineral-Zitron) und HIZI (Himbeer-Zitron) hergestellt. Und unter dem Namen *Peter's* wird Peter's Zitrone, Pfirsich, Weiße und eine Schilcher Mischung erzeugt.

Zum Ziel für die kommenden Jahre hat sich Gerald Doleschel einen »Expansionskurs« gesetzt. Er will neue, internationale Märkte aufbauen und eine Verjüngung der Marke *Peterquelle* vornehmen. Das Unternehmen *Peterquelle* soll weiters modernisiert werden. Er will aber auch die steirischen Wurzeln weiter stärken. Gemeinsam mit Studierenden der Fachhochschule Graz wurde an einem Konzept für die Zukunft gearbeitet. Die Jugend denkt somit für die Jugend voraus.

Der Erfolg dieses Unternehmens liegt in:

- der werbenden Verbindung des Sports mit dem Produkt
- Tradition und Herkunft, also in jenen Werten, die das Unternehmen auszeichnet
- einem regionalen Vertrieb
- dem Setzen auf neue Märkte trotz Wirtschaftskrisen
- prominenten Produktbotschaftern
- Investitionen in Innovationen, die sich rechnen, und zwar mit der Eroberung neuer Märkte
- der Jugend, die an der Entwicklung eines »Konzepts für die Zukunft des Unternehmens« mitarbeitet (Fachhochschule Graz)

Das Öl der Kraftmacher

Über die Entstehung des Kürbiskernöls und seinen weltweiten Aufstieg zum steirischen Markenzeichen.

Es gibt viele Dinge, die eine Region ausmachen können, aber nur wenige Produkte schaffen es, weltweit anerkannt, dazu noch beliebt und gleichzeitig ausgezeichnet zu werden. Eines dieser Produkte ist das steirische Kürbiskernöl. Zugegeben, derartige Zeilen zu lesen, mutet etwas seltsam an, da ich ja über ein Salatöl schreibe. Doch immerhin hat dieses weltweit bekannte Salatöl eine lange Geschichte hinter sich: Diese begann im frühen 18. Jahrhundert, genauer im Jahr 1735. Damals wurde es noch aus dickschaligen Samen hergestellt. Durch Selektion von Mutationen wurde der heute bekannte Ölkürbis (*Cucurbita pepo var. Styriaca*) gezüchtet, dessen Anbau sich zwischen 1870 und 1880 in der Steiermark verbreitete. Bis in die 1970er Jahre war Kernöl – auch innerhalb Österreichs – nur in der Südsteiermark bekannt. »Erst ab den 1980er Jahren begann sein Siegeszug in die großen und kleinen Küchen anderer Länder«, erzählt Andreas Cretnik. Er ist Geschäftsführer der Gemeinschaft Steirische Kürbiskernöl ggA, die 3.050 Mitglieder zählt. Seit dem Jahr 1996 besitzt das Kernöl die europäische Herkunftsbezeichnung geschützte geografische Angabe (g.g.A). Das bedeutet, dass steirisches Kürbiskernöl nur in der definierten Region produziert und nur dann mit dieser Bezeichnung international verkauft werden darf. »Darauf sind wir – zurecht – stolz«, sagt Andreas Cretnik.

Der Kernölkürbis wird hauptsächlich in der südlichen Steiermark sowie dem südlichen Burgenland und in Teilen Niederösterreichs angebaut. Die acht bis zehn Kilogramm schweren Früchte reifen auf sandiglehmigen Böden im kontinentalen Klima Österreichs heran. Der Geschmack eines Kernöls ist vollkommen mit der Region verbunden.

Normalerweise stammen zwei Drittel der Kürbisse aus der Steiermark, aus ihnen wird das typische steirische Kürbiskernöl gepresst. Diese Ölkürbisse unterscheiden sich sehr von anderen Kürbisformen: Durch eine Mutation vor etwa 100 Jahren haben sie ihre harten Samenschalen verloren, der Samenkern wird stattdessen durch ein dünnes Silberhäutchen geschützt. Die weiche Konsistenz der Kerne ermöglicht eine leichtere Pressung des Öls.

Die intensive grüne fluoreszierende Farbe mit den rötlichen Reflexionen geht auf die im Öl gelösten Pigmente der Kerne zurück. Gießt man Kürbiskernöl auf einen Salat, so stößt einem zunächst genau diese eigenwillige Farbe ins Auge: Dieses Öl ist nämlich nicht goldfarben, wie alle anderen Öle, sondern es besitzt einen seltsamen grün-rötlichen Schimmer, der – je nach Schichtdicke und Röstung der Kürbiskerne – unterschiedliche Farbintensitäten zeigen kann. Dieser besondere Effekt entsteht einerseits durch die spezielle Farbzusammensetzung der Kerne, andererseits durch die Wahrnehmung jedes einzelnen Menschen. Beim Kürbiskernöl handelt es sich um ein echtes Naturprodukt, dessen Geruch sehr intensiv, nussartig, röstig und mild-würzig ist. Geschmacklich kann man ohne Übertreibung sagen, dass Kürbiskernöl hocharomatisch ist. Es enthält einen intensiven Eigengeschmack.

Das steirische Kürbiskernöl ist zu einem wichtigen Wirtschaftsfaktor geworden. Die Zahlen sprechen für sich: 3.050 Bauern bewirtschaften rund 25.000 Hektar Grund mit Ölkürbissen. Drei Millionen Liter Öl werden pro Jahr hergestellt. Wenn man bedenkt, dass pro Liter Öl im Schnitt 18 Euro verrechnet werden, dann ergibt das in Summe 54 Millionen Euro Umsatz im Jahr. Tendenz steigend. Hinzu kommen alle möglichen Zusatzprodukte, wie Aufstriche, Pesto-Mischungen oder Knabberkerne in verschiedenen Mischungsformen: Mit und ohne helle oder dunkle Schokolade oder mit und ohne Salz. Ziel ist in den kommenden zehn Jahren, die derzeitige Exportquote von 45 Prozent auf 75 Prozent zu steigern. Russland und China gelten als interessante Märkte.

Dass den Kürbiskernen und dem Kürbiskernöl auch medizinische Wirkung nachgesagt wird, ist bekannt. Aufgrund der im Kürbiskern enthaltenen sekundären Pflanzeninhaltsstoffe – etwa der Polyphenole und des Vitamin E – hat das Öl eine antioxidative Kapazität und unterstützt den Organismus beim Schutz vor freien Radikalen. Der hohe Anteil an Linolsäure und Phytosterinen kann den Cholesterinstoffwechsel positiv beeinflussen. Das Öl zeigt weiters entzündungshemmende Eigenschaften und wird in der Therapie gegen Arthritis unterstützend eingesetzt. Es ist aber auch Blutdruck senkend und hilft Herz-Kreislauf-Schwächen und Blasenleiden vorzubeugen. Bekannt ist, dass es in einigen Apotheken in Südafrika in kleinen Einheiten verkauft wird.

Kaltgepresstes Kürbiskernöl wird in der Pharmazie verwendet – dabei handelt es sich jedoch um ein anderes Produkt als das steirische Kürbiskernöl. In der allgemeinen Literatur wird dies oft nicht beachtet und oft auch verwechselt. Aussagen, wonach Kürbiskernöl »diese oder jene gesundheitsfördernden Eigenschaften besitzt«, sind mit Vorsicht zu genießen, da es sich um ein Fett handelt, von dem man mengenmäßig nie so viel aufnehmen kann, um besagte Wirkungen direkt auf die Einnahme zurückführen zu können. Besagte Stoffe sind aber im Öl enthalten und tragen natürlich positiv zum gesunden Stoffwechsel bei.

Immer wieder erhält die Gemeinschaft Steirische Kürbiskernöl g.g.A. Anfragen aus dem Ausland, um das genaue Herstellungsverfahren des steirischen Kernöls zu erfahren. Doch Rezeptur und Presseinheiten bleiben ein Geheimnis unter Ölmüllern.

Der Botschafter des Kernöls

Franz Labugger, Ölmüller und Kürbiskernölproduzent

Franz Labugger lächelt nicht nur, wenn die Sonne in seinen Hof hereinlacht. Der Bürgermeister der Gemeinde Lebring St. Margareten in der südlichen Steiermark strahlt immense Ruhe und Zuversicht aus und damit ein positives Lebensgefühl. Labugger ist gelernter Bauer. So wie sein Vater und auch sein Großvater es waren. Seit mehr als 40 Jahren baut seine Familie Ölkürbisse an. Mussten die Labuggers einst selbst zu echten Kernölmühlen fahren, um ihre Kürbisse fachgerecht pressen und das daraus gewonnene Öl in Flaschen abfüllen zu lassen, beschloss Bürgermeister Labugger vor 14 Jahren, dies zu ändern. Denn er war der Ansicht, dass er ohne seine eigene Anlage niemals ein herausragender Kernölhersteller werden könne. Immerhin bewirtschaftet er 50 Hektar Ackerland.

»Als Bauer und auch als Unternehmer muss man sich etwas trauen im Leben und darf dabei nicht immer vom Schlechtesten ausgehen«, erklärt Labugger heute seine Motivation. »Mir taugt es einfach, wenn ich etwas weiterbringe«, fügt er hinzu. Die erste Investition in einen Zubau zum Bauernhof, in dem seine Kernölpressanlage stehen soll, kostete ihn einst zehn Millionen Schilling. Das sind heute umgerechnet 726.729 Euro. Labugger finanzierte den kompletten Betrag fremd und trat mit seinem gesamten Besitz in Haftung: seinem Hof, seinen Feldern und seinen Grundstücken. »Ich hatte damals noch keine Ersparnisse und daher musste ich mit Naturalien haften. Doch das war es mir wert, denn das Resultat war phänomenal.«

Für die Herstellung des Kürbiskernöles ließ Labugger in Lebring St. Margareten eine Komplettanlage errichten. Sie besteht aus einer Presse und einer Rösteinrichtung mit Thermoölheizung, die für den Arbeitsablauf aufeinander abgestimmt sind. Als Energiequelle verwendet Labugger eine Hackschnitzelheizung. Die Kürbiskern-Pressanlage ist auf dem neuesten Stand der Technik. Der gesamte Press-Prozess ist umweltbewusst und energieschonend, und er wurde nach neuesten lebensmitteltechnischen Erkenntnissen konzipiert. Er ist ausgerichtet auf die Pressung von 600 Litern Öl pro Tag.

Um ein qualitativ hochwertiges Kürbiskernöl herzustellen, ist es notwendig, die nach der Ernte von September bis November gewaschenen und in Trockenanlagen bereits bei 40 bis 60 Grad Celsius vorgetrockneten Kerne kurz vor der Pressung noch einmal zu trocknen. Der nächste Vorgang im Pressverfahren besteht aus dem Mahlen der Kürbiskerne. Wenn die Kerne richtig getrocknet wurden, fließt aus der Mühle ein dicker, fast klebriger Brei heraus. Das Kernöl ist von Natur aus Bestandteil der Kerne. Beim Kneten wird zur Mahlmasse Wasser hinzugefügt. Dieses Wasser hat die Aufgabe, das Öl zu verflüssigen. Auf den Geschmack und die Farbe des Kürbiskernöles hat das Rösten unmittelbaren Einfluss. Die Masse kommt anschließend in eine heiße Röstpfanne. Durch ständiges Rühren verdampft das Wasser, übrig bleibt das Öl. Die Aufgabe des Ölpressers ist es, darauf zu achten, dass die Temperatur nicht über 115 Grad Celsius steigt. Bis zu dieser Temperatur zählt das Kürbiskernöl noch zu den kalt gepressten Ölen. Das Kürbiskernöl wird mit einer besonderen hydraulischen Presse unter hohem Druck ausgepresst. Der Rückstand nennt sich Kürbiskuchen. Dieser wird vor allem als Rinderbeifutter verwendet.

Von einem Hektar Feld können zwischen 500 und 1.200 Kilo Kerne – je nach Wetter, Bodenqualität und Geschick des Bauern – geerntet werden. Ein Kürbis bringt knapp acht Deka trockene Kerne. Für einen Liter

---

Labugger Kürbiskernölpresse KEG

Produkt: Herstellung verschiedenster Produkte aus dem steirischen Ölkürbis: Kürbiskernöl, Kürbiskern-Pesto, Kürbiskernnudeln, Kürbiskernsenf, Kernölkaviar, Schokolade; Führungen und Gastronomie zu touristischen Zwecken; Fremdproduktion für andere Kernölbauern.
Standort: Lebring
Mitarbeiterzahl: 3 (Familie Labrugger)
Jahresumsatz: *keine Angabe*
Exportländer: Europa, USA, Russland

reinstes Kernöl benötigt man 2,5 Kilo Kürbiskerne, was dem Ertrag von etwa 30 bis 35 Kürbissen entspricht.

Zu Franz Labugger kommen heute bereits knapp 60 Kollegen, allesamt Bauern mit eigenen Kürbisplantagen, die ihre Kürbiskerne von ihm zu Kernöl pressen lassen, um es dann am eigenen Hof zu verkaufen. Diesen Geschäftsbereich will Labugger weiter ausbauen.

Oftmals wurde Franz Labugger von seinen Kunden gefragt, wie das Kürbiskernöl eigentlich entstehe. »Wie kommen die Kürbisse und die Kerne eigentlich wirklich ins Öl?« Diese Frage motivierte Labugger dazu, Führungen durch seine Ölmühle anzubieten und interessierten Menschen die Kürbiskernpressanlage zu zeigen. Zusätzlich hat er einen eigenen kleinen Kinosaal errichtet, um sich auf Filmvorführungen in 3-D-Format zu spezialisieren. Mit Unterstützung des Filmklubs Leibnitz – insbesondere durch Klubobmann Heimo Holik – gelang ihm ein spannender filmischer Hintergrundbericht zur Herstellung echten steirischen Kürbiskernöls, der in Labuggers Ölmühle und mit seinen Mitarbeitern gefilmt wurde.

Seit nunmehr zehn Jahren werden in Labuggers Kinosaal und Mühle Fachbesucher aus der ganzen Welt empfangen und durch das Areal geführt. Mehrsprachig, versteht sich. Die Familie Labugger, Sohn und Ehefrau helfen tatkräftig mit, arbeitet hier zusammen und wechselt sich bei den Führungen ab. Am Ende steht eine Verkostung diverser Spezialitäten, die Kernöl enthalten. Darunter finden sich: weiße oder dunkle Schokolade mit Kürbiskernen und Marzipan ebenso wie Kürbiskern-Nudeln, Kernölkaviar, Knabberkerne oder Kürbiskern-Pesto, aber auch Kürbiskernöl mit verschiedenen Brotsorten oder eine Eierspeise mit Kernöl. Immerhin ist Labuggers Kernöl schon mehrmals von Gault Millau ausgezeichnet worden. Und der Kernölprofi aus der Südsteiermark war auch schon Sieger des steirischen Kürbiskernöl-Championats.

Um ein derartiges Unternehmen erfolgreich aufzubauen, musste Franz Labugger Werbung im Ausland machen: Er besuchte zunächst Busunternehmer in Deutschland, der Schweiz und Österreich, um sein Vorhaben zu präsentieren. Seine freundliche, ruhige Art und die Kernölproben, die er immer mit dabeihat, kommen gut an. Sie inspirieren die Busunternehmen mit Vereinen und Reisegruppen aus dem Ausland zu ihm zu kommen. Gutes Essen und Trinken wird von den Gästen schließlich immer geschätzt, denn Österreich bürgt für hochwertige Gastronomie und Herzlichkeit.

Nach Kunden aus Europa will Labugger in den nächsten Jahren Kunden aus Amerika und Russland verstärkt in die Steiermark bringen. Dazu hat er mit zwei anderen Kernölherstellern eine Firma gegründet und besucht bereits diverse Lebensmittelmessen im Ausland, um die Führungen durch seine Ölmühle und das Kürbiskernöl bekannt zu machen.

Sein größtes Ziel für die kommenden Jahre ist es, die Zahl der Besucher aus dem Ausland noch mehr zu erhöhen und noch mehr in die Internationalität zu investieren. Der Erfolg scheint ihm bisher Recht zu geben.

Der Erfolg dieses Unternehmens liegt in:

- dem Mut zum Unternehmertum
- der Investition des ersten Einkommens in die Vergrößerung des Unternehmens: in diesem Fall in einen Zubau
- dem neuesten Stand der Technik im eigenen Betrieb
- Auslastung der Kernölproduktionsmaschinen durch Fremdproduktion
- Marketing mit einem eigens produzierten Kinofilm über die Produktion sowie Errichtung eines eigenen Kinosaals
- einem kundenfreundlichen Online-Shop für internationale Käufer
- einer Marketingstrategie, die eine Kooperationen mit Reiseveranstaltern vorsieht, die Touristen eine Führung durch die Produktion ermöglicht
- Dem Besuch von zahlreichen Messen im Ausland zwecks Marketing für das eigene Unternehmen

Der Kernölschuppen-Mann

Rudi Teichtmeister und seine Frau Helga arbeiten in zweiter Generation als Kernölhersteller in Obervogau bei Leibnitz in der Südsteiermark. Mehrmals zum Champion der Kürbiskernölhersteller der Nation gekürt, ist Rudis Spezialität der von ihm eigens erdachte Kernöl-Automat im Schuppen.

Wer durch die hügelige Landschaft der Südsteiermark wandert, um die wunderbare Region zu genießen, stößt auf seinem Weg auch auf den einen oder anderen interessanten Kernölbauern. Das schwarze Gold wird hier zur Höchstform gebracht und die meisten in diesem Landstrich ansässigen Bauern sichern ihre Existenz mit diesem Produkt. Rudi Teichtmeister ist in zweiter Generation Bauer. Der heute mehrmals ausgezeichnete Kernölchampion Österreichs hat sich mit harter Arbeit und vielen Ideen und Tüfteleien seinen Traum realisiert: Man findet seine Öle in vielen Spitzenlokalen dieser Welt.

1986 übernahm Rudi das Kürbisfeld seiner Eltern und führte nach einiger Zeit einige Verbesserungen durch. Es begann alles damit, dass er und seine Frau Helga jeden Tag um 6 Uhr in der Früh aufstanden, um den Acker zu bewirtschaften. Zu Beginn starteten die beiden mit zwei Hektar Land. Das entsprach einer Fläche von 20.000 Quadratmetern. Die angebauten Kürbisse brachten damals, im Jahr 1986, nur einige Liter Kernöl. Der Anbau begann für das Ehepaar meist im April, und im November waren die Kürbisse dann reif für die Ernte. Doch eines kristallisierte sich nach kurzer Zeit heraus: Das von Rudi hergestellte Kernöl war derart gut schmeckend, dass die Nachfrage unter Kennern jedes Jahr stieg. Also beschlossen Rudi und Helga alljährlich wieder etwas mehr Kürbisse anzubauen. Mit einem kleinen Erntepflug der Firma *Moty* wurden die zwei Hektar Land bewirtschaftet. Das funktioniert so: Um die optimale Nachreifung zu gewährleisten, werden die Kürbisse vor der Ernte mit dem Kürbispflug zusammengeschoben und auf eine Zeile gebracht. Damit wird eine schnelle Aufnahme der Kürbisse gewährleistet. Der Kürbispflug besitzt zwei Walzen. Die eine ist hydraulisch angetrieben, die andere Walze hält das Unkraut zurück und presst es auf den Boden.

Helga und Rudi vermarkteten ihr Kürbiskernöl nach der Ernte so gut es ging. Dabei müssen sie mit einem ständigen Auf und Ab leben. Das hängt vor allen Dingen mit der Witterung zusammen. In manchen Jahren ist das Wetter wunderbar und die Ernte großartig. In anderen Jahren wiederum regnet es sehr viel oder der Frost zerstört den Großteil der Ernte. Dann ist der Kürbis wie »eine kaputte Lederwuchtel ohne Luft« – so beschreibt Rudi Teichtmeister mit einem Augenzwinkern den Zustand seiner Kürbisse. Klein, ausgelaugt und faul ist seine Ernte dann und dementsprechend niedrig der Ertrag. Lange Winter und viel Feuchtigkeit im Frühjahr, danach eine extreme Sommerhitze, dazu ein Sturm, der die Schotterböden zusätzlich austrocknet: Die Witterung kann in manchen Saisonen vielen Kürbissen sehr stark zusetzen, besonders jenen Prachtstücken, die auf steinigen, leichten Böden entlang der Mur wachsen.

Teichtmeisters Kernölschuppen

Produkt: Herstellung verschiedenster Produkte aus dem steirischen Ölkürbis: Kürbiskernöl, Knabberkerne, Essig, Schokolade, Kürbismarmelade etc.
Mitarbeiterzahl: 2 (Familie Teichtmeister)
Jahresumsatz: *keine Angabe*
Exportländer: weltweit

Dann kommt es zur Noternte. Keine erbauende Tätigkeit, aber da müssen die Kernölbauern durch. Sie greifen dann die Reserven aus den Vorjahren an und überlegen sich, den Preis für ihr Kernöl zu erhöhen.

Rudi Teichtmeister baut mittlerweile auf zehn Hektar Fläche seine Kürbisse an, das sind 100.000 Quadratmeter. Auf der Hälfte der Flächen seiner Felder in Landscha und Obervogau liegt der Ertrag bei 700 Kilogramm Kürbissen pro Hektar. In den Jahren 2013 bis 2014 setzten die extremen Wetterbedingungen der Ernte wieder einmal sehr stark zu. Rudi und seine Frau waren ständig am Feld, um zu begutachten, wie viel von der aktuellen Ernte noch zu retten war.

Erst im Nachhinein erfuhren sie durch ihre Nachbarn und mehrere Kernölfreunde, dass man ihnen in der Zwischenzeit gerne einige Flaschen des alten Öls abgekauft hätte. Doch es war ja niemand auf dem Hof gewesen, und so fuhren die potenziellen Kernölkäufer wieder ab. Das ärgerte Helga und Rudi maßlos. »Ich habe das erst mit der Zeit realisiert, dass die Kunden mich gebraucht hätten und einfach wieder abgerissen sind, wenn ich nicht da war.«

Rudi, Helga, ihre Familie und ihre Freunde überlegten schließlich, wie man dem entgegenwirken könne. Da kam Rudi eine zündende Idee: Er wollte ein Haus aufstellen, in dem sich die Kunden an einem eigenen Automaten selbst bedienen könnten – ähnlich wie dies bei Getränkeautomaten üblich ist. Ein Konzept für ein derartiges Haus war schnell erstellt: Es sollte in die Region passen, also ein simples, sympathisches Holzhäuschen sein, aber mit einem riesigen Automaten – und natürlich mit einer Videoüberwachungsanlage. Sicherheit habe bei dieser Form des Verkaufs oberste Priorität. Das Haus sollte von außen leicht zugängig sein. Davor bräuchte es einen Parkplatz, denn in der Steiermark ist jeder Bürger motorisiert.

> **Wege aus der Krise**
>
> »Wir haben das Angebot in unserem Kernölschuppen um einige Produkte ergänzt und damit mehr Zuspruch der Kunden erwirkt. Kontaktloses Einkaufen rund um die Uhr ist aufgrund unseres Kernölautomaten und der Produkte im Kernölschuppen eine perfekte Alternative zum Ab-Hof-Verkauf. Das Bezahlsystem in der Hütte beruht auf Ehrlichkeit, was wunderbar funktioniert.«

Gesagt, getan. Als dann ein passender Automat gefunden und aufgestellt worden war, füllten Helga und Rudi ihn mit kleinen, mittleren und großen Flaschen. Hinzu kamen Geschenkkörbe in verschiedenen Größen, gefüllt mit Kernöl, Kürbismarmeladen und Kürbiskernen. Aber auch

Obst und Gemüse gibt es immer wieder – je nach Saison – im *Kernölschuppen* zu erstehen. Die Resonanz war überwältigend: Der Kernölautomat wurde von Touristen, aber auch von der lokalen Bevölkerung sofort ins Herz geschlossen. Man kann nämlich zu jeder Tages- und Nachtzeit in die Region kommen und bei Rudi und Helga Teichtmeister frisches Kernöl kaufen – unabhängig davon, ob der Chef oder die Chefin auf dem Hof anzutreffen sind.

Die Errungenschaft des Kernölschuppens hat vieles im Leben der Teichtmeisters verändert. Er hat ihr Kernöl in die weite Welt hinausgetragen und ihnen auch etwas »Coolheit« verschafft, die sie von den anderen Kernölhersteller abhebt. In Zeiten wie diesen, in denen viele Menschen gerne anonym übers Internet shoppen, hat der *Kernölschuppen* einen besonderen Status erreicht.

Der Erfolg dieses Unternehmens liegt in:

- der Erarbeitung eines besonderen Verkaufskonzepts für die ländliche Region, abgestimmt auf das Produkt: einen Kernölschuppen mit einem Automaten und einer Videoüberwachungsanlage, über den die Kunden Tag und Nacht Kernölprodukte kaufen können
- einem beständigen, klaren Marketing
- dem regionalen Produkt-Design

Eine Ölmüllerin aus Leidenschaft

Sie arbeitet mit Red Bull, den Kaufhäusern Harrods und KaDeWe zusammen. Julia Fandler ist Ölproduzentin in vierter Generation und stellt in Pöllau mehr als 40 verschiedene Bio-Öle für den Weltmarkt her.

Wer das Joglland kennt, diese waldreiche Mittelgebirgsgegend der nördlichen Steiermark, der weiß, dass sich hier die Geburtsstätte des Dichters Peter Rosegger befindet. Der Name Joglland stammt vom Vornamen »Jakob« ab, den man im Ortsnamen »Sankt Jakob im Walde« findet. Schriftsteller Peter Rosegger beschrieb in seinen Büchern gerne diese Gegend. Er, der Waldbauernbub aus einem früheren Jahrhundert, der es trotz einer beschränkten Schulbildung bis zum anerkannten Dichter und Journalisten brachte.

In dieser Idylle gibt es im Naturpark Pöllauer Tal ein traditionelles Unternehmen, das 1926 gegründet wurde und heute in vierter Generation geführt wird: die Ölmühle Fandler. Die heutige Besitzerin Julia Fandler führte das Unternehmen zu neuen Höhen. Nicht nur optisch, denn das Gebäude rund um die Mühle erinnert ein wenig an ein modernes, nobles Kaufhaus, wurde es doch von einem Architekten auf die Bedürfnisse der Kunden, aber auch der Mannschaft in der Ölmühle designt. Auch die Seele des Unternehmens hat sich einem Wandel durchzogen, hinein in eine neue, modernisierte Tradition.

»Es macht viel Spaß, mit schönen Dingen zu tun zu haben. Ich war mein ganzes Leben lang in der Ölmühle«, beginnt Julia Fandler ihre Erzählung. Sie ist jetzt bereits 22 Jahre im Unternehmen tätig und erinnert sich immer wieder gerne daran, wie sie schon als Kind von den Eltern zum Kapselaufsetzen eingeteilt wurde. Dann, Ende der 1980er Jahre, ist sie bei Fachmessen mit dabei, um ihren Vater zu unterstützen. 1994, mit 21 Jahren, stand sie erstmals im Geschäft und verkaufte das Leinöl, für das ihr Vater so bekannt war. Später arbeitet sie im Büro. Dort ist sie für »alles rund um die Vermarktung der Öle« zuständig, die zu dieser Zeit noch in einer italienischen Henkelflasche verkauft werden und in kleinen Geschenkkartons mit Heu, rundherum mit einer Kordel, verpackt sind. »Damals eine sehr hübsche, urige Verpackungsart, doch für die heutige Zeit viel zu bäuerlich«, sagt Julia Fandler nachdenklich. Ihr Vater Robert Fandler hatte das Unternehmen seiner Eltern ausgebaut: Er übernahm Anfang der 1980er Jahre das Unternehmen, damals wurden bereits fünf Öle produziert. Er stellte damals den ersten Mitarbeiter ein und wurde Pionier in der Herstellung von kaltgepressten Bio-Ölen mit dem traditionellen Stempelpressverfahren.

> **Ölmühle Fandler GmbH**
> **Produkt:** Mehr als 40 Sorten hochwertiger kaltgepresster Öle sowie glutenfreien Mehle wie etwa: Kürbiskern-, Mandel-, Haselnuss-, Hanf- und Leinsamenmehl; zudem Öl-Cuvées, Charaktersalze oder Knabberkerne.
> **Mitarbeiterzahl:** 42
> **Jahresumsatz:** 6 Millionen Euro
> **Exportländer:** Deutschland, Niederlande, Dänemark, Russland, Polen, Australien, Taiwan, Kroatien, Schweiz, Tschechische Republik, Slowenien

Im Jahr 2003 erkrankt Robert Fandler, und seine Tochter Julia übernimmt den Betrieb. Zu diesem Zeitpunkt produzierte das Unternehmen etwa 20 Ölsorten und hatte ebenso viele Mitarbeiter. Heute werden mehr als 40 Öle mithilfe von 42 Mitarbeitern hergestellt. Die Ursprünglichkeit ist geblieben. »Wir haben schon in den 1980er Jahren Bio-Öle hergestellt. Mein Vater hat den Markt dafür einfach geschaffen.« Aber auch 2004 wird in der Steiermark zwar sehr viel Kürbiskernöl verkauft, doch noch wenige Bio-Öle.

Um die regionale Wertschöpfung zu erhöhen, spricht Julia Fandler die Bauern der Umgebung an, ob sie nicht Kerne und verschiedene Pflanzen auf ihren Grundstücken und Äckern anbauen könnten, die Fandlers Ölmühle verwerten würde. Ein steiniger Weg. Doch Julia Fandler überzeugt mit ihrer sympathischen Art. »Man muss einfach wagen, Leute ins Boot zu holen und sie animieren, etwas Neues zu probieren«, ist sie überzeugt. Julia Fandler lässt die ersten Bio-Aufkleber an den Flaschen anbringen, eine Neuheit für die damalige Zeit. »Das war für die Konsumenten nicht einfach, sie wussten nichts mit dem Begriff Bio anzufangen«, erinnert sich Julia Fandler. Regionale, privat geführte Lebensmittelbetriebe springen auf den Trend an.

2006 stirbt Julias Vater, Robert Fandler. Plötzlich ist sie alleinige Erbin eines Öl-Imperiums. Zeit, nachzudenken. Was kann man aus dem Unternehmen machen? Der Teehersteller *Sonnentor* aus dem Waldviertel inspiriert sie: Bei diesem Produkt passen Verpackung und Inhalt sowie die Werbung gut zusammen. Julia Fandler nimmt Kontakt zu einer Werbeagentur in Oberösterreich auf und ersucht um ein Feedback zu ihren Produkten. Daraus entsteht der Relaunch der Marke Fandler Ölmühle. Agenturchef Peter Schmid von *d.signwerk* gestaltet ein neues Logo mit einem goldenen Öltropfen und dem Slogan »*Ein Tropfen Vollkommenheit*«. Die Henkelflaschen weichen und werden von langen, antikgrünen Glasflaschen in verschiedenen Größen mit einer modernen Foto-Etikette ersetzt. Bei der Präsentation der neuen Linie ist Julia Fandler sehr überrascht. Sie wird neun Monate Zeit benötigen, um sich von der traditionellen, gut bekannten Henkelflasche zu verabschieden. Aber auch um diesen Wandel des väterlichen Unternehmens in ein neues, modernes, der Zeit und den Bedürfnissen der Kunden angepasstes Unternehmen zu verdauen. Zugute wird ihr in dieser Zeit das Lieferproblem der »alten Flaschen« durch die Italiener kommen. Julia Fandler beschließt, ihren Mitarbeitern die neue Linie zu präsentieren und sie nach ihrer Meinung zu fragen. Ihr Feedback ist für sie entscheidend. »Wir mussten einfach etwas tun, damit wir uns von anderen Ölherstellern abheben.« Julia Fandler sagt heute, dass es wichtig sei, bei radikalen Entscheidungen die Mitarbeiter einzubinden. Man befinde sich dabei in einer schwierigen Situation, doch wenn man innovativ sein wolle, müsse man auch das Team an das Neue gewöhnen.

2008 beschließt Julia Fandler mit ihrem Mitarbeiterstab ein Gesamtkonzept für die Ölmühle und die nächsten zwanzig Jahre zu erstellen. Das gesamte Unternehmen zieht sich für drei Tage an einen unbekannten Ort zurück und entwirft Konzepte. »Ich sagte zu meinen Leuten: Wünscht euch ein perfektes Umfeld und schreibt es auf«, erzählt Julia Fandler. Das entstandene Gesamtkonzept wird in mehreren Schritten umgesetzt. Es werden neue Maschinen angeschafft, ein Architekt entwirft einen hypermodernen Zubau mit einem in viel Holz, Glas und Stein gehaltenen Showroom und einem Verkaufsraum sowie eigenen Press- und Lagerhallen.

> **Wege aus der Krise**
>
> »Mein Tipp für Krisenzeiten und für Krisenkommunikation: Absolute Ehrlichkeit und Offenheit. Kein Schönreden, kein Taktieren. In Covid-19-Zeiten hat uns die Förderung und Forderung eines achtsamen, respektvollen und wertschätzenden Umgang im Team und auch nach außen geholfen.«

Die neuen Räumlichkeiten fördern das Interesse der Kunden an den Fandler-Produkten und der Verkauf der unterschiedlichen Bio-Öle entwickelt sich immer mehr. Dem kann auch der Beginn der Wirtschaftskrise im Jahr 2009 nichts anhaben.

Ein wichtiger Schritt wird der Wechsel der Führungsmannschaft sein: Julia Fandler benötigt Verstärkung in der Geschäftsführung. Für eine Person alleine sind Verkauf, Vermarktung, Produktion nicht mehr bewältigbar. »Mir war rasch klar, dass mit dieser Unternehmensgröße die Geschäftsführung geteilt werden musste. Ich brauchte aber Führungskräfte, denen ich vertrauen konnte«, erklärt sie. Wichtig war es, Verstärkung in produktionstechnischen und betriebswirtschaftlichen Dingen sowie Führungskräfte mit sozialen Komponenten zu bekommen. Einer davon ist Peter Schloffer, der seit 31 Jahren im Unternehmen arbeitet und maßgeblich zu vielen Entwicklungen in der Ölmühle Fandler beitrug. Der zweite Geschäftsführer ist Josef Spindler. Zu dritt sind sie ein ideales Team. »Ich will den Beweis antreten, dass man mit hoher Menschlichkeit auch erfolgreich sein kann«, ist Julia Fandlers Ziel.

80 Prozent des Umsatzes der Fandler Ölmühle werden heute in Österreich erzielt, 20 Prozent im Ausland. Julia Fandlers Öle werden in 28 Länder exportiert: Deutschland, Holland, Dänemark, Russland, Polen, Australien, Taiwan, aber auch nach Kroatien, der Schweiz, der Tschechi-

schen Republik und Slowenien. Zu ihren Kunden zählen Supermarktketten und Fachhändler – darunter Feinkostläden und Bioläden – ebenso wie Kaufhäuser, Haubenköche (Koch des Jahrzehntes Heinz Reitbauer und Silvio Nickol vom Palais Coburg), Schüler und Touristen aus der ganzen Welt, die ihre Ölmühle besuchen. Für *Red Bull* stellt sie Kürbiskernöl her, das bei Formel-1-Grand-Prix VIP-Gäste als Give away erhalten. Was Julia Fandler an ihrem heutigen Unternehmen gefällt, ist, dass sie »Akzente setzen und Einfluss auf die Umgebung und die Richtung des Betriebes nehmen kann«.

Manchmal müsse sie auch improvisieren, wie jeder Unternehmer. Aber das macht ja ein gutes Unternehmen aus: die Flexibilität.

Der Erfolg dieses Unternehmens liegt in:

- der frühzeitigen Entdeckung von Produkt-Trends, die den Zeitgeist treffen: Bio-Lebensmittel
- Keiner Angst vor Modernisierung und dem Aufgeben alter Gewohnheiten. Hier dem Verzicht auf die Henkelflasche.
- einem ergreifenden Slogan: »Ein Tropfen Vollkommenheit«
- dem Einbeziehen der Mitarbeiter in wichtige Entscheidungen und Entwicklungen des Unternehmens sowie in die Erstellung eines Gesamtkonzeptes für die kommenden Jahre – gemeinsam mit dem Unternehmer
- dem imposanten Showroom aus Glas, Stein und Holz, der von einem Architekten designt und gebaut wurde: Er fördert heute das Interesse der Kunden am Produkt

Der Herr über Steiermarks beste Bierbrauerei

Als Volksgetränk hat Bier eine ganz besondere Stellung. Mit 120 Litern pro Kopf verzeichnet Österreich nach Deutschland, Tschechien und Dänemark den höchsten Bierkonsum in Europa. Josef Rieberer ist als Geschäftsführer der Brauerei Murau Chef der ältesten und gleichzeitig kultigsten Bierbraustätte Österreichs.

Murau, die Hauptstadt des gleichnamigen Bezirkes in der Obersteiermark, erstmals urkundlich im Jahr 1250 erwähnt, zählte in der Bronze- und der Römerzeit zu den ersten besiedelten Gebieten Österreichs. Vielleicht ist das einer der Gründe, warum das am besten gebraute, für viele kultigste Bier der Alpenrepublik gerade in dieser Region hergestellt wird. Murau ist eine Stadt, die so grün ist wie die Steiermark selbst, mit einem alten Stadtkern, umsäumt von mehreren Bergketten, darunter die Stolzalpe, die Frauenalpe und der Lärchberg. Um die Geschichte der Brauerei Murau besser zu verstehen, muss man zunächst die Geschichte der Stadt kennen, denn sie hat einen besonderen Charme. Auf dem Murauer Schlossberg, der auch gleichzeitig der Stadtberg ist, wurde 1232 vom Minnesänger Ulrich von Liechtenstein eine Burg erbaut. Diese wurde zwar im Krieg zwischen dem Hause Habsburg und dem böhmischen König Pfemysl Ottokar II. zerstört, doch sie konnte durch Ulrichs Sohn, Otto von Liechtenstein, wiederaufgebaut werden. Auf Anraten ihrer Mutter heiratete die verwitwete Kaufmannstochter Anna Neumann von Wasserleonburg einen Nachfahren von Ulrich: den Freiherrn Christoph von Liechtenstein. Anna kaufte nach ihrer Heirat das alte Schloss Liechtenstein zu Murau den Geschwistern ihres Mannes ab und wohnte ein halbes Jahrhundert in diesem Anwesen. Als dann auch ihr zweiter Mann starb, ging die gesamte Herrschaft Murau 1580 an Anna über.

Mit einem Mal wurde Anna eine der bedeutendsten Figuren der Region. Denn die Bürgerstochter des reichen Villacher Handelsherrn Wilhelm Neumann war eine schillernde und energische Persönlichkeit. Sie bewirtete im Schloss arme Menschen und gab ihnen Geld und eine Jause mit auf den Weg. Sie erweiterte das Spitalsgebäude in Murau und beteiligte ihre Untertanen an ihrem wirtschaftlichen Erfolg, indem sie die Funktion einer Bank übernahm. Die Bürger konnten ihre Ersparnisse bei der Schlossherrin hinterlegen und bekamen von dem Kapital, das Anna in ihre Unternehmen steckte, Zinsen. Anna war so reich, dass sie sogar dem späteren Kaiser Ferdinand II. nach heutigem Wert etwa 45 Millionen Euro borgte. Mit 82 Jahren heiratete sie 1617 in sechster Ehe den 31-jährigen Reichsgrafen Georg Ludwig zu Schwarzenberg. Die Ehe wurde an Stelle einer Adoption geschlossen. Nach dem Tod seiner Gemahlin 1623 ließ Graf Georg Ludwig die alte Burg abtragen und in den Jahren 1628 bis 1643 das vierkantige, um einen Arkadenhof gelegene Renaissanceschloss neu erbauen. Das Schloss steht heute noch auf dem Murauer Schlossberg und befindet sich jetzt im Besitz des Fürstenhauses Schwarzenberg.

> **Brauerei Murau eGen**
>
> **Produkt**: Bier und Biermischgetränke, unter anderem: Märzen, Zwickel, Dunkel, Bock, Pils Kräuterradler, Preisel&bier, zitro&bier, Lemongras, Black Hill, Weissbier, Ananas Weisse, Murauer 11/11, hm radler, Murauer Winter Weisse, Limonaden, Murelli, DraCola
> **Mitarbeiterzahl**: 174
> **Jahresumsatz**: 35 Millionen Euro
> **Exportländer**: Slowenien, Italien, Liechtenstein, Norddeutschland, China, Kanada und Australien

Bier war bereits im Altertum ein beliebtes Getränk. Schon die alten Kulturvölker des Orients, Babylonier, Sumerer, Ägypter, Griechen, Römer und Germanen, verstanden es, aus Samenkörnern des Getreides nicht nur Brot zu backen, sondern auch ein bierähnliches Getränk herzustellen. Und so konnte mit der Zeit die Kunst der Bierherstellung auch die Alpentäler erreichen. Griechen und Römer bevorzugten Wein als Getränk, doch die Kelten und die Germanen liebten Bier. Bereits im Mittelalter findet man erste Hinweise darauf, dass in der Steiermark Bier hergestellt wurde: Vorerst geschah dies in einzelnen Hauswirtschaften und für den Eigenbedarf. Erste Hinweise auf Brautätigkeiten kommen aus dem oberen Murtal. Aus diesem Grund spielt auch in der Geschichte der Stadt Murau das Brauwesen eine wichtige Rolle.

Neben Männern haben auch immer wieder Frauen den Besitz unter schwerwiegenden Umständen aufrechterhalten und für die kommende Generation bewahrt. In den Urbaren des Bistums des Bischofs von Freising werden 1160 drei Tavernen im Katschtal angeführt. Dank dieser Unterlagen weiß man heute, dass bereits im 12. Jahrhundert in Murau Bier gebraut wurde. Obwohl die Bauern Hopfen und Malz oft in beachtlichen Mengen an ihre Grundherrschaft abzuliefern hatten, blieb ihnen noch genügend, um Bier für den Eigenbedarf herzustellen. Denn das private Brauen für einen Haustrunk war jedem Bürger gestattet. Für die Herstellung von Bier durfte in dieser Zeit nur selbst angebautes Getreide verwendet werden, was streng von der Herrschaft überwacht wurde. Ein über den Hausgebrauch hinausgehender Bedarf gab es an bestimmten Plätzen in der Nähe von Durchzugsstraßen und an schmalen, unwegsamen Straßen. Eine wichtige Voraussetzung, damit sich Bier in der Region zum Volksgetränk entwickeln konnte, lag vor allem darin, dass Wein aus klimatischen Gründen nicht gedeihen konnte und zur damaligen Zeit importiert werden musste. Hingegen waren die Rohstoffe für die Bierherstellung, also Getreide, Hopfen und Malz sowie Wasser, in rauen Mengen vorhanden.

Die Geschichte des Murauer Brauwesens nahm ihren Ursprung im 12. Jahrhundert mit der Gründung der Stadt. In dieser Zeit blieb das Bierbrauen durch gewisse räumliche Voraussetzungen in den Häusern und Höfen oder durch bestimmte Geräte, wie etwa dem Braukessel, nur reichen Hausbesitzern vorbehalten. Zu diesen zählten Bürger, die ein gut gehendes Handwerk ausübten, wie etwa Gastwirte, Händler oder Handwerker, und die das Bierbrauen ihren Knechten überließen. Ab der Mitte des 15. Jahrhunderts finden sich Nachweise über Bier-»Preuer«.

Murau war in dieser Epoche durch den Eisenhandel zu einer wohlhabenden Stadt geworden. Der Preis des Bieres richtete sich damals nach der Qualität des Getränks. Jedes Jahr wurden von der Bürgschaft bei der Ruperti-Zusammenkunft bis zu drei Biersetzer bestimmt, die nach einer Prüfung jedes Getränkes auf Trinkbarkeit und Qualität dessen Preis festsetzten. Die im Murauer Stadtbuch überlieferte Bierverkaufsordnung aus dem Jahr 1521 ist eine der ältesten der Steiermark. Oftmals wurden Strafen für die Missachtung der Sauberkeitsregeln angedroht, denn man wollte die Seuchengefahr damit bannen. Die Bierbrauer mussten ebenso wie Schmiede, Schlosser, Kerzenmacher und Bäcker wegen ihrer »feuergefährlichen Hantierung« beaufsichtigt werden. Für die kleine, dicht bebaute Stadt war Feuer eine ständige Bedrohung.

Im 17. Jahrhundert kam es zu einem wirtschaftlichen Aufschwung in der Region. Auch in Murau erlebte das gesamte Wirtschaftsleben der Stadt eine Hochphase. Der Eisenhandel nahm zu und die Kaufleute profitierten dadurch. In dieser Zeit wurde auch eine Zunft für die Bierhersteller gegründet, um gegen »Fretter, Stimpler und Störer« einschreiten zu können. Das waren die Bürger, die ohne Genehmigung Bier herstellten und verkauften. Der erste Braumeister, der sich in diese Zunft einkaufte, hieß Mathias Löcker. Er war Besitzer der Brauerei am Murauer Hauptplatz. Sein Nachfolger hinterließ 1741 seiner Witwe das Brauhaus. Dieses wurde 1743 an Franz Wagendorfer aus Rottenmann übertragen, dessen Neffe sich um den Besitz kümmerte. Seine Witwe Anna Maria, die später Braumeister Johann Gröbmer ehelichte, machte sich nach dessen Tod und mit fünf Kindern im Schlepptau mit bewunderndem Einsatz und Mut daran, das Brauhaus zu bewirtschaften und für ihre Nachkommen zu erhalten. Sie war derart erfolgreich, dass sie ihrem Betrieb wieder einen festen Platz im Murauer Brauwesen sicherte und ihren Kindern damit nicht nur eine gut gehende Brauerei, sondern dazu auch noch ein Vermögen hinterließ. Dieses ermöglichte sogar den

> **Wege aus der Krise**
>
> »Mit der Corona-Pandemie sind schwierige Zeiten über die Brauerei Murau hereingebrochen. Zwischen 20.000 und 30.000 Hektoliter an Getränken werden bei dem Traditionsbetrieb in einem durchschnittlichen Monat abgefüllt, während der Corona-Krise waren es größtenteils nur um die 10.000. Ab Anfang April 2020 war über ein Jahr lang durchschnittlich 80 Prozent der Beschäftigten in Kurzarbeit. 17 Mitarbeiter verließen gefördert durch einen Sozialplan sogar freiwillig das Unternehmen, etwa weil die Pension bereits kurz bevorstand. Nur so konnten Kündigungen verhindert werden. Der Umsatz 2020 ging um 7 Millionen Euro zurück. Für Josef Rieberer ist es wichtig, zu bestätigen: Ja, der Neustart ist uns trotzdem gelungen.«

Nachfahren ihrer Kinder, um die Brauerei herum noch Bier- und Branntweinschank, Branntweinbrennerei und dazugehörige Häuser und Grundstücke zu bauen. Sie verstanden es, den soliden Betrieb abzusichern und weiter auszubauen.

Ab 1894 wurde der Kremser Braumeister Gustav Baltzer nach Murau gerufen, um die Brauerei, die zu diesem Zeitpunkt der Witwe von Franz Hofmann gehörte, mit Weitblick und unternehmerischem Geschick zu führen. Baltzer nahm in den 16 Jahren seines Wirkens in Murau ständig Verbesserungen und Erweiterungen an der Brauerei vor. Er war so erfolgreich, dass er weitere Brauereien dazu kaufen konnte. Das ermöglichte ihm in weiterer Folge den Beschäftigtenstand von elf auf stolze zwanzig Hilfsarbeiter zu erhöhen. Sein Bierbetrieb wurde durch sein Managementtalent zu einem industriellen Unternehmen. In dieser Zeit hatten Konzentrationsbestrebungen im Brauwesen dazu geführt, dass die Anzahl an Brauereien zurückging. Baltzer war in Murau ein hochangesehener Mann: Er war Mitglied des Gemeinderates und setzte sich in vielen Belangen für das Wohl der Stadt und deren Bewohner ein. Kurz vor seinem Tod konnte Gustav Baltzer den Fortbestand seines Lebenswerkes durch die Gründung der ersten Obermurtaler Brauereigenossenschaft im Jahr 1910 sicherstellen. Durch diese Initiative war die Gefahr, von anderen Brauereien aufgekauft zu werden, auf Jahrzehnte gebannt. Von nun an lag das Schicksal der Brauerei nicht mehr in den Händen eines einzelnen Unternehmers, sondern war einer Gemeinschaft anvertraut.

Trotz zweier Kriege und damit einhergehender schwerer Versorgungslagen ging es mit der Murauer Brauerei weiter. Es wurde außerdem ein Rücklagenfonds für durch den Krieg arbeitsunfähige Arbeiter und Angestellte und deren Hinterbliebene gegründet. Um einen Konkurrenzkampf gegenüber den Absatzgebieten der Großbrauereien zu vermeiden, trat die Brauerei Murau dem Kundenschutz Alpenländischer Brauereien bei.

Gegen Kriegsende war der Bierausstoß derart gering, dass die Brauerei Murau fast an den ebenfalls in der Steiermark beheimateten Mitbewerber Gösser verkauft wurde, was jedoch in letzter Sekunde vom Führungsteam, also dem Direktor, dem Vorstand und dem Aufsichtsrat, abgewendet werden konnte.

Nach dem Wiederaufbau verlief die Arbeit in der Brauerei bis zum Dezember 1946 ruhig, als ein weiterer schwerer Schicksalsschlag das Unternehmen traf, denn der Mälzereitrakt brannte völlig ab. Im Zuge der Wiederaufbauarbeiten konnte das Gebäude erweitert und um ein Stockwerk erhöht werden. 1955 kam es zur Anschaffung einer modernen Flaschen- und Füllkolonne und 1958 zum Bau einer neuen Kühlanlage. Die Nachfrage nach Flaschenbier stieg Ende der 1950er Jahre rasant an. 1965 wurde der angrenzende Gasthof Kiendl erstanden und dessen Gebäude in ein 50 Zimmer fassendes Hotel umgebaut, inklusive eines Restaurants mit 190 Sitzplätzen. Einerseits geschah dies, um den Fremdenverkehr in Murau anzukurbeln, andererseits um Gäste der Brauerei und gute Kunden zentral beherbergen zu können.

Ab diesem Zeitpunkt reiht sich eine Investition an die andere und die Brauerei wächst, wird modernisiert, verzeichnet immer mehr Kunden, produziert und liefert immer mehr Bier. Anfang der 1970er Jahre konnte in einen neuen, technischen Produktionsablauf investiert werden, um die Produktion zu beschleunigen. Das Geschäft mit dem Murauer Bier lief weiterhin gut. Das Unternehmen positionierte sich unter den besten Bierherstellern Österreichs. Es war die Zeit, in der die alten Holzkisten durch Kunststoffbehälter ersetzt wurden. In dieser Zeit findet auch die Erweiterung des Hauptgebäudes statt, hinzu kommt ein eigener Flaschenkeller und die Installation einer Flaschenabfüllanlage mit einer Stundenleistung von 7.000 Flaschen. Ab dem Jahr 1976 wurden in der Getränkeindustrie in Österreich anstelle von Holzfässern leichtere Metallfässer verwendet. Im Jahr darauf konnte in ein neues Gebäude für Gär- und Lagerkeller sowie eine neue Kühltechnik investiert werden. Schon bald war die Flaschenabfüllanlage an ihre Grenzen gelangt und es wurde eine noch effizientere Maschine angeschafft. Ab dann konnten 22.000 Flaschen pro Stunde hergestellt werden. Weiters wurde auch in die Etikettierung der Flaschen, die Reinigung und die Manipulation der Flaschen investiert. 1983 wurde der alte Gärkeller schließlich erweitert, ein neuer Filterkeller errichtet und dieser wurde mit einer leistungsfähigen Filteranlage ausgestattet. Im nächsten Jahr investierte das Unternehmen in eine neue Kühlanlage und eine moderne Kellereinrichtung sowie in bessere Geräte zur Kohlensäure- und Hefegewinnung.

Auch in den 1980er Jahren investierte die Murauer Brauerei kräftig in neue Anlagen, denn die Nachfrage nach Bier stieg weiterhin: So wurde etwa 1985 eine elektronisch gesteuerte, vollautomatische Abfüll- und Reinigungsanlage angeschafft, aber auch neue Plus-KEG-Fässer, die eine bessere Kühlung und geringere Lärmbelästigung garantieren. 1988 fand die weitreichendste Investition in der Geschichte der Brauerei statt: Es wurde ein neues Vier-Geräte-Sudhaus mit angeschlossener hochmoderner Reinigungsanlage und einem weiteren Keller in Verbindung mit dem Gärkeller gebaut.

Das Arbeiten auf engem Raum erforderte natürlich auch in mehreren anderen Produktionsbereichen Erneuerungen. So ermöglichen Kessel aus Kupfer das Arbeiten bei niedrigen Temperaturen und dadurch eine schonende Behandlung von Maische und Würze. Eine Clearing-in-Place-Reinigungsanlage, kurz CIP, sorgt im Inneren des Kessels für Hygiene. Die Rohre der Wasserzuleitung und des Würzeweges wurden aus Edelstahl gestaltet. Das Sudhaus ist nur eines von vielen Innovationen der letzten Jahre. Die Gärung erfolgt in geschlossenen Edelstahltanks, die einzeln gekühlt und belüftet werden können.

Die Qualität des Murauer Bieres basiert auf der Verwendung eines eigenen Hefestammes, der in der hauseigenen Zucht in Murau gewonnen wird. Im Labor der Brauerei wird die Qualität dieses Stammes ständig überprüft. Die Hefe wird in technisch hochentwickelten Lagertanks gelagert. Bevor das Bier abgefüllt wird, muss es gefiltert werden. Zwei Filteranlagen sorgen für einwandfreie Bierqualität. Die Wasch- und Abfüllanlage der Brauerei Murau hat den Vorteil, dass verschmutztes und gereinigtes Gebinde örtlich getrennt behandelt und gelagert wird. Die Waschanlage ist eine der modernsten von Europa. Sie sorgt für die Reinheit des Gebindes.

Die Brauerei hat zahlreiche Zertifizierungen – auch Öko-Audits. Geradezu beeindruckend ist der Bierausstoß seit Gründung der Genossenschaft im Jahr 1910. Nach dem Krieg verzeichnete man einen jährlichen Ausstoß von 4.645 Hektoliter, bis 1960 waren es dann schon 20.000 Hektoliter und ab 1994 gelang der Sprung auf das neunfache, rund 180.000 Hektoliter. Im Jahr 2007 betrug der Ausstoß erstmals 302.916 Hektoliter. Heute bewegt er sich mit 305.000 Hektoliter knapp darüber.

Die Brauerei Murau hat derzeit 180 Mitarbeiter. »In den letzten zehn Jahren drehte sich in der Brauerei alles um das Thema Regionalität und heimisches Eigentum«, erzählt Geschäftsführer Josef Rieberer. Nicht umsonst ist das Murauer eines der beliebtesten und vom Geschmack feinsten Biere Österreichs geworden, dessen Traditionsbrauerei zu den wenigen in Europa zählt, die – nach wie vor – keinem Großkonzern gehört. Die Brauerei hat eine Bioaufbereitungsanlage, um Heizprozesse zu gestalten, und produziert CO_2-neutral. Dem Unternehmen ist es sehr wichtig, ständig neue Impulse zu setzen. So schafft es die Brauerei Murau, einen Bogen zwischen Bierinnovationen wie dem »preisel&bier«, »Black Hill«, »Lemongras« oder »Ananas Weiße« und klassischen Biersorten wie Märzen, Hopfengold und Pils zu spannen.

Seit 2008 steht der gelernte Landwirt und Bankkaufmann Josef Rieberer an der Spitze der Brauerei. Rieberers Eltern besaßen einen Bauernhof, doch ihr Sohn wollte lieber in die Finanzwelt einsteigen. Daher ging er zur lokalen Raiffeisenbank und schaffte es dort nach einer Bankenausbildung bis zum Regionalleiter. Eines Tages, es war im Oktober 2007, blitzte auf dem Display seines Mobiltelefons eine ihm unbekannte Grazer Telefonnummer auf. Als Rieberer abhob, war ein Headhunter am Apparat. Er hatte einen neuen Job für ihn, ein »regionaler Leiter für ein gutes Unternehmen werde gesucht«. Rieberer informierte seinen Bankdirektor. Dieser riet ihm, sich »das Ganze doch einmal anzuhören«. Ein erstes Treffen mit dem Headhunter fand in einem Kaffeehaus statt. Der Headhunter wollte Rieberer unbedingt von einem Gespräch mit der Geschäftsführung der Brauerei Murau überzeugen. Doch dieser wollte den Job nicht. »Ich habe die Position damals nicht ernst genommen«, erinnert sich Reiberer. Wieder überzeugt ihm sein Bankdirektor, sich wenigstens auf das Gespräch einzulassen. Zehn Männer in Steireranzügen stellen Reiberer zwei Stunden lang Fragen über Fragen. »Es ging kreuz und quer mit der Fragerei.« Danach fährt er müde nach Hause und will von dem Gespräch und dem Headhunter nichts mehr hören, denn er will ja seinen Regionalleiterposten gar nicht aufgeben. Am Abend zeigt sein Handy 13 Anrufe des Headhunters. Er rief ihn zurück und hörte nur einen Satz: »Herr Rieberer, die Herren wollen sie.« Vier Tage später hatte Josef Rieberer in der Bank alles zur Übergabe an den nächsten Kollegen vorbereitet.

Was waren seine ersten Erfahrungen in seiner neuen Position? Es gab zu diesem Zeitpunkt keine Organisationsstrukturen und jeder Mitarbeiter hatte einen anderen Führungsanspruch. Also gab es viel Arbeit zu Beginn. Doch zunächst musste er die Herzen der Mitarbeiter gewinnen. Dazu gehörte es, das Unternehmen zu verstehen: die Zeiten, die Menschen, die Loyalität, das Bierbrauen. Schnell war ihm klar, dass Bierbrauen einen ungemein positiven Touch hat. Es sei toll, Vertreter einer schönen, positiven Marke zu sein, sagt Rieberer heute. Dadurch, dass der Eigentümer eine Genossenschaft ist, die sich auf die Region um Murau verteilt, ist jeder Teil des Unternehmens und hat größtes Interesse daran, dass diese Brauerei funktioniert. Rieberer lernte in den ersten Jahren, dass es enorm wichtig war, sein großes Team zu motivieren, um mit dem Produkt Bier in der Folge auch erfolgreich zu sein.

Bier hat in Österreich eine lange Tradition, es existiert eine Vielzahl von Brauereien. Wichtig war es daher, sich abzuheben, etwa durch die Erarbeitung einer Unternehmensphilosophie. Rieberer beschloss, eine Liste von Hauptwerten, nach denen das Unternehmen in den kommenden Jahren positioniert werden sollte, aufzustellen. Darunter fielen: Qualität, Regionalität, Tradition, Innovation und Nachhaltigkeit. Die Mitarbeiter machte er zu »Botschaftern des Hauses«. Schnellschüsse gab es in der Brauerei nicht, Werte wurden vorgelebt und kommuniziert. Man hielt sich daran.

Was Rieberer besonders freut, ist die Entwicklung des Bier-Exports. Murauer Bier gibt es nicht nur in Österreich zu kaufen, sondern auch in ausgewählten Ländern. Murauer ist nun international aufgestellt. Seit über einem Jahr ist Rieberer in Gesprächen mit einem chinesischen Partner. Die Chinesen wollen exklusive Markenrechte am Murauer Bier haben. Derartige Deals werden Schritt für Schritt von ihm und seinem Team ausverhandelt. Auch Italien ist ein großer Fan des Murauer Biers. Es gibt einen wichtigen Partner in Udine, der zwei Mal wöchentlich Bier abholen lässt. Länder, in denen Rieberer derzeit weitere Chancen sieht, sind der adriatische Raum, also Kroatien, aber auch Ungarn. Ständige Anfragen bekommt er aus Australien, Kanada, Norddeutschland – hier vor allem aus der Region um die Insel Sylt. Deshalb hat er eine eigene Export-Abteilung aufgebaut, denn schließlich kann er nicht alle Verhandlungen alleine führen. Wenn man ihn auf seine Mitarbeiterführung anspricht, schmunzelt er. »Wir haben Mitarbeiter, die bereits seit mehr als 15 Jahren bei uns sind und sich keinen besseren Arbeitsplatz vorstellen können. Keiner von denen will in einer großen Stadt arbeiten.« Die Ruhe und Besinnlichkeit des Landes werde dem Stress in der Stadt vorgezogen.

Worauf Josef Rieberer aber am Allermeisten achtet ist, dass mit dem Produkt Bier der regionale Wirtschaftsraum in Murau zu einem regionalen Lebensraum wird. Positiv in die Zukunft zu blicken mit einem positiven, gut schmeckenden Getränk, das international an Beliebtheit wächst, das ist seine Devise. Das soll sich auch in den nächsten Jahrzehnten in der Brauerei Murau nicht ändern.

Der Erfolg dieses Unternehmens liegt in:

- der langen Tradition und die Einbettung in die typische Region
- dem positiven Blick in die Zukunft mit einem positiven Getränk
- der seit Jahrhunderten geltenden Philosophie des Unternehmens: »Mit Weitblick und unternehmerischem Geschick«
- der kontinuierlichen Investition in die neueste Technik und daraus folgend den modernsten Produktionsabläufen
- den zahlreichen Öko-Audits und Zertifizierungen
- den Mitarbeitern, die zu »Botschaftern des Unternehmens« wurden
- einer klugen Firmenstruktur und starken Exportabteilung
- der Ruhe und Besinnlichkeit einer Arbeitsstätte auf dem Land, die dem Stress in der Stadt vorgezogen wird

Der Weltweitwinzer

Reinhard Muster, Winzer aus Gamlitz

Es ist die Sehnsucht nach der Ursprünglichkeit, der Einfachheit des menschlichen Lebens, die einen Reisenden in die Südsteiermark treibt. Die hügelige Landschaft mit ihren wunderbaren Weingärten, die lieblichen Häuser mit ihren gepflegten Blumengärten und die unvergleichliche Ruhe verleihen den Menschen in Zeiten des Stresses Muße. Allein in der Region *Südsteirische Weinstraße* erstrecken sich auf insgesamt 1.047,31 Hektar zahlreiche Weingärten, die mit Liebe und Hingabe bewirtschaftet werden. Unter den Winzern gibt es einige, die Mut zum Außergewöhnlichen haben und dadurch herausragen.

Einer von ihnen ist Reinhard Muster. Er stammt aus einer traditionsreichen Familie, die bis in die 1970er Jahre einen Betrieb mit gemischter Landwirtschaft mit dem Schwerpunkt Pflanzenbau und der Zucht von Ochsen im Grubtal bei Gamlitz besaß. Auf dem Hof der Familie Muster lebten zu diesem Zeitpunkt die Großeltern von Reinhard Muster mit ihren beiden Kindern: Josef und Anna. Doch als der Großvater stirbt, beschließt die Familie, den Landwirtschaftsbetrieb umzustellen auf Weinbau und außerdem einen Tourismusbetrieb aufzubauen. Eine der Cousinen heiratet in die Familie Dreisiebener aus dem benachbarten Sulztal ein. Ab 1974 beschließt die Familie Muster mit der Familie Dreisiebener in einer Betriebsgemeinschaft zusammenzuarbeiten. 1975 wird ein Buschenschankhaus erbaut. Dabei handelt es sich um einen Betrieb, in dem ein Landwirt seine Erzeugnisse – also Getränke und kalte Speisen – ausschenken und servieren darf. Nur Besitzer oder Pächter von Wein- oder Obstgärten dürfen in Österreich einen Buschenschank betreiben. Dies basiert auf einem Gesetz von Josef II.

Im Jahr 1984 beginnt mit einem ersten Kellerzubau der Hof weiter zu wachsen. 1991 folgt dann der Zubau einer Brennerei, im Jahr darauf die Erweiterung der Lage Grubthal. 1993 erfolgt der nächste Kellerzubau.

> **Weingut Muster Gamlitz GmbH**
> **Produkt:** Muskateller, Welschriesling, Sauvignon Blanc, Weißburgunder, Sämling, Zweigelt, Chardonnay, Grauburgunder sowie 27 Variationen von Edelbränden, Weinbrand Josef XO
> **Mitarbeiterzahl:** zehn fixe, 30 freie Mitarbeiter für die Laubarbeit im Sommer und anschließend für die Weinlese im Herbst
> **Exportländer:** Deutschland, Schweiz, Luxemburg, Shanghai und England

26 Jahre funktionierte der auf Weinbau und Tourismus spezialisierte Betrieb sehr gut, denn über Mundpropaganda konnte ein guter Kundenstock aufgebaut werden. Den Wein, der auf einem Grundstück von sieben Hektar geerntet wurde, verkaufte die Familie Muster ab Hof an die einheimische Bevölkerung und Touristen. Jedes einzelne Familienmitglied leistete seinen Beitrag und zahlte in die gemeinsame Kasse der Familie ein. Dies sei nur durch große Toleranz eines jeden Familienmitglieds möglich. Man gönne sich gegenseitig den Erfolg. Ein Konkurrenzdenken gebe es bei der Familie Muster nie. Der Wein in der Region Südsteiermark gilt als ständiger Begleiter und prägt maßgeblich den Alltag entlang der *Südsteirischen Weinstraße*. Das ganze Jahr über steht er im Mittelpunkt und liefert somit Grund für zahlreiche Festivitäten und Veranstaltungen.

Reinhard Muster ist der Sohn von Josef Muster. Er wächst mit fünf Geschwistern auf, es sind fünf Mädels. Schon früh wurde ihm von seinen Eltern die Verantwortung für das Weingut in Grubthal bei Gamlitz übertragen. Die Übergabe innerhalb der Familie findet freundschaftlich, geleitet von gesundem Menschenverstand und Weitblick, im Jahr 2000 statt. Doch zunächst entsteht noch der erste gemeinsame Jahrgang von Vater und Sohn, also von Josef und Reinhard Muster.

Insgesamt verändert sich in dieser ersten Zeit der Übernahme des Weingutes von der vorangegangenen Generation sehr viel. Die Weinbranche arbeitet mit einer neuen Preisspanne, für Endverbraucher werden Weine um einige Euros teurer. Reinhard beginnt, das Weingut sukzessive gemeinsam mit Vertriebspartnern umzustellen, die wiederum beginnen, die Muster-Dreisiebener-Weine an die Gastronomie zu verkaufen. Fortan wird der Muster-Dreisiebener-Wein in Restaurants, Wirtschaften, Tanzlokalen und Bars in ganz Österreich erhältlich sein. Gute Vertriebspartner und ein effektives Vertriebsnetz zu finden, war gar nicht so einfach. Doch bei Reinhard Muster gilt von Anfang an: Ein Mann, ein Wort. Zunächst überlegt er: Wer sind die für ihn wichtigen Player am Weinmarkt? Er ruft jeden einzelnen an, diskutiert und überlegt gemeinsam mit ihnen, wie der Vertrieb seiner Weine auf eine gute Basis gestellt werden könnte. So telefonierte er die gesamte Branche »durch«, wie man in Österreich sagt. 2003 verkaufte Muster die erste Palette Wein an Hannes Wakolbinger in Linz. Wakolbinger zählt zu den großen Vinothekenbesitzern in Österreich, aber auch zu den erfahrensten und besten Weinhändlern. Die oberösterreichische Vinothek ermöglicht Reinhard Muster den Start in die Welt hinaus.

Seinen ganz persönlichen Weinstil entwickelte Reinhard Muster mit der Zeit selbst. Er ging dabei sehr behutsam vor, mit viel mehr Evolution als Revolution. Im Keller aber auch im Weingarten lotet der Winzer immer wieder die Grenzen des Machbaren aus. Bekannt wird Reinhard Muster innerhalb kürzester Zeit für seine Lagenweine aus der *Riede Grubthal*. Im Jahr 2003 entsteht dann die Sorte *Muster-Gamlitz*. Muster zählt zu den wenigen Winzern, die auf dem Weinetikett keinen Vornamen stehen haben. Außerdem findet er es nicht passend, nur einen Familiennamen aufzunehmen, wo doch zwei Familien zusammenarbeiten. Innerhalb dieser Familien gehe es sehr freundschaftlich zu, denn es gebe keine Hierarchien. Die Atmosphäre sei ein Mix aus geerdetem, entschlossenem, leidenschaftlichem Tatendrang mit Temperament und viel Humor.

Als Winzer spielt sich Reinhard Musters Leben immer zwischen dem Weingarten und dem Keller ab. Manchmal scherzt er: »Meine Arbeit erledige ich zu 90 Prozent in Gummistiefeln und zu zehn Prozent in sauberen Lederschuhen. Es ist aber ein Ganzjahresjob.« Natürlich stehen ihm seine Eltern immer mit Rat und Tat zur Seite. Doch seine Arbeit als Chefwinzer macht er gemeinsam mit seinem Team. Und gegenüber seinen Vorgängern, also seinem Vater, Onkel und Großvater, baute er mit der Zeit ein vergleichsweise großes Team auf. Das kam so: Über die ersten zehn Jahre kristallisierte sich ein Team aus zehn fixen Mitarbeitern für die Hauptarbeit heraus. Schritt für Schritt lernte Reinhard Muster, Arbeit zu delegieren. Während der intensiven Zeiten, also für die Laubarbeit im Sommer und die Weinlese im Herbst, wird er zusätzlich von einer rund 30-köpfigen Stamm-Crew aus dem benachbarten Slowenien unterstützt. Die Arbeit rund um das Weingut, aber auch einen Mittagstisch teilt sich ein bunter Haufen engagierter Menschen mit unterschiedlichem Background – mit dem gemeinsamen Ziel herzhafte, steirische Weine zu kreieren. Es ist eine Herausforderung für jeden Weinbauern, während der Weinernte für sechs bis acht Wochen zusätzliche Mitarbeiter zu finden. Die Budgets für diese zentralen Arbeiten sind sehr knapp bemessen.

Reinhard Muster arbeitet auch jedes Jahr mit Praktikanten zusammen, denn es ist ihm ein Bedürfnis, die Jugend für den Beruf des Winzers zu begeistern. In manchen Jahren fühlt sich die Auswahl der Praktikanten für ihn wie eine Lotterie an. Denn die meisten Jugendlichen sendeten ihm eine Initiativbewerbung, in der sie vieles aus dem Internet abschrieben, alles schön klingend. Doch sobald diese jungen Leute vier Stunden lang Flaschen etikettierten oder bei anderen betrieblichen Belangen mithelfen müssten, seien sie überfordert, manchmal auch gelangweilt. Denn nicht jeder habe die innere Berufung, ein echter Winzer zu werden.

Es ist schon klar, die Arbeit im Weingut ist nicht einfach. Ein ständiges Fingerspitzengefühl ist gefragt, eine Verbundenheit zum Handwerk, Überzeugung und Liebe zum Geschmack. All das kann man zwar lernen, jedoch muss man dafür viel Geduld und Zeit aufbringen. Winzer zu sein, bedeutet mit viel Liebe zum Detail zu arbeiten, ein kompetentes Grundwissen über Weinanbau, -pflege, Pflanzenschutz und der Herstellung des Weines zu haben – aber, vor allen Dingen, den Beruf gerne auszuüben. Winzer zu sein ist eine Berufung, kein Beruf, pflegen die meisten Winzer zu argumentieren. Man beschäftigt sich kontinuierlich nur mit dem Wein, mit einer neuen Lese, mit neuen witterungstechnischen Umständen. Und man lernt, mit allen Eventualitäten umzugehen.

Zehn Jahre lang suchte Reinhard Muster nach dem idealen engen Mitarbeiter. Dieser sollte eine Art Assistenz, zugleich aber auch Ratgeber und Coach sein, jemand, der ihm viel Arbeit abnimmt. In einem Industrieunternehmen würde man von einem Assistenten des Vorstandsvorsitzenden sprechen. Muster fand schließlich seinen persönlichen Assistenten in Manuel. Manuel ist 25 Jahre alt, gelernter Weinbauer und arbeitet seit fünf Jahren für Muster. Sein Rat ist Gold wert für den Chefwinzer.

Fragt man Muster nach den größten unternehmerischen Schwierigkeiten, denen ein größerer Winzerbetrieb täglich begegnen kann, dann sagt er wie aus der Pistole geschossen: Die vielen Behördenwege. Besonders ab dem Moment, an dem ein Winzer zehn fixe Mitarbeiter beschäftigt, kann es zu einer bürokratischen Last kommen. Und zwar dann, wenn unzählige schriftliche Arbeitsstundenaufzeichnungen der Mitarbeiter eingeholt werden müssen, der Steuerberater gewechselt werden muss oder eine zusätzliche Steuerlast anfällt. Für jeden Winzer ist auch die Bundeskellereiinspektion, die kontrollierende Funktionen hat, sehr wichtig. Denn sie muss Weine, die nicht verkehrsfähig sind, und Winzer, die die weingesetzlichen Bestimmungen nicht einhalten, rasch ausfindig machen.

Immer wieder wird in das Weingut investiert: So wird 2004 ein neues Presshaus gebaut und der Keller vergrößert. Und im Jahr 2010 wird der Innenhof erweitert und die Traubenübernahme sowie der Gärkeller modernisiert. 2013 wird ein neuer Wein, die Riede *Sulzhof*, bepflanzt.

2014 führte Reinhard Muster mit Unterstützung seines Teams das Weingut in eine »Gesellschaft mit beschränkter Haftung« über. Denn: »Unser Betrieb lag in einer gewissen Schockstarre aufgrund der zehn Mitarbeiter und der daraus resultierenden unzähligen behördlichen Auflagen. Das brachte uns mitunter schon in andere bürokratische Sphären.«

Doch es bleibt nicht bei der Veränderung der Rechtsform des Weingutes Muster. Eines Tages beschließt Reinhard Muster, das Weinetikett auf seinen Flaschen zu verändern – obwohl ihm klar ist, dass man das eigentlich nicht macht. Doch er leistet sich ein Redesign, und im Jahr 2002 damit auch den neuen Namen *Weingut MusterGamlitz*. Heute ist er glücklich über diese Entscheidung.

> **Wege aus der Krise**
>
> »Der etwas abgedroschenen Floskel ›jede Krise birgt auch ihre Chancen‹ kann ich persönlich viel abgewinnen. Nach dem Frostjahr 2016 und mehr oder weniger nach Covid kamen und kommen wir gestärkt hervor. Es macht uns vorsichtiger, umsichtiger und erfinderisch. Wir trainieren Kreativität. In solchen Zeiten besinnen wir uns auf Traditionen und erkennen deutlich, dass Wirtschaften auch bedeutet, in guten Zeiten vernünftige, strapazierfähige Ressourcen aufzubauen. Meine Familie in voriger Generation und wir jetzt denken immer so, und vermutlich wird das so bleiben ...«

Wichtig ist in seinem beruflichen Leben ist es, dass er und sein Team schnell und auch professionell arbeiten. Denn die Kunden der Winzer, also die Weinhändler und der Handel, schätzen Verzögerungen und Wartezeiten nicht. Daher gilt auf seinem Weingut folgende Hausordnung: Das Wetter und die Bestellung. Seit Beginn des Jahres 2018 wird das Vier-Augen-Prinzip bei Bestellungen angewendet, denn mit Speditionen kann es immer wieder zu Schwierigkeiten bei der Auslieferung kommen. Das ist in der heutigen schnelllebigen Zeit normal. Deshalb werden die Händler informiert, wenn sich die Lieferung der Produkte verzögert. Weiters gilt neuerdings im Weingut Muster das Prinzip, dass jede Bestellung »hübsch gemacht wird«. Das bedeutet, dass der Bestellung eine kleine Aufmerksamkeit beiliegt. Oftmals wird auch das Logo des Kunden auf die Bestellung gegeben.

Wie stellt Reinhard Muster eigentlich ein derart motiviertes, dermaßen gutes Team zusammen? Auch in einem Weingut brauchen Mitarbeiter ständige Motivation. Reinhard Muster drückt es so aus: »Wir halten zusammen, wie eine Basketballmannschaft. Wir pflegen die freundschaftliche Motivation.« Muster ist zwar gelernter Weinbauer, doch er interessiert sich sehr für Management und besucht oft Seminare, zu denen er auch immer wieder den einen oder anderen Mitarbeiter mitnimmt. Er lernt daraus, dass es für jedes unternehmerische Problem eine Lösung gibt. »Man muss als Kleinunternehmer nur offen dafür sein«, erklärt er heute. In seinem Weingut gibt es keine Hierarchien. Er lässt seine Mitarbeiter gerne in anderen Bereichen arbeiten, für die sie ursprünglich nicht eingestellt wurden. Reinhard Muster beobachtet seine Mitarbeiter gerne bei der Arbeit. Gewinnt er den Eindruck, dass sie sich nicht wohl fühlen, fragt er sie direkt, was sie gerne tun würden. An schwere berufliche Entscheidungen sollte man nicht mit Emotionen herantreten, sondern in verschiedenen Etappen. Zunächst müsse die Emotion heraus, erklärt Reinhard Muster. Dann müsse eine Entscheidung durchdacht werden, man müsse etwas Zeit verstreichen lassen und schließlich die Entscheidung aufnehmen und fixieren. Einfachheit sei die höchste Form der Raffinesse. Vieles sei so raffiniert, dass es schon einfach sei. Musters unternehmerischer Trick ist es, sich für die Umsetzung von Projektideen Zeit zu lassen.

Reinhard Musters Ziel war es, im Windschatten der namhaften Weinmarken einen noch unbekannten, aber sehr guten Weinbau aufzubauen. Er blieb innovativ. Der zweite Platz war nie seiner. Mit seinen engsten Freunden diskutiert er gerne über die Automobilindustrie und wie es dem Newcomer Tesla gelang, diese durcheinander zu bringen. Tesla hat es geschafft, Mercedes, Audi und VW in den Schatten zu stellen. Reinhard Muster hat einen ähnlichen Anspruch. Beim Wein geht es nämlich nicht immer nur um die Sorte, die Rebe oder die Hanglage. Es geht, wie so oft in der Wirtschaft, um die richtige Kommunikation. Dies macht sich Muster zunutze. Sein Ziel ist es, eine ganz besondere zentraleuropäische Weinmarke zu werden. Der Exportanteil beträgt derzeit zehn Prozent: Musters Weine werden nach Deutschland, die Schweiz, Luxemburg, Shanghai und England verkauft.

Doch das Winzerleben birgt nicht immer Freude und Sonnenschein. Im Jahr 2016 erlebte das Weingut und damit das Team um Reinhard Muster seine bisher größte Herausforderung. Denn am 28. April büßten sie durch den späten Frost rund 90 Prozent der Ernte ein. Während die steirischen Winzerkollegen Reben aus dem benachbarten Slowenien kauften, überlegte Reinhard Muster ein paar Tage lang und setzte dann eine gänzlich neue Strategie um, die ihn rund um den Globus führt. Er ruft vier seiner ausländischen Winzerfreunde an, fragt sie, ob er aus ihrer Region seine Weine vinifizieren darf – und steigt in den Flieger. Er ist der erste europäische Winzer, der sich ein derartiges Projekt zumutet. Aus diesen vier Kooperationen heraus kreiert er die Marke »*MusterFreundeskreis.*« Diese »*Freundeskreis*«-Weine – es handelt sich um Sauvignon Blanc aus Nelson/Neuseeland, Muskateller aus dem Piemont/Italien, Welschriesling aus Ljutomer/Slowenien und Weißburgunder aus Württemberg/Deutschland – ersetzten 2016 fast zur Gänze Musters Klassik-Linie.

Wie vermarktete Reinhard Muster dieses Projekt? Sehr einfach, aber dennoch effektiv: Er veröffentlicht eine Winzerzeitung und in diesem speziellen Fall entstand ein Artikel mit dem Titel »*Der Wein geht auf Weinreise*«. Das schlug ein. Und aus diesem Projekt heraus geschah etwas, was man normalerweise nur von Industrieunternehmen kannte: Der Umsatz des Weingutes Muster wuchs in diesem Jahr um sechs Prozent.

Im ursprünglichen Weinkeller, der vermutlich gegen 1850 gebaut wurde, hegt Reinhard Muster ein Archiv für gereifte Weine. Dort werden schon seit Jahrzehnten zahlreiche Weine gelagert und beobachtet und daraus wertvolle Hinweise und Erkenntnisse für die heutigen Produktionsabläufe gesammelt.

Im Weingut werden auch Edelbrände hergestellt: Bis heute sind 27 Schnäpse entstanden, darunter finden sich die Klassiker wie Marille, Obstler oder Weichsel, aber auch Auslesen und Zigarrenbrände, also alte Reserven, die über Jahre in neuen Fässern reiften und einen Abend mit einer guten Zigarre begleiten können. Das neueste Produkt ist ein mehr als zehn Jahre alter, im Eichenfass gereifter Weinbrand, der nach Reinhard Musters Vater Josef benannt wurde.

An manchen Tagen sieht Reinhard Muster sich wie ein Dirigent im Orchester des Weingutes. Gemeinsam mit seinem Team schafft er jedes

Jahr eine außergewöhnliche Komposition an Weinen. Auch das ist eine besondere Managementgabe für den Winzer.

 Der Erfolg dieses Unternehmens liegt in:

- der Entwicklung eines persönlichen Weinstils
- der Arbeit gemeinsam mit dem Team
- der Liebe zum Detail
- den Beruf des Winzers als Berufung zu sehen
- der effizienten Kommunikation zwischen Kunden, Winzer und Businesspartnern
- der einfachen, aber effektiven Vermarktung der Produkte
- in der schnellen, innovativen und strategischen Reaktion auf unvorhergesehene Ereignisse mit dem Projekt »Weine around the Globe«
- der ständigen Weiterbildung und Managementausbildung

Der Schmetterlingswinzer

Der Sausaler Winzer Johann Schneeberger kommt nicht nur aus einer traditionsreichen Familie, er hat auch das größte Weingut der Steiermark aufgebaut und ist ein Garant für Qualitätsweine aus heimischen und internationalen Rebsorten.

Die Südsteiermark, vor allem die Region um das Hügelland zwischen den Flüssen Laßnitz und Sulm, die als das Sausal bekannt ist, verfügt über beste Bedingungen für den Weinbau. Das liegt an den mineralischen Schiefer- und Muschelkalkböden, den besonderen klimatischen Verhältnissen und vor allem an dem seit Jahrhunderten kultivierten Wissen. Denn all diese Faktoren ermöglichen es, besondere, einzigartige Weine herzustellen, für die Österreich auf der ganzen Welt bekannt ist. Seit knapp 150 Jahren beschäftigt sich die Familie Schneeberger mit Landwirtschaft und Weinbau in einer kleinen Gemeinde namens Heimschuh im Sausal mit heute knapp 2.000 Einwohnern. Ihr Weingut liegt auf einem der zahlreichen Hügel, umringt vom frischen Grün der Natur und den Weinbergen.

Die Geschichte der Winzerfamilie beginnt gegen Ende des 19. Jahrhunderts. Im Jahr 1870 kauften die Urgroßeltern von Johann Schneeberger in Heimschuh eine gemischte Landwirtschaft bestehend aus Ackerbau und Tierhaltung sowie den dazugehörenden Weinbergen. Ab diesem Zeitpunkt wurden die ersten Weine von den Schneebergers gekeltert. Das funktionierte sehr gut, denn der gekelterte Wein war extrem beliebt in der Region und bei den Reisenden. So beliebt, dass fünfzig Jahre später, im Jahr 1920, die erste Buschenschenke am Weingut von den Großeltern des heutigen Besitzers eröffnet werden konnte. Zu dieser Zeit wurden Wein, Obstmost sowie selbst erzeugte Lebensmittel, wie Obst und Gemüse, in der gemütlichen Buschenschenke serviert. Die Gäste nahmen ihre Jause von daheim mit. Der Großvater verkaufte all seine Weine im Gebinde, also in Fässern, die zwischen 300 Liter bis 500 Liter fassten. Er belieferte seine Kunden, die Gastwirte in den umliegenden Städten höchstpersönlich mit seiner Pferdekutsche. Eine Fahrt vom Sausal nach Graz in der Kutsche dauerte damals einen ganzen Tag. Die Bestellung erfolgte nach einer Besichtigung des Weingutes durch den Kunden und nach Verkostung des Weines vor Ort. Danach wurde bezahlt und am nächsten Tag der Wein im Gebinde geliefert.

Im Jahr 1950 übernahmen die Eltern von Johann Schneeberger die Landwirtschaft mit der Buschenschenke. Die beiden waren motiviert und mit der tatkräftigen Hilfe der Großeltern wurde der Weinbau und der Buschenschankbetrieb weiter ausgebaut. Es wurden Speisen, wie das Verhackerte (ein gemahlener geräucherter Speck), Würstel, Leberaufstrich und Geselchtes von den selbstgefütterten Schweinen, serviert. Schon bald gab es auch die beliebten Germstrauben, die bis heute auf der Mehlspeisekarte zu finden sind. Damals waren die Weinsorten nicht so vielfältig wie heute, es wurden vorwiegend Welschriesling, Muskat Syl-

---

Weingut und Steirische Kellerei Johann Schneeberger GmbH

Produkt: Der Klassiker im Hause Schneeberger ist der Welschriesling mit seiner typischen Frucht und der frischen Säure. National und international bekannt ist der Sauvignon Blanc und der Muskateller. Weiters gedeihen die Burgundersorten Weißburgunder und Chardonnay auf den steinigen Böden, und abseits des Gewohnten erfreuen sich Sämling und Schilcher großer Beliebtheit. Seit Neuestem gibt es auch Schneebergers Destillata Gin.
Mitarbeiterzahl: 35 ständig, zur Erntezeit insgesamt 100
Jahresumsatz: keine Angabe
Exportländer: ganz Europa

vaner und Clevner angeboten. Speisen und Weine begeisterten schon damals. Im Haus gab es eine große Küche, in der es sich die Gäste gerne bequem machten. Und schon bald wurde eine Gaststube dazu gebaut. Im Garten und in der Stube fanden zu Beginn der 1950er Jahre schon an die 70 Personen Platz. Die Loambudel – eine Kegelbahn, die im Freien auf dem Lehm stand und auf der mit der Hand Kegel aufgesetzt wurden – war weit und breit sehr beliebt. Johann Schneebergers Vater konnte wunderbar singen und so fanden sich des Öfteren Besucher ein, um mit ihm einen geselligen Abend zu verbringen. Die Kinder der Familie Schneeberger halfen fleißig im Buchenschank und in der Landwirtschaft mit.

Als in den späten 1960er Jahren durch einen Blitzschlag das Wirtschaftsgebäude mit dem Stall eingeäschert wurde, entschloss man sich an dieser Stelle ein Wohnhaus mit einer neuen Buschenschenke zu errichten. Jetzt konnte man auch die ersten Busse begrüßen.

Die Fahrt zum Weingut führte zur damaligen Zeit noch über eine holprige Schotterstraße. Doch das tat der guten Laune der Gäste keinen Abbruch. Das gute Essen und Trinken sowie die Gastfreundlichkeit trugen zur Bekanntheit der Buschenschenke bei. Nicht selten begleiteten Musikanten die Gruppen und es wurde bis in die frühen Morgenstunden getanzt, gelacht und gefeiert.

Der heutige Chef des Weingutes, Johann Schneeberger, besuchte die Fachschule für Obst- und Weinbau. Anschließend absolvierte er eine kaufmännische Ausbildung mit dem Fachgebiet Handel. Er war zunächst landwirtschaftlicher Lehrling, danach Facharbeiter. Von seinem Großvater erbte er die wirtschaftliche Ader. Johann Schneeberger ist ein Unternehmer durch und durch: Er besitzt ein Feingefühl für jede Rebe in seinem Weingarten. 1975 lernt er seine Frau Heide kennen und lieben, 1977 heiraten die beiden. Beide haben seit ihrer Kindheit in den jeweiligen Betrieben ihrer Eltern mitgearbeitet. Johann im Weinberg seiner Eltern, Heide in der Fleischerei ihrer Eltern. Anpacken und etwas weiter bringen ist für die beiden eine Selbstverständlichkeit, egal ob es den Weinbau, den Weinkeller oder die Buschenschenke betrifft.

Doch was hat sich in all den Jahren verändert, seit Schneeberger den Weinbaubetrieb leitet? Nun, das kleine Weinbauunternehmen wurde zunächst so weitergeführt, wie es war. Doch die Weingärten werden mit der Zeit dem Verkauf des Weines angepasst und müssen entsprechend vergrößert werden. Auch die Sortenvielfalt erweitert sich. Daraus folgt, dass der Weinkeller ständig erweitert werden muss. Johann Schneeberger modernisiert seine Füllanlagen und vergrößert die Füllerei. Im Jahr 2007 wird eine moderne Traubenübernahme mit einem Presskeller gebaut, was für einen weiteren Qualitätsschub sorgt. Das Tanklager wird erweitert, im Jahr 2012 wird eine eigene Füllanlage für den Sturm eingerichtet, 2017 folgt ein Hochregalkühlhaus mit einer eigenen Verladerampe.

Denn am Weingut gibt es – aufgrund der hohen Nachfrage der Kunden – immer mehr Wein zu ernten. Die Fläche der Weinberge wurde von einst drei Hektar auf 100 Hektar vergrößert, die auf mehreren Rieden des Sausals verteilt sind. Die Böden bestehen aus Muschelkalk, Schiefer und sandigem Lehm. Auch der Buschenschank ist mit dem Engagement der Schneebergers mitgewachsen: Heute können 200 Gäste empfangen werden. Hat Johann Schneeberger in seiner Jugend mit einem Pferdefuhrwerk noch bei anderen Bauern gearbeitet, so stellt er bald seinen eigenen Wein mit dem Lastwagen bei den Kunden zu. Heute wird neben dem eigenen Fuhrpark immer mehr die Spedition mit der Zustellung der Weine betraut.

Die Familie Schneeberger hat durch viel Fleiß in den vergangenen Jahrzehnten neue Dimensionen im steirischen Weinbau erzielt. Ihr Betrieb gehört zu den größten in der Region, die Buschenschenke ist über die Grenzen hinaus bekannt und beliebt. Durch zahlreiche Prämierungen werden Schneebergers Weine innerhalb Europas immer bekannter.

Johann Schneeberger ist mit großer Begeisterung Weinbauer. Er lebt für seinen Betrieb, macht nichts unüberlegt und beweist schon über viele Jahre hinweg Pioniergeist, ohne sich auf Risiken einzulassen, die einen wirtschaftlichen Schaden bringen könnten. Das ganze Jahr über beobachtet er die Entwicklung im Weingarten, um schnellstmöglich reagieren zu können, wenn Bedarf besteht. Weinbauer zu sein, heißt während der gesamten Vegetation den Weinstock im Auge zu behalten, auf jede Wettersituation zu reagieren. Winzer zu sein bedeutet für Johann Schneeberger aber auch, mit den unterschiedlichen Generationen einer Familie zusammenzuarbeiten. Das etabliert ihn, den Winzer, fest in der Gesellschaft als Arbeitgeber, als Auftraggeber und auch als Landschaftspfleger.

Die Familie Schneeberger hat für das Weingut mit den Jahren den richtigen Weg gefunden: Entspanntes und trotzdem konzentriertes Arbeiten, Wertschätzung für die Natur und die Liebe zum Genuss. Denn nur wer die Stärken der Region Südsteiermark zu schätzen weiß, kann auch ein guter Weinbauer und ein beliebter Gastgeber sein. In den vergangenen zwanzig Jahren wurde bei den Schneebergers der internationale Stellenwert kontinuierlich gefestigt und die Qualität der Weine stets gesteigert.

Ein wichtiges Kennzeichen eines erfolgreichen Weinguts ist die Zusammenarbeit der Mitarbeiter, des Teams. Denn das garantiert eine Weitergabe von gelebten Erfahrungen und daraus folgt die stetige Suche nach Verbesserungsmöglichkeiten. Jedes Mitglied der Familie hat eine besondere Funktion. Familienbetrieb, das ist bei den Schneebergers nicht einfach so ein Schlagwort, sondern ein wahrhaftig gelebter Alltag. Die gemeinsame Arbeit ist durch Respekt und Vertrauen geprägt. Johann und Heide Schneeberger führen den Betrieb.

Die Kinder wachsen in ihre Verantwortung hinein und übernehmen immer mehr verschiedene Teile des Betriebes. Tochter Margret ist verantwortlich für den Buschenschank. Sie produziert mit ihrem kreativen Küchenteam die tollsten Gerichte und konnte schon viele Auszeichnungen für ihre Produkte entgegennehmen. Margret gilt als Produktionsfee. Mit Begeisterung führt sie die Gäste durch den Betrieb und den Weingarten, um ihnen dann mit fachlicher Kompetenz die Weingartenarbeit und die verschiedenen Weine näher zu bringen. Ihre Schwester Martina ist für die Belange rund um den Trauben- und Weinverkauf zuständig. An ihr geht kein Kilogramm Trauben und kein Liter Wein vorbei, der nicht von ihr kontrolliert wird. Außerdem wacht sie das gesamte Jahr über die Einhaltungen der Zertifizierungsrichtlinien im Betrieb. Das Büro ist ihr Reich, von hier aus schaltet-und-waltet sie mit großer Umsicht. Johann Schneeberger jun. ist verantwortlich für die Weingärten und die Weinproduktion. So ist er vom ersten Blatt bis zur fertigen Traube eng mit dem Wein verbunden. Mit besonderer Freude zertifiziert er seine Lagenweine. Der Boden bringt über die Rebe Würze und Geschmack ins Glas. Der Boden der jeweiligen Weinbauregion ist für Winzer identitätsstiftend. Die Traktorenflotte wird in den steilen Weingärten stark strapaziert, dabei muss auf die Sicherheit großes Augenmerk gelegt werden. Es ist auch wichtig, auf dem neuesten technischen Stand zu sein, um naturschonend arbeiten zu können. Von einer seiner Auslandsreisen kam Schneeberger jun. vor einigen Jahren mit der Idee nach Hause, Gin zu brennen. Ein ganz besonderer sollte es werden, und das ist gelungen. Viele Gin-Freunde zählen heute zu den Kunden und sind begeistert vom steirischen Gin-Brenner. Schwiegertochter Sarina ist zuständig für die Ab-Hof-Vermarktung und die Administration, sie ist die EDV-Spezialistin am Weingut. Mit ihrer freundlichen Art kommt sie auch bei den Buschenschankgästen sehr gut an. Charmant präsentiert sie das Weingut bei Wein- und Gin-Verkostungen. Walter, der Mann der ältesten Tochter Margret, hat den Verkauf in der Hand und betreut an Wochenenden sehr oft den Ab-Hof-Verkauf. Seine Kunden wissen seine Verlässlichkeit und sein Weinwissen zu schätzen. »Walter weiß schon«, heißt es oft bei den Bestellungen, und ja, er kennt die Wünsche der Kunden ganz genau. Schwiegersohn Roman, ursprünglich aus einer anderen Branche, unterstützt alle Bereiche im gesamten Weingut. Wenn es seine Zeit erlaubt, hilft er überall tatkräftig mit. Nicht zuletzt, um seine Frau Martina bei der arbeitsintensiven Herbstarbeit zu unterstützen.

Das Miteinander der ganzen Familie ist die Erfolgsformel für die erfolgreiche Weiterentwicklung des Weinguts. Facetten- und umfangreich die Aufgaben, debattenreich die Lösungen, manchmal kritisch beobachtet, aber immer eines vor Augen: Jeder bringt sein Bestes ein. Nur so kann das Weingut auch weiterhin erfolgreich bestehen. Wissen und Erfahrung können weitergegeben werden, sind aber nicht durch Ideen und Lösungsvorschläge der jungen Generation zu ersetzen. Wenn das auch jeder für sich lernen muss, am ehrlichen Miteinander führt kein Weg vorbei.

Auch das Netzwerken wird, wie in jedem Beruf, immer wichtiger. Fachliteratur, Weinbauverein, Winzerkollegen, Landwirtschaftskammer, Fachexkursionen: Sie alle zusammen ergeben ein wichtiges Ganzes.

Die vielfach ausgezeichneten Qualitätsweine aus dem Weingut Schneeberger werden aus autochthonen und internationalen Rebsorten gewonnen. In der Sortenpalette findet man heute Welschriesling, Weißburgunder, Chardonnay, Sauvignon Blanc, Muskateller, Sämling, Zweigelt und Blauer Wildbacher. Die Reben zu diesen Weinen wachsen in den hauseigenen Weingärten beziehungsweise bei steirischen Traubenlieferanten, von denen Schneeberger zahlreiche hat. Selbst bewirtschaftet werden heute mehr als 100 Hektar auf Toplagen wie Flamberg, Spiegelkogel, Demmerkogel, Reschleiten, Hoff und Kittenberg. Im Sausal gedeiht nämlich die gesamte steirische Sortenvielfalt. Konsequenter Rebschnitt, intensive Stockpflege, schonende Behandlung des Traubengutes bei der Lese, verbunden mit jahrzehntelanger Erfahrung, garantieren die beste Qualität der Weine. Nur gepflegtes Traubenmaterial ergibt einen gepflegten Wein. Das Spannende an den Weinen der Winzerfamilie ist, dass sie eine Geschichte über ihre Heimat und die Menschen erzählen, die ihre Weine vom Rebstock bis in die Flasche mit großer Leidenschaft begleiten.

Die steirische Weinbaufamilie festigt seit Generationen ihren guten Ruf mit den vielfach prämierten Qualitätsweinen. Doch auch für ihren guten Federweißen – im österreichischen Fachjargon »Sturm« genannt – ist das südsteirische Weingut bekannt. Neben dem klassischen weißen und roten Sturm erzeugt die Familie mit dem Schilchersturm auch eine ganz besondere Spezialität der Steiermark, die mit ihrer intensiv roten Farbe und dem animierenden Säurespiel zum Trendgetränk avanciert ist. »Aber nicht nur pur, sondern auch als Sturm-Spritzer macht der Traubenmost eine gute Figur«, erklärt Heide Schneeberger. Die Flaschen dürfen nur stehend im Karton und gut gekühlt transportiert werden. Nur gut gekühlter Sturm hält einige Tage und der garantiert den Trinkgenuss.

Doch auch abseits des Weines bleibt der Winzer kreativ. Johann Schneeberger sen. setzte eine lang gehegte Idee in die Tat um. Er kaufte ein Wiesenstück mit Bachlauf drei Kilometer von seinem Weingut entfernt, um darauf Sausaler Freilandschweine, also alte Schweinerassen wie etwa Wollschweine, Durocs und Schwäbisch Hällische, zu halten.

Wo liegt der Managementansatz bei einem Weingut wie den Schneebergers? Marketing ist heutzutage eine Notwendigkeit für ein Weingut. Denn wenn ein Winzer eine Auszeichnung erhält, kommen die ersten Anfragen aus der Gastronomie und im besten Fall auch aus der Hotellerie. Es ist der gute Wein vom Fachhandel, der für die Kunden wichtig ist, nicht das Etikett auf der Weinflasche. Neun von zehn Winzer engagieren einen eigenen Grafiker, der ihnen die Homepage, aber auch die Speisekarten, das Firmenlogo, die Visitenkarten und das Briefpapier entwirft. Doch Johann Schneeberger mahnt zur Vorsicht: Es gebe ausgezeichnete, mit viel Kreativität designte Etiketten, die nicht den gewünschten Umsatz einführen. Und es gebe alte, langweilige Etiketten, die man von der früheren Generation übernommen habe, die plötzlich auch in modernen Zeiten funktionierten. Des Rätsels Lösung sei jedoch nicht die Qualität des Etiketts, sondern die Qualität des Weines. Sei der Wein gut, dann funktioniere der Weinbaubetrieb. Sei der Wein schlecht, nutze auch das perfekteste Etikett auf der Flasche nichts. Bei Johann Schneeberger findet man übrigens einen goldenen Schmetterling auf den Etiketten der Flaschen, ein Symbol für naturnahen Weinbau. Das trägt ihm den Beinamen »Schmetterlingswinzer« ein.

Der Winzer nützt auch verstärkt *Facebook* und hat eine Homepage mit vielen Informationen rund um das Weingut. Man muss kein Werbeguru sein, um mit den Kunden im Web in Kontakt zu treten. Es reichen bereits einfache, schnell erfassbare Informationen. Verkaufs- und Werbestrategien müssen jedoch zum Winzer passen. Als gut und ansprechend für die Käufer und die Gäste der Buschenschenke erweisen sich professionelle, charmante Fotos des Weingutes und der Winzerfamilie sowie der Weine und der Spezialitäten in der Buschenschenke. Informationen zu Auszeichnungen und Messeauftritten runden das Bild der Winzer ab.

Genießt die Winzerfamilie Schneeberger den eigenen Wein eigentlich auch? »Ja«, antwortet Johann Schneeberger, ein Glas gönne er sich täglich nach getaner Arbeit zum Abendessen. Außerdem koste jeder Winzer berufsbedingt ständig die Weine der Mitbewerber bei Fachmessen. Auch das gehöre zu einem guten Weinbauern dazu: Das Abstecken der Qualität des eigenen Produktes und des Produktes der Mitbewerber sowie das Gespräch und der Austausch mit Kollegen. Das Vergleichen mit anderen und von ihnen und ihren Erlebnissen in den Weingütern zu lernen, ist der rote Faden jedes Winzers.

Der Erfolg dieses Unternehmens liegt in:

- dem Feingefühl, das der Winzer für das Produkt besitzt
- dem Engagement, etwas weiter bringen zu wollen im Unternehmen
- dem Mut, den Betrieb beständig zu vergrößern – also Weingärten, Sortenvielfalt, Weinkeller sowie Buschenschank –, um mehr Gäste bewirten zu können
- optimalen Vertriebsstrukturen
- dem Pioniergeist, ohne sich auf Risiken einzulassen
- der ständigen Steigerung der Qualität der Weine
- dem neuesten technischen Stand der Geräte und Maschinen
- der Verlässlichkeit der gesamten Unternehmerfamilie
- dem Miteinander der Familie als Erfolgsformel für das Unternehmen
- dem präzisen Weinwissen
- den neuen Ideen und Lösungsvorschlägen
- der Kreativität des Winzers
- Marketing als Notwendigkeit – auch beim Winzer
- der Verwendung von Social Media für den Kundenkontakt
- Abstecken der Qualität des eigenen Produktes und des Produktes der Mitbewerber sowie dem Gespräch und Austausch mit Winzerkollegen

Die Faksimile-Experten

Ein steirischer Buchverlag gehört zu den weltweit führenden Herstellern von Reproduktionen und Nachbildungen von historisch wertvollen gedruckten oder handschriftlich erstellten Dokumenten. Paul Struzl jun. leitet bereits in der dritten Generation das Unternehmen.

Der gelernte Schriftsetzer und Absolvent der Studienrichtung Welthandel namens Paul Struzl sen. liebte es, sich in der Freizeit zurückzuziehen und sich in seine Bücher zu vertiefen. Der junge Mann las viel und gerne. Eines Tages, man schrieb das Jahr 1947, kam ihm die Idee, eine kleine Offsetmaschine zu kaufen und selbst einen Verlag zu gründen. Die Offsetmaschine wurde im Palais Herberstein im Zentrum von Graz aufgestellt. Struzl stellte zu Beginn damit unterschiedliche Drucksorten her. Die Kunden, einerseits Privatpersonen, andererseits universitäre Einrichtungen, waren sehr zufrieden mit seiner Drucktechnik. Durch Gespräche mit seinen Auftraggebern erfuhr er, dass viele wichtige Bibliotheksbestände durch den Krieg zerstört worden waren. Doch der Staat begann langsam damit, einigen wissenschaftlichen Instituten und Bibliotheken den Ankauf von Nachdrucken zu genehmigen. Das Wissen sollten durch den Ankauf der Schriften gerettet und durch Nachdrucke konserviert werden. Aber nicht jeder Nachdruck war finanziell erschwinglich. Und so machte es sich Paul Struzl sen. zu seinem Ziel, vergriffene oder durch die Wirren des Krieges zerstörte wissenschaftliche und künstlerische Werke in originalgetreuen Nachdrucken von der ersten bis zur letzten Seite für die Nachwelt zu einem guten Preis zu reproduzieren. Diese einzigartigen Nachdrucke, die nicht jede Druckerei herstellen konnte – und auch bis zum heutigen Tag nicht kann – nennt man im Fachjargon Faksimile. In den späten 1940er Jahren kommen drucktechnische Verfahren wie die lithografische Reproduktion zur Anwendung, aber auch das fotografische Verfahren. Ein gutes Faksimile entspricht seiner Original-Vorlage in Größe, in Farbe und in seinem Erhaltungszustand. Handwerklich werden Faksimiles in Stichdruckverfahren gearbeitet. Der technisch aufwendige, rasterlose Lichtdruck ergibt die besten drucktechnischen Ergebnisse mithilfe des Runzelkorns, ohne erkennbare Raster.

Struzl sen. Faksimile-Kunst war gefragt. Er spezialisierte sich zu Beginn auf Themenbereiche, in denen er sich kompetent fühlte, etwa Theologie, Rechtsgeschichte, Philosophie, Kunstgeschichte – also jene Themenkreise, die man als Geisteswissenschaften bezeichnet. Durch den hohen Aufwand bei der Herstellung jedes Faksimiles, der meist eine Nachbildung des originalen Einbandes beinhaltete, waren Faksimiles stets eher hochpreisig. Neben dem vollständigen und originalgetreuen Faksimile eines bestimmten Originals wurden auch verkleinerte oder vereinfachte Varianten als Reprints erzeugt. Eine große Hilfe bei Struzl sen. Arbeit war die Zusammenarbeit mit der Wissenschaftlichen Buchgemeinschaft aus Tübingen, die dem Drucker und Verleger half, das unternehmerische Risiko zu minimieren. Für den Erfolg des Unternehmens war auch eine persönliche Verbindung des Verlegers zum Vatikan, in dessen Bibliothek er zwei Jahre lang Handschriften studierte, ausschlaggebend.

Akademische Druck- u. Verlagsanstalt Dr. Paul Struzl GmbH

Produkt: Herstellung von Faksimile-Drucken wertvoller Unikate historischer Werke in Form originalgetreuer Nachdrucke sowie künstlerische »Normalbücher« und Bildbände
Mitarbeiterzahl: 10
Jahresumsatz: keine Angabe
Exportländer: Europa, Russland, Australien, USA, arabischer Raum

1949 ließ Struzl sen. seine Druckerei unter dem Namen *ADEVA* eintragen – eine Abkürzung, die für »Akademische Druck- und Verlagsanstalt« steht. Die erste Publikation war ein Buch, das die Möglichkeiten des damals gering geschätzten, in Amerika entwickelten Offset-Druckverfahrens in den Dienst der Wiedergabe von Handschriften stellte. Das Buch trug den Titel »*Geschriebenes Wort, Schriftporträts österreichischer Dichter der Gegenwart*« und gab Texte bekannter Autoren, wie Felix Braun, Paula Grogger, Paul Anton Keller, Max Mell, Franz Nabl, Karl Heinrich Waggerl und Margarethe Weinhandl in Form einer Reproduktion ihrer Autografen wieder. Dieses Buch schien seine Leser besonders zu faszinieren. Das Offsetverfahren lag dem Verleger, da es ein einfaches, rasches Verfahren für Nachdrucke ermöglichte, aber auch weil diese Drucktechnik einen entscheidenden Vorteil besaß: Die Kosten waren im Vergleich zu allen anderen Verfahren geringer.

Für Struzl war klar, dass er den finanziellen Hebel bei den Druckformen ansetzen musste, um aus einem für eine billige Massenproduktion entstandenen Verfahren eine Qualitätstechnik zu entwickeln. Denn bei den Nachdrucken wollte sich die *ADEVA* gleich durch den besseren Druck und durch die Qualität der Bindung von anderen Druckereien unterscheiden. Um dieses Ziel zu erreichen, wurden die Druckplatten im eigenen Haus selbst angefertigt. Die erzielten Resultate verhalfen dem Unternehmen sehr früh zu außergewöhnlicher Reputation bei Bibliotheken und Instituten auf der ganzen Welt. Auch bei der Bindetechnik verließ sich der Verlag nicht auf seine Lieferanten, sondern erstellte selbst Bibliotheksbände im eigenen Haus. Im Jahr 1950 wurden Druckerei und Verwaltung der *ADEVA* aus Platzgründen in den ehemaligen Speisesaal des Bischöflichen Ordinariats installiert.

Ab dann ließ der Erfolg nicht lange auf sich warten: Zwischen 1950 und 1960 gab es viele Aufträge, zahlreiche Nachdrucke zu gestalten. Einer der Gründe für die gute Auftragslage gleich nach Gründung dürfte die Freundschaft Paul Struzls mit international arbeitenden Bibliothekaren gewesen sein. Vor allem die Bibliothekare in Österreich, Italien und dem Vatikan ließen ihm immer wieder Kontakte und Aufträge zukommen. Struzl pflegte sein Interesse für handschriftlich überlieferte Buchdrucke und sah darin ein Standbein für seine Verlagstätigkeit. Er glaubte, dass die Publikation von Nachdrucken nur eine beschränkte Zeit lang von Bedeutung sein könne, so wie es die Geschichte der Verlage, die im

Zweiten Weltkrieg tätig waren, bewiesen hatte. In keinem anderen europäischen Land konnten damals die wichtigsten handschriftlichen Zeugen der Vergangenheit durch fotografische Dokumentation originalgetreu bewahrt werden.

Exportiert wurde bereits zu Beginn der Gründung des Unternehmens, da Struzl sen. mit Universitäten in der ganzen Welt zusammenarbeitete. Zu den wichtigsten Exportländern zählten Europa und die USA.

1952 übersiedelte die *ADEVA* erneut in das Palais Herberstein. Im darauffolgenden Jahr entstand in den Werkstätten der Grazer Druckerei die Faksimile-Ausgabe der berühmten *Kaiserchronik des Stiftes Vorau*. 1958 erschien der zweite wichtige Teil der *Vorauer Handschrift* mit deutschen Gedichten. Im »*Jahrbuch der kunsthistorischen Sammlungen des Allerhöchsten Kaiserhauses*«, das auch als Nachdruck existiert, werden fotografische Dokumentationen der kaiserlichen Handschriften vorgelegt. Im Jahr 1954 zählte eine eigene Verlagsproduktion des ersten großen Werkes »*Glossarium mediae et infimae latinitatis*« zu den wichtigen Aufträgen des Hauses, und 1958 übersiedelte die *ADEVA* erneut aus Platzgründen.

Das Jahr 1960 wird bei *ADEVA* mit einem *Oscar*-Gewinn-Jahr gleichgestellt, denn in diesem Jahr begründete Paul Struzl sen. mit dem »*Sacramentarium Leonianum*« eine ganz besondere Faksimilereihe. Dieses Manuskript, welches in der Domkapelle zu Verona gefunden wurde und aus einer Sammlung von liturgischen Gebeten aus dem 7. Jahrhundert bestand, war der Grundstein für die »*Codices Selecti*«-Reihe. Daraus entstand innerhalb einiger Jahrzehnte die größte Faksimilereihe der Welt.

Der Nachdruck-Markt gab dem Verleger die finanzielle Möglichkeit zum Experimentieren. Jetzt galt es, die wissenschaftliche Welt davon zu überzeugen, dass das Offsetverfahren auch auf dem Farbdrucksektor ein echtes Qualitätsverfahren sein konnte. Der Pioniergeist von Paul Struzl sen. übertrug sich auch auf seine Mitarbeiter. Zwei wichtige Bibliothekare unterstützten diese besondere Arbeit des Grazers: der damalige Generaldirektor der Österreichischen Nationalbibliothek, Josef Stummvoll, und der Leiter der Handschriftensammlung in Wien, Franz Unterkircher. Letzterer wurde ein Berater des Verlegers und zu seinem wichtigsten Autor im Verlag.

1964 wurde in der Österreichischen Nationalbibliothek eine spätantike Sammelhandschrift in griechischer Sprache mit Texten eines Arztes restauriert, die im Jahr 512 entstanden war: der »*Wiener Dioskurides*«. Das war die Chance, dieses Dokument durch eine Faksimilierung zu bewahren. Die Welt der Verleger schüttelte den Kopf bei der Vorstellung, einen Nachdruck eines solchen Dokumentes zu erstellen. Doch es geschah. Somit lag nach siebenjähriger Arbeit die größte Handschriftendokumentation vor, die bis dahin erstellt worden war – wenn auch zum Preis eines Volkswagens – heute vergleichbar mit dem Preis eines Mittelklassewagens.

In der zweiten Hälfte der 1960er Jahre enthielt der Katalog bereits 1.200 Titel mit über 3.000 Bänden, darunter nicht nur alle großen deutschen Bibliografien, sondern auch die größten deutschen Enzyklopädien, wie Johann Heinrich Zedlers berühmtes »*Großes vollständiges Universal-Lexicon aller Wissenschaften und Künste*«, das es heute in einer Nachdruckausgabe gibt, sowie eine 168 Bände starke Enzyklopädie von »Ersch und Gruber«. Daneben entwickelte der Verlag eine Palette sekundärwissenschaftlicher Publikationen in Philologie, Theologie, Numismatik, Musikwissenschaft und in der Handschriftenkunde.

Zwei Grundsätze ermöglichten Struzl sen. Rasch, ein umfangreiches Faksimile-Programm aufzubauen: Einerseits durfte sich die Arbeit des

Bewahrens und Erschließens für ihn nicht auf regionale Bestände beschränken, andererseits durfte sie nicht durch den Verzicht auf die Schriftdokumente anderer Kulturen eingeengt sein. Strzul sah seine Chance darin, das kulturelle Erbe der Menschheit in der Schriftkultur mit seinen technischen Möglichkeiten zu vervielfältigen und die große Chance, es auch international zu verbreiten. So entstand eine Reihe von interessanten historischen Werken, darunter eine Dokumentationsarbeit, in die Strzul prähistorische Felsbilder als Unikate und Vorformen der Schriftlichkeit miteinbezog, genannt »*Monumenta Scriptorum*«. Weiters die »*Felsbilder*« von Pech Merle in Frankreich oder des Ndedema-Tals in Südafrika, ebenso wie die »*Faltbücher des vorkolumbianischen Mexikos*«, die »*Wandmalereien im Grab der Nofretari*« oder die »*Briefe Alkuins*.« Strzul sah es als seinen Auftrag, wertfrei zu dokumentieren, und setzte gerade bei der Faksimilierung von Handschriften gewisse Normen, die damals kaum angewandt wurden und die heute für jeden Faksimile-Hersteller selbstverständlich sind. Die Wiedergabe eines Codex erfolgte nicht nur im Originalformat, sondern war auch identisch mit dem Original. Das bedeutete: Es gab keinen Bibliotheksvermerk, keine Leerseiten, die ausgelassen werden durften, und kein Fehler wurde je verbessert, ganz im Gegenteil wurden sämtliche Unregelmäßigkeiten und Reparaturen im Pergament, wie schiefer Beschnitt, Löcher und genähte Risse, mitfaksimiliert. Aber auch der kodikologische Bestand sollte nach Möglichkeit nachvollzogen werden. Die steirischen Faksimiles sollten das Original für Forschung und Bibliophilie komplett ersetzen, denn die strahlenden Farben des Mittelalters sind nur in den jahrhundertealten, von Buchdeckeln geschützten und aufgrund ihrer Empfindlichkeit mit besonderer Vorsicht bewahrten Handschriften unverfälscht für uns nachzuempfinden.

Es gab strenge Normen bei der Faksimileherstellung: Etwa die Kriterien für die Auswahl eines Dokuments. Im Hause *ADEVA* entschied die wissenschaftliche Bedeutung einer Handschrift darüber, ob ein Codex in die Reihe »Codices Selecti« aufgenommen werden durfte. Nicht die Anmut oder der Bekanntheitsgrad eines Buches gaben den Ausschlag, sondern die Notwendigkeit des Zugangs. International gibt es keinen Verlag, der mit derselben Kontinuität und im selben Umfang Handschriften durch Erstellung von Faksimiles erhalten hat, wie es das steirische Unternehmen *ADEVA* tut. Es sind mehr als 50 Bibliotheken, darunter die

Russische Nationalbibliothek in St. Petersburg, mit der die Steirer zu Beginn der 1990er Jahre als erster Verlag aus dem Westen zusammenarbeiten durften. Doch auch zahlreiche Museen aus mindestens 20 Ländern haben mit den Grazern zusammengearbeitet, um ihre Bestände in Faksimile-Form der Öffentlichkeit zugänglich zu machen.

Der *ADEVA*-Katalog enthält vorkolumbisch-mexikanische Codices ebenso wie Moghul-Handschriften, Meisterwerke arabischer Kalligrafie, byzantinische Purpurcodices und Buchrollen, Handschriften jüdischer Provenienz, aber ebenso faksimilierte Blätter großer Künstler der Moderne, wie Paul Klee, Oskar Kokoschka, Gustav Klimt, deren Originale sich heute in Privatbesitz befinden.

Im Verlagsprogramm spielt auch die Musikwissenschaft eine wichtige Rolle. Verlegerisches Ziel war es, vergessenes oder gefährdetes Musikgut für die nächsten Generationen zu bewahren. So wurden Reprints von Quellenwerken, aber auch Neupublikationen wie das »*Schubert-Lexikon*« oder die Bildbiografien über Vivaldi und Schubert sowie die älteste und heute wichtigste jazzwissenschaftliche Serie »*Jazzforschung / Jazz Research*« (bisher 47 Bände). Doch auch Ausgaben von Musikhandschriften wurden hergestellt. Das Schöne daran ist, dass in der Faksimile-Ausgabe des »*Beethoven-Violinkonzerts*« jene Passagen immer noch lesbar sind, die sich im Original schon zu verflüchtigen beginnen. Das »*Requiem*« von Mozart muss heute nicht mehr als Original ausgestellt werden und dabei etwaigen Gefahren ausgesetzt werden, wie etwa in Brüssel, wo ein Besucher ein Stück von einer Notenseite abriss, sondern es wird durch eine Faksimile-Ausgabe ersetzt.

Auch Autografe des Komponisten Joseph Haydn wurden durch Faksimiles für die Nachwelt erhalten: Die Hymne »*Gott erhalte Franz den Kaiser*« zusammen mit dem Variationensatz aus dem »*Kaiserquartett*« und die *Klaviersonate in Es-DUR, Hob. XVI:49*. Thematisch reicht der Bogen der musikalischen Faksimile-Ausgaben zurück bis ins Mittelalter. Ein wichtiger und auch großer Auftrag der »*Gesellschaft der Musikfreunde in Wien*« war eine äußerst aufwendige Faksimile-Ausgabe von Beethovens »*Eroica*«, die als absoluter Höhepunkt der Musikfaksimile-Produktion angesehen wird: Weltweit gibt es nichts Vergleichbares.

Doch es gibt auch traurige Ereignisse, mit denen das steirische Unternehmen lernen musste, umzugehen: am 20. Januar 1973 starb *ADEVA*-Gründer Paul Struzl sen. Verlagsdirektor Hans Koegeler übernahm gemeinsam mit Struzls Sohn, Michael, die Gesamtleitung des Verlagshauses. Koegeler und Michael Struzl bauten das Unternehmen in den nächsten Jahren neu auf. Paul Struzls Sohn Michael war damals erst 22 Jahre alt. Er wird das Druckergewerbe von der Pike auf lernen, um ein profunderes Verständnis für die Faksimileherstellung zu bekommen. Er kümmerte sich auch darum, dass alle Firmenanteile zu hundert Prozent innerhalb der Familie blieben. Das Geschäft lief dermaßen gut, dass im Jahr 1974 eine Übersiedelung mit allen technischen Abteilungen in einen Neubau stattfand. Das Unternehmen hatte sich unterdessen weltweit zum größten Faksimileproduzenten entwickelt, und die beiden Geschäftsführer beschäftigten in den folgenden Jahren 100 Mitarbeiter. Nach dem frühen Tod des Verlagsgründers ließen auch die neuen Geschäftsführer einen Grundsatz nie außer Acht: Faksimile-Ausgaben haben nur dann einen Sinn, wenn sie für ein interessiertes Publikum auch erreichbar sind. So blieb die Preispolitik des Unternehmens mit seinen Erstausgaben der Handschriften immer sehr moderat. Und wenn das Objekt eine vollständige Faksimilierung nicht zuließ, bemühten sich alle Mitarbeiter in Graz immer, andere Formen zu finden, um den Zugang zu den Handschriften zu ermöglichen.

1974 feierte die *ADEVA* ihr 25-jähriges Bestehen. Faksimiles waren ein Nischenmarkt und die Mitarbeiter, die das Unternehmen beschäftigte, wie etwa Lithografen oder Fotografen, waren Experten auf höchstem Niveau. Diese Experten zeichneten ihre Erfahrung aus, ihr geschultes Auge. Hinzu kam ein Autoren-Netzwerk, da die Faksimile-Ausgaben mit dazugehörenden zweisprachigen Kommentaren, die von Universitäts-Professoren geschrieben wurden, erschienen. Zu den neueren Editionen zählte im Jahr 2006 das kleinste Faksimile-Buch der Welt, das nur 37x31 Millimeter große karolingische *»Psalterium Sancti Ruperti«* aus dem 9. Jahrhundert. Insgesamt hat die *ADEVA* seit dem Jahr 1960 mehr als 180 Faksimile-Ausgaben hergestellt, darunter 124 in der Reihe *»Codices Selecti«*, ein altägyptisches Totenbuch, das *»Drogo Sakramentar«*, den Ingeborg- und Ramsey-Psalter, die Wenzelsbibel, den Dresdner oder Oldenburger Sachsenspiegel, um nur einige wenige zu nennen.

Im Jahr 2008 ließ allerdings die Wirtschaftskrise auch die *ADEVA* nicht unberührt. Mit einem Mal wurden öffentliche Budgets gekürzt. Die Geschäftsführer mussten sich umsehen, wie sie auf einen derart volatilen Markt reagieren sollten. Anstelle von fünf Faksimile-Großprojekten pro

Jahr für die Vereinigten Staaten wurde in diesem Jahr nur mehr eines nach New York verkauft. Der *Bertelsmann*-Verlag besann sich, in die Faksimile-Herstellung einzusteigen, und kaufte einen Schweizer Mitbewerber, den *Faksimile Verlag Luzern*, auf. So kam das Unternehmen zu einem interessanten Adressenverteiler und daraus folgten einige spannende Projekte. Da jedoch der Verlag vor Ablauf der vereinbarten Schutzfrist von Luzern nach München verlegt wurde, kam es zu einer Klage seitens des ehemaligen Verlagsbesitzers. Das erregte innerhalb der Branche viel Aufsehen, da auch Mitarbeiter gekündigt wurden. Mit einem Mal standen die Faksimilehersteller in einem schiefen Licht. Das hatte zur Folge, dass Aufträge storniert wurden und der Verkauf ins Stocken geriet.

Michael Struzl, damals Geschäftsführer, war sich sicher, dass er seinen ältesten Sohn im Unternehmen in dieser schwierigen Zeit dringend brauchen konnte. Also setzte er sich eines Abends bei einem guten Essen mit Paul Struzl jun. zusammen und schwärmte ihm vom »fantastischen Faksimileherstellen« vor, und dass er sich »riesig freuen würde«, wenn ihn sein Sohn Paul unterstützen könnte. »Du kannst auch viel Reisen in diesem Job«, versprach er ihm. Paul jun. hatte damals gerade eine Reise nach Bali mit seiner Freundin gebucht und wollte am nächsten Tag schon im Flieger sitzen. »Überlege es dir, Paul, und gib mir nach deinem Urlaub Bescheid!«, rief ihm der Vater nach. Das klang verlockend. Nach seiner Rückkehr Mitte September meldete sich Paul jun., ein studierter Wirtschaftsingenieur, der von der Fachhochschule Kapfenberg kam, und eigentlich vorhatte, in die Automotive-Industrie bei *Magna* einzusteigen, bei seinem Vater zurück und sagte zu. Bald stellt sich jedoch heraus, dass es sich um einen 24-Stunden-Job handelte und dass es dem Unternehmen in der Zeit der Wirtschaftskrise finanziell nicht gut ging. 2014 musste Insolvenz angemeldet werden. Paul Struzl jun. überstand auch das mit einem Sanierungsplan, der bis Anfang 2016 lief und eine 100% Quote für alle Lieferanten beinhaltete. Danach baute er das Unternehmen von Grund auf komplett neu auf. Sein Vater zog sich aus Krankheitsgründen zurück. Paul gab sich zwei Jahre, um das Unternehmen wieder auf gesunde Füße zu stellen und neue Kunden zu akquirieren. Sein Vater Michael unterstützte ihn, wo immer er konnte. Paul Struzls Weg war ein typischer Manager-Weg und er ging ihn zielgerade weiter. Asien und der Arabische Raum warteten auf ihn. Dort gab es viele Persönlichkeiten, die an Faksimile-Herstellungen von altertümlichen Werken und dem Kauf von Faksimile sehr interessiert waren. Das Geschäft läuft seither sehr gut. Paul Struzl jun. ist daher überzeugt: »Was immer das Ziel meiner Vorfahren war, Faksimileherstellen hat im 21. Jahrhundert – mehr denn je – Zukunft.«

2017 musste Paul Struzl jun. einen unerwarteten Schicksalsschlag verkraften: Sein Vater und langjähriger Weggefährte verstarb nach kurzer, schwerer Krankheit, und somit begann eine sehr schwere Zeit für den Enkel des Firmengründers. Glücklicherweise hatte der studierte Wirtschaftsingenieur bereits genügend Erfahrung innerhalb der *ADEVA* sammeln können. Mit großer Nervenstärke und unerschütterlichem Willen, das Lebenswerk seiner Vorfahren fortzuführen, gelang es ihm, zusammen mit seinem Bruder Florian und dem unermüdlichen Team, das Unternehmen wieder ganz nach vorne zu bringen. Das zeigte sich ganz besonders im Jubiläumsjahr 2019, als die *ADEVA* – gemeinsam mit der Kundschaft – ihr 70. Verlagsjubiläum feiern konnte und während der Sharjah International Book Fair den goldenen Preis des *Best Publisher Of The Year* feierlich entgegennehmen konnte.

Anfang 2020 kam die Corona-Pandemie dazwischen, die einige Pläne durchkreuzte. Die wichtigsten Pläne gingen dennoch auf. Folglich haben sich bis heute alle Anstrengungen innerhalb des Traditionshauses *ADEVA* in drei Generationen ausgezahlt, und dies stets zugunsten des Erhalts einmaliger und unwiederbringlicher Buchschätze des Mittelalters in vollendeten Faksimiles. Auch im digitalen Zeitalter wird der Bedarf an geretteter Buchkultur niemals versiegen, und die Folgegenerationen werden es der *ADEVA* danken ...

 Der Erfolg dieses Unternehmens liegt in:

- der Vision des Gründers zum Thema »exklusiver Druck« und »Faksimileherstellung«
- der Spezialisierung – zu Beginn – auf gewisse Themenkreise, wie etwa: Theologie, Rechtsgeschichte, Philosophie, Kunstgeschichte oder Musik
- den beiden Grundsätzen des Gründers: die Arbeit des Bewahrens und Erschließens darf sich nicht nur auf regionale Bestände beschränken und kein Verzicht auf Schriftdokumente anderer Kulturen
- der Konzentration und Besinnung auf einen besonderen Nischenmarkt
- der moderaten Preispolitik
- einem ständigen Ausbau des weltweiten Exportmarktes
- der Zusammenarbeit mit Universitäten und Bibliotheken in der ganzen Welt
- der Expertise des gesamten ADEVA-Teams auf höchstem Niveau
- der sorgfältigen Beziehung der ADEVA zu ihrer geneigten Kundschaft und deren Pflege

Die Lodenmacher

Große Modemarken, wie Chanel, Dolce & Gabbana, Louis Vuitton, Hugo Boss oder Yves Saint Laurent schwören auf sie. Die beiden Cousins Johannes und Herbert Steiner leiten gemeinsam eine Manufaktur, in der feinste Wollstoffe, Decken und Bekleidung aus Loden hergestellt werden.

Loden, das dichte Streichgarngewebe, hergestellt aus grober Wolle, galt traditionell zunächst als besonders widerstandsfähige Alltagskleidung der bäuerlichen Bevölkerung in den Alpenregionen. Es schützte die Menschen vor dem rauen Gebirgswetter, vor Regen, Wind und Kälte. Heute spielt der Stoff nicht nur in alpenländischen Trachten eine große Rolle. Er ist vielmehr im Trend, denn seit Jahren wird Loden in der internationalen Modeindustrie für die Haute Couture und Prêt-à-porter-Kollektionen verwendet. Denn Designer, aber auch modeinteressierte Menschen kehren wieder zurück zu echten, natürlichen, ohne Chemie hergestellten Stoffen. In Österreich verbindet man Loden mit der Gegend um die Ramsau am Dachstein und Mandling, einem Ort an der Grenze zwischen der Steiermark und dem Salzburger Land. In Mandling wurde das Unternehmen Steiner im Jahr 1888 als einer der ersten Lodenwalkbetriebe in Österreich gegründet.

Den Grundstock dafür legten Susanne und Zacharias Walcher, die zunächst die Ramsauer Lodenwalke führten. Als Susanne schließlich den Bergführer Johann Steiner heiratete, veränderte sich der Name des Unternehmens von Walcher zu Steiner. Nach dem Tod ihres Bruders Zacharias Walcher erbten Susanne und Johann Steiners Kinder die Lodenwalke. Zwei unter ihnen, nämlich Franz und Georg Steiner, wurden zu den Begründern des Schwesternbetriebes in Mandling.

> **Steiner 1888 GmbH & Co KG**
> **Produkt:** Produktion sowie Einzelhandel mit Lodenstoffen, Trachtenmoden, Wolldecken und Freizeitbekleidung sowie Betrieb von fünf Sessel- und Schleppliften im Skigebiet Obertauern und des Alpinhotel Austria.
> **Mitarbeiterzahl:** Insgesamt werden in Obertauern, Schladming und Mandling 65 Mitarbeiter beschäftigt.
> **Jahresumsatz:** keine Angabe
> **Exportländer:** Deutschland, Italien, Frankreich, USA

Im Jahr 1909 erklomm der Bergführer Franz Steiner gemeinsam mit seinem Bruder Georg – auch »Irg« genannt – zum ersten Mal die Dachstein-Südwand, eine über 850 Meter hohe Wand am südlichen Abhang des Dachsteinmassivs zur Ramsau. Noch heute stellt der nach den beiden Männern benannte Steinerweg eine der imposantesten Routen im Gebirge dar.

Nur ein Jahr später übernahm Franz schließlich von seinem Onkel den Lodenwalkbetrieb. Franz Steiner war sich vor allem als kühner Bergführer der Bedeutung des strapazierfähigen Materials Loden bewusst – der Erstbesteig eines Berges wurde von ihm daher immer in einer Lodenhose aus der Familienproduktion durchgeführt.

Das Unternehmen Steiner wurde nicht auf der grünen Wiese errichtet, sondern entstand durch ein erstes, altes Gebäude, das sukzessive über die Jahre erweitert und aufgestockt wurde. Technik galt als ein wichtiger Kompass im Unternehmen: Mitte der 1920er Jahre errichtete Franz Steiner ein Elektrizitätswerk in Mandling, um seinen eigenen Strom für sein Unternehmen zu erzeugen. Dieses Werk war bis Mitte der 1980er Jahre im Einsatz, danach wurde der Strom wieder zugekauft. Auch Wasserkraft wurde in Mandling selbst erzeugt, und zwar mit einem Mühlrad. Glücklich konnte sich derjenige schätzen, der an einem fließenden Gewässer seine industriellen und handwerklichen Anlagen hatte. Denn so konnte er auf den teuren Betrieb von Dampfmaschinen verzichten und die ständig verfügbare, kostenlose Energie des Wassers rund um die Uhr nutzen.

Franz Steiner baute sein Unternehmen aus und diversifizierte. Als begeisterter Skifahrer entwickelte er sich zu einem Pionier. Denn er war der Meinung, dass man gerade in Obertauern aufgrund der Entwicklung des alpinen Skilaufs zum Breitensport und dem verstärkten Bau von Skipisten mit Seilbahnen und Skiliften die touristische Infrastruktur erweitern konnte. Und das tat er auch. Mit 58 Jahren ließ Franz Steiner die ersten zwei Skilifte in der Salzburger Bergregion Obertauern errichten.

Nach dem Zweiten Weltkrieg wurde Loden zu einer Funktionstextilie, also zu einer Bekleidung mit einem funktionellen Mehrwert. Auch Prominente der damaligen Zeit schworen auf *Steiner 1888*, wie etwa der Bergsteiger und Forschungsreisende Heinrich Harrer, der seine Lodenjacken auch im Himalaya bei seinen Bergbesteigungen trug. Oder der Südtiroler Schauspieler und Bergsteiger Luis Trenker, der Zeit seines Lebens Kunde des Hauses war und dessen Enkelkinder noch immer Kunden der Steirer sind.

In den 1970er Jahren wird der Lodenwalkbetrieb von Herbert und seinem Bruder Willi Steiner übernommen. Während Herbert sich um das Geschäft im Inland kümmert, wird sein Bruder Willi zu den Messen im perfekt sitzenden dunklen Anzug fahren und das Unternehmen würdig nach außen vertreten. Eleganz ist Trumpf. Ab diesem Zeitpunkt wird bei *Steiner 1888* auch der Außenhandel verstärkt angekurbelt. Mit einem Mal wird in Nachbarländer wie Deutschland, Italien und Frankreich massenweise Loden aus Mandling exportiert. Ende der 1990er Jahre wurden bereits 300.000 Meter Stoff produziert, der nur für Bekleidungsstücke verwendet wurde.

Im Jahr 1997 übernahmen Johannes und sein Cousin Herbert Steiner den elterlichen Betrieb zunächst einmal zu 55 Prozent. Ihre Väter arbeiteten weiter fleißig mit und waren ihnen gute Ratgeber. »Als Unternehmer bist du da, um etwas zu unternehmen«, sagten ihnen ihre Vorfahren ständig. Im Jahr 2003 wurde das Unternehmen *Steiner 1888* von Johannes und Herbert schließlich zur Gänze übernommen. Wobei das Management genauso wie zu Vaters Zeit zwischen den beiden aufgeteilt wird: Der eine kümmert sich um die Technik, den Einkauf und die Produktion, der andere um den Verkauf und die Kommunikation. Die Wirtschaftlichkeit des Unternehmens wird gemeinsam gestaltet und auch die Investitionen in Maschinen bestimmen die beiden Entrepreneure. Messeauftritte werden mit der zuständigen Abteilung, also Mode oder Home-Collection, entschieden. »Messeauftritte machen wir dort, wo es notwendig ist. Wir entscheiden das gemeinsam mit den Abteilungsleitern.« Die Strategie des Unternehmens geben jedoch die beiden Besitzer vor. »Wir haben den Einzelhandel in Schuss gebracht.« Als Stoffhersteller sei man von treuen Kunden abhängig, denn Loden ist ausschließlich ein Winter-Produkt. »Wir stehen für Loden aus Wolle, nicht für Leinen oder Baumwolle, das ist ein großer Unterschied«, erklären Johannes und Herbert Steiner.

In der Welt der Textilindustrie gibt es unterschiedliche Entwicklungen, bei denen es auf und ab gehen kann. Deshalb wird von Johannes und Herbert Steiner ständig in den Textilbereich investiert. Textil ist nach wie vor ein Nischenbereich in Österreich. Zwei Dinge müssen daher immer stimmen in dieser unternehmerischen Welt: Die Qualität und die Zuverlässigkeit. Das gilt vor allem für die großen Designer, also für *Chanel, Louis Vuitton, Dolce & Gabbana, Yves Saint Laurent, Bogner, Jil Sander, Cacharel, Cerrutti*, die allesamt treue Kunden von *Steiner 1888* sind. Hinzu kommen bekannte Trachtenhersteller wie etwa *Gössl, Sportalm, Lodenfrey* oder *Schneiders*. Freude kommt auf, wenn die Mitarbeiter der großen Designer, wie etwa von Karl Lagerfeld, nach Mandling kommen, um für eine neue Kollektion Loden zu kaufen. In Mandling erhalten sie zunächst eine Führung durch das Haus und lernen dabei die wichtigsten Mitarbeiter persönlich kennen. Das sei wichtig für die Kundenbindung, sagen Johannes und Herbert Steiner. Genau ein Jahr bevor die Kollektion vor Publikum präsentiert wird, sind die Mitarbeiter der Designer vor Ort, um mit dem *Steiner-1888*-Team und den beiden Entrepreneuren die wichtigsten Details zu besprechen. Da geht es auch darum, eigene Stoffe kreieren zu lassen, bevor die fertigen Arbeiten auf dem Laufsteg gezeigt werden. Die Chanel-Kollektion »*Métiers d'Art*«, die Designkleidung aus Loden enthielt, wurde 2014 im Schloss Leopoldskron in Salzburg präsentiert. Es sei eine berührende Zusammenarbeit mit dem Spitzenlabel aus Frankreich gewesen, an die sich Johannes und Herbert Stei-

---

Wege aus der Krise – in 6 Punkten

- Liquidität sichern
- Unternehmensstrategie hinterfragen (auch wenn es weh tut)
- Konzentration auf das Wesentliche – Was ist »mein« USP?
- Entscheidungen klar und nachvollziehbar kommunizieren – intern & extern
- interne Prozesse hinterfragen – Digitalisierung
- Jede Krise hat die Chance für einen Neubeginn

ner sehr gerne zurückerinnern. Immerhin ist damals in Leopoldskron durch Karl Lagerfeld augenscheinlich geworden, dass Tracht auch im neuen Jahrtausend zu einer wahren Identität geworden ist – und dies auch im Luxussegment.

Schiffbruch erlitten die beiden Entrepreneure nur einmal. Man schrieb das Jahr 2000. In diesem Jahr beschlossen Johannes und Herbert, eine Textildruckerei in Deutschland zu kaufen. Sie wollten ihre eigenen Lodenstoffe selbst bedrucken können. Textildruck war eine Vorstufe zur Digitalisierung. Es war eine Investition, und nach genau drei Jahren hätten sie eindeutig w.o. (»walk over«) geben – aufgeben – müssen. Johannes Steiner fuhr zwar regelmäßig, jede Woche mehrmals, drei Stunden nach Deutschland, doch man habe ihn damals als junge Führungskraft nicht immer ernst genommen. Daher sei einiges schiefgelaufen und das Unternehmen musste wieder verkauft werden. Johannes Steiner hat daraus gelernt: Einerseits, dass sich mit dem Alter einiges ändert. Und andererseits, dass man als Entrepreneur immer ein unternehmerisches Risiko eingeht und daher der richtige Riecher fürs eigene Geschäft wirklich enorm wichtig ist.

Doch das Herz von Johannes und Herbert Steiner schlägt nicht nur für den Textilbereich. Immer wieder haben sie neue Ideen, probieren Neues aus. So haben die beiden Entrepreneure das Thema laterale Diversifikation in den Fokus genommen, also die Erweiterung durch Produkte, die für das Unternehmen in keinem bisherigen Zusammenhang standen. So entstand im Frühjahr 2001 erstmals in der Geschichte des Unternehmens eine eigene Home-Collection – hergestellt aus Loden. Die erste Kollektion wurde mit 27 unterschiedlichen Farben gestartet. Außerdem mussten eigens zwei Vertreter, die nur auf den Bereich »Interior« spezialisiert waren, von den beiden Unternehmern aufgebaut werden, um die entscheidende Glaubwürdigkeit am Markt zu vermitteln. Weiters wurden freie Vertreter, denen man Erfolgsprämien bezahlte, für diesen »Sidestep« engagiert. Marketing ist gerade im Bekleidungsbereich enorm wichtig. Doch Johannes und Herbert Steiner hatten einen besonderen Plan für den Home-Interior-Bereich. Zunächst stellten sie Decken aus unterschiedlichen Lodenarten sowie Kissen und Überzüge her. Dies fand sofort großen Anklang bei ihren Kunden. Vor allem in der Hotellerie, aber auch in kleinen Pensionen und Berghütten. Dort bestellten die Besitzer mit einem Mal ständig Produkte aus Mandling.

Ab dem Jahr 2011 wurde wieder eine zusätzliche, eigene Bekleidungskollektion hergestellt, von der Teile über einen Online-Shop verkauft wurden. Im Jahr 2018 werden 200.000 Meter Loden hergestellt, davon werden rund 80.000 bis 100.000 Meter für Bekleidung verwendet. Der Rest wird in die Home-Collection eingebracht. Mittlerweile steuern Schafe aus der ganzen Welt ihre Wolle für die Produktion bei: Von Merinoschafen aus Neuseeland (Wolle) bis hin zu Ziegen aus dem Himalaya (Kaschmir). Die Wolle kommt heute vom Bergschaf, vom Alpaka- und vom Merino-Schaf.

Was mussten die beiden jungen Unternehmer dazulernen? Etwa, dass man bei einem Deckenverkauf nach einer Bestellung durch Kaufhäuser wie etwa Kastner-&-Öhler in Graz oder KaDeWe in Deutschland prompt liefern muss, sonst verliert man das Geschäft. Denn bei Decken, Pölstern und Bezügen handelt es sich um Geschenkartikel, die, sobald sie gekauft werden, auch mit Sicherheit nachbestellt werden. Aus diesem Grund entschieden sich die beiden Entrepreneure eine eigene Schneiderei aufzubauen, um die große Nachfrage im Home-Collection-Sektor just-in-time bedienen zu können. Dazugelernt haben sie auch, dass es wichtig ist, Farben für die Kunden herzustellen, die eine bestimmte Stimmung bei diesen erzeugen. Diese werden liebend gerne und häufig gekauft. Erste positive Rückmeldungen zu ihrer Home-Collection erhielten die beiden Cousins bereits im Herbst. Das war ein Vorteil für die eigene Produktion. Die erste Saison lief gut an. Mit der Zeit kreierten die Großkunden mit den beiden Männern auch ihre eigenen Musterkollektionen.

Doch Johannes und Herbert waren noch lange nicht fertig mit dem Thema laterale Diversifikation. Am ersten September 2014 führten sie ein Gespräch mit Nachbarn in Mandling, die im Besitz eines Hotels in Obertauern im Salzburger Land waren. Obertauern liegt auf 1.664 Metern. Man kann hier Langlaufski fahren, es gibt eine Wanderroute, Schneeschuhwandern. Das Hotel, um das es hier geht, existiert seit den 1960er Jahren. Das Video zum Song »*Help*« von den Beatles wurde hier gedreht, vier Salzburger durften damals die Beatles doubeln. Obertauern ist zudem der schneesicherste Ort Österreichs, in der 100-jährigen Statistik hat es alle Jahre genügend Schnee gegeben. Eines war nach diesem Gespräch klar: Das Hotel soll von Johannes und Herbert Steiner erworben und rundherum erneuert werden. Dazu zählte eine neue Corporate Identity, nämlich die Umfirmierung des Namens in *Alpinhotel Austria*, sowie ein neues Logo. Das Hotel selbst umzumodeln, war ebenfalls eine Herausforderung für sich. Zunächst standen mehrere Container vor dem Hotel, um zu entrümpeln. Schritt für Schritt wurde es danach erneuert. So wurden die Bar und der Wintergarten neu designt, aber auch einige der Zimmer und auch der Eingangsbereich, wo Coolness und Schwung mit Landhausstil gemischt wurde. Danach wurde ein neuer Geschäftsführer an Bord gebracht, der besonders bekannt war für seine guten Gastgeberqualitäten. Im Hotel soll es ab der Neueröffnung traditionelle österreichische Küche geben, es soll nur mit regionalen Produkten gekocht werden. Die Spezialität wird Wild sein, denn darauf hat sich der neue Koch spezialisiert. Die Gäste des neuen Hotels sind international. Man findet darunter Israelis, Deutsche, Belgier, Niederländer, Dänen, Briten, US-Bürger und auch Österreicher, die jedes Jahr wiederkommen.

Neben dem *Alpinhotel Austria* entstand übrigens auch eine neue Kombibahn in Obertauern. Sie ist ebenfalls im Besitz von Johannes und Herbert Steiner. Bis Ende des Jahres 2018 wurde an einer Plattenkarbahn mit 8er-Sesseln und 10er-Gondeln gebaut. Das Besondere daran hat wieder mit der Textilie Loden zu tun. Denn die Sessel und Sitze sind mit Loden überzogen. Es ist eine Neuheit, aber mit besonderem Stil und Eleganz. Die Farben der Plattenkarbahn sind in dezenten Anthrazit-Tönen gehalten. Die Gäste können ab 2019 aus dem *Alpinhotel Austria* herausmarschieren und sich von dem Hotelkomplex aus sofort in ihren Lift begeben. Und noch ein Atout sehen die beiden Neu-Hoteliers: Der Gast sieht seinen Wagen, so lange sein Urlaub andauert, nicht und kann vom stressigen Alltag perfekt abschalten.

Der Bereich Textil hat seinen Sitz in Mandling, die beiden anderen Bereiche – also Seilbahnen und Hotel – befinden sich in Obertauern im Salzburger Land. Es ist jedoch der Beweis dafür, dass es ständig Chancen gibt, in der Region etwas Neues zu machen. »Das ist für uns Textilfabrikanten zu einem wichtigen Standbein geworden«, bekräftigen Johannes und Herbert Steiner. Es wird prognostiziert, dass sich mit den Jahren die Skiwelt dermaßen gut entwickeln soll, dass dem touristischen Zweig im Salzburger Land eine noch wichtigere Bedeutung zukommen wird.

Mehr als 130 Jahre und vier Generationen nach der Gründung ist *Steiner 1888* noch immer im Familienbesitz. Das Streben nach Qualität ist unverändert. Spinnen, Weben, Walken – alles geschieht unter einem Dach. Die Philosophie des Unternehmens war damals und ist heute noch immer dieselbe: Viel Liebe und Sorgfalt von der Auswahl der Wolle bis zur faserschonenden Verarbeitung. Auch das Thema Nachhaltigkeit hat einen Platz erhalten und ist für das Familienunternehmen extrem wichtig geworden. Das reine Quellwasser aus den Höhen des Dachsteins ist genauso eine wichtige Zutat für qualitätsbewusste Lodenerzeugung. Als Unternehmer nehmen die beiden Cousins aber auch gesellschaftliche Aufgaben wahr, so etwa ehrenamtliche Aufgaben. Dazu benötige man ein gerütteltes Maß an Zeit, egal, ob es sich um regionale Politik, Vereine, die Evangelische Kirchengemeinde, Tourismusausschüsse oder Aufsichtsratspositionen handele. Wer dort hineinwirke, müsse sich auch genügend Zeit dafür nehmen. Johannes und Herbert Steiner sind jedoch der Meinung, dass neben der harten Arbeit für ihr Label *Steiner 1888* das Engagement für die Region von großer Bedeutung ist.

Das unternehmerische Rezept von Johannes und Herbert Steiner an Jungunternehmer ist ermutigend: »Wir versuchen stets, selbstständig entscheidende Manager zu beschäftigen. Egal, ob sie in der Gastronomie tätig sein werden oder im Lodenverkauf.« Das führe dazu, dass die Stimmung im Unternehmen insgesamt extrem gut und ausgeglichen sei: »Wir haben vier Führungskräfte im Unternehmen, die ihr Team auch wirklich gut führen.« Personalthemen werden mit Johannes und Herbert Steiner zwar besprochen, doch anstellen und ausbilden müssen die Führungskräfte ihre neuen Mitarbeiter selbst. Die Ziele des Unternehmens werden aber mit den beiden Eigentümern ständig gemeinsam definiert. Und auf die richtigen Ziele in einem Unternehmen kommt es schließlich an.

Der Erfolg dieses Unternehmens liegt in:

- der Qualität und Zuverlässigkeit des Unternehmens
- des Ermittelns passender Mode-Strategien für die Konsumenten jedes Jahr aufs Neue durch die beiden Eigentümer
- der lateralen Diversifikation durch den Aufbau weiterer Standbeine – (Home-Collection und Touristikbetriebe Seilbahn und Hotel in Obertauern)
- Selbstständigkeit der Mitarbeiter – vom Management bis zum Versandmitarbeiter
- Gemeinsame Zieldefinition (Management und Eigentümer)
- Produktinnovationen, z. B. Lodenstretch
- Entwicklung einer eigenen »Home Interior«-Abteilung unter *Steiner 1888*
- prompte Lieferung bei Decken und Bezugsstoffen
- Entwicklung einer eigenen Bekleidungskollektion unter *Steiner 1888*
- Entwicklung eines Webshops und Social-Media-Kanäle

Die Hüter des Vulcanoschinkens

Franz und Bettina Habel leiten eine Manufaktur der besonderen Art in der Südoststeiermark. Sie stellen dort mit ihrem 40-köpfigen Team einen international mehrfach ausgezeichneten, besonders edlen Schinken her.

Wenn Schweine glücklich sind, dann setzen sie, ebenso wie Menschen, ein Lächeln auf. Das passiert vor allem dann, wenn sie gut gehalten werden und wenn sie sich rundherum wohlfühlen. Franz Habel aus Auersbach bei Feldbach hat eine Gabe, seinen Schweinen täglich ein solches Lächeln zu entlocken. Franz ist Landwirt, und das seit seinem sechzehnten Lebensjahr. Er übernahm sehr jung den Hof seines Vaters, ist Bauer in zweiter Generation. Franz ist aber kein typischer Landwirt, sondern vielmehr ein Denker, Philosoph – und auch ein Produktentwickler und Veränderer.

»Mir ist eines Tages der Sinn im Leben verloren gegangen«, beginnt er, seine Geschichte zu erzählen. Das erstaunt, denn Franz ist mit seinen 49 Jahren noch jung. Doch er erzählt weiter: Er sei 15 Jahre alt gewesen, als er am Sterbebett eines Nachbarn saß und mit dessen Verwandten auf den Pfarrer und auf die letzte Ölung des Sterbenden wartete. An diesem Tag habe er sich gefragt, warum die Menschen »bis zum letzten Atemzug warten, um Dinge zu bedauern, die sie niemals mehr realisieren werden«. Es mussten noch weitere 15 Jahre vergehen, bis er beschloss, dass er in seinem Leben als Bauer etwas gründlich verändern musste, um seine Wünsche und Ziele zu realisieren. Er wollte etwas Bahnbrechendes schaffen, etwas, das ihn von üblichen Landwirtschaftsbetrieben abheben würde.

Der erste Schritt in diese Richtung geschah 1999: In diesem Jahr gründete er gemeinsam mit 39 Bauern aus der Region die »Erwerbsgemeinschaft Auersbach«, die zum Ziel hatte, aus Schweinefleisch der Steiermark ein besonderes Produkt zu machen. Die Idee entstand aus der Not, da damals der Schweinefleischpreis auf seinem tiefsten Stand lag: bei zehn Schilling pro Kilo (das sind heute 0,73 Euro). Die 40 Bauern beschlossen, Seminare zu den Themen Ideenentwicklung, Zielsetzung und Visualisierung zu besuchen, so wie es Unternehmer auch taten. Daraus entstanden Stärken-Schwächen-Analysen für jeden bäuerlichen Betrieb, und es entwickelte sich langsam die Idee, die Verarbeitung selbst in die Hand zu nehmen, um die Wertschöpfung zu erhöhen, aber auch um wieder mehr Sinn in der Arbeit zu finden. Ziel sollte es in weiterer Folge sein, ein herausragendes Produkt aus der Region, dem Vulkanland, herzustellen.

> **Vulcano Schinkenmanufaktur GmbH & Co KG**
>
> **Produkt:** hochwertige österreichische luftgetrocknete Schweineschinken (Karree, Schopf-, Räucherspeck, Kaiserteil, Trüffel-Filets, Walnussfilets ...)
> **Mitarbeiterzahl:** 24
> **Jahresumsatz:** keine Angabe
> **Exportländer:** weltweit

Doch nicht alle Bauern blieben in der Erwerbsgemeinschaft. Viele konnten die neuen Anforderungen nicht erfüllen. Am Ende waren nur mehr vier Bauern übrig. Einer davon war Franz. Er beobachtet bei seinen Reisen ins Ausland, bei denen er andere Bauern besucht, die meist viel größere Höfe besitzen als er, dass bestimmte Produkte im Ausland einfach besser laufen. »Die italienischen Hersteller verdienten in den 1990er Jahren mit San-Daniele-Prosciutto gutes Geld. Das hat uns angespornt, einen hochwertigen, österreichischen Schinken zu kreieren. Es wird ein Urteil gerichtet über den Schinken, deshalb muss das Leben unserer Schweine einen Sinn haben.«

Zu viert gründen die Bauern im Juli 2000 eine Firma namens *Vulcano*, die ihren Namen aus der Region, dem Vulkanland, bezog. Es wird noch zwei weitere Jahre dauern, bis es zu einem Marktauftritt kommt. Das Produkt, das die Firma produziert, der Vulcanoschinken, findet bei den Konsumenten in Österreich großen Anklang. Doch die neue Firma ist noch nicht da, wo sich alle Beteiligten sehen. Sie stehen erst am Beginn und die Erwartungen sind sehr hoch gesteckt.

2004 springt einer der Bauern ab und die Besitzverhältnisse verändern sich. Franz behält die Mehrheit, 40 Prozent. Er investiert Geld, erweitert seinen Hof, baut dazu. Es vergehen drei weitere Jahre, wieder springt einer der Bauern ab. Dann schlägt die Finanzkrise zu. Eine harte Zeit, die alle auf die Probe stellt. Der Schinken verkauft sich gut, doch man kommt nicht mehr nach mit der Produktion und dem Züchten von Schweinen.

Im Jahr 2010 entsteht ein Kontakt zur Industriellenfamilie Trierenberg, die sich auf die Herstellung von Zigarettenpapier spezialisiert hat und damit zu den reichsten österreichischen Unternehmerfamilien zählt. Franz überzeugt den Papierindustriellen Christian Trierenberg, bei *Vulcano* einzusteigen. Der Oberösterreicher hat eine Affinität zur Steiermark: Er besitzt dort bereits ein Weingut namens Georgiberg, das gut läuft. Und er steigt bei *Vulcano* ein, finanziert den Habels ein neues, durch den Architekten Albrecht Hölzl designtes Gebäude. Auf rund 1.000 Quadratmetern entsteht ein repräsentativer mit viel Holz und Glas ausgestatteter Verkaufs- und Vorführraum sowie eine eigene *Vulcano*-Theke. Der frühere Schweinestall wird umfunktioniert zu einer Oase mit mehreren Duschen und zwei Ruhebereichen: der eine überdacht, der andere im Freien, an der Außenseite des Gebäudes. Dort werden die Schweine gemästet.

Der Landwirt Franz ist zu einem Unternehmer mit einer Botschaft und einem ganz besonderen Markenauftritt geworden. Gemeinsam mit seiner Frau Bettina und den drei Töchtern Laura, Klara und Katharina baut er *Vulcano* sukzessive zu einem Marktführer in der Schinkenherstellung aus. Er setzt Akzente, reagiert rasch auf Marktgegebenheiten, ist innovativ und geht mit seinem Schinken ins Ausland. Heute exportiert *Vulcano* in 10 Länder, allen voran nach Hongkong, Deutschland, China, Belgien, Italien, Frankreich und nach Bulgarien. Pro Jahr werden 40 Tonnen Schinken hergestellt.

Was das Geheimnis seines Erfolges ist? Das Vulkanland sei eine arme Grenzregion gewesen, in der die Bewohner gelernt hätten, mit wenig auszukommen, erklärt Franz. Das Pro-Kopf-Einkommen innerhalb des Vulkanlandes in der Steiermark sei derart niedrig gewesen, dass man zu den sechs ärmsten Gemeinden gehörte. Doch die Bewohner hätten nie das Gefühl gehabt, dass es ihnen schlecht gehe. Sie hätten sich zwar »nach der Decke strecken« müssen, dadurch seien sie aber wendiger, flexibler und zur Kreativität gezwungen worden.

Franz' Frau Bettina ist ihm beim Aufbau der Firma eine sehr große Stütze. Sie kümmert sich um die Vermarktung des Produktes, macht Pressearbeit und hilft ihrem Mann Tag und Nacht, den Erfolg weiter zu führen. Franz ist extrem innovativ, er sprüht nur so vor Ideen. Er hat ein Traumbuch angelegt, notiert darin all seine Träume und analysiert sie, arbeitet sehr viel mit dem Unterbewusstsein. Wenn man ihn fragt, was »sein Thema im Leben ist«, dann antwortet er wie aus der Pistole geschossen: Fleiß, Leidenschaft, Genauigkeit und Demut seien seine Stärken. Um im Vulkanland zu überleben, muss sein Unternehmen höchste Qualität bieten, aber dennoch bescheiden bleiben. Die Firma *Vulcano* kann man als Gast besuchen und erhält dabei eine ganz besondere Führung durch die Mitarbeiter. Zu Beginn der Besichtigung sieht man einen Film. Es ist ein Zeichentrickfilm über die Entstehung des Vulcanoschinkens und über Franz' Idee, dem der Erzähler Folke Tegetthof seine

Stimme lieh. Wichtig an diesem Film ist das Thema »Respekt«, den Franz und Bettina den von ihnen gezüchteten Schweinen entgegenbringen und der über den Film und die danach stattfindende Führung durch das Areal transportiert wird. »Wir schätzen unsere Tiere und behandeln Schweine in der Zucht mit höchstem Respekt. Sie werden mit ausgewählten Getreidesorten gefüttert. Die Fütterung selbst dauert länger als normalerweise üblich. Auf die artgerechte Haltung legen wir sehr viel wert. Die Ställe sind überdacht, trotzdem haben die Tiere viel Auslauf, genügend Platz und alles, was sie brauchen, um sich wohlzufühlen.«

In Wien haben die Habels in der Innenstadt einen schicken Verkaufsladen, den ihre älteste Tochter Katharina führt. Als Ziel für die nächsten Jahre haben sich die Habels vorgenommen, an Top-Plätzen Vulkano-Theken zu eröffnen — als Franchise. Wichtig, so erklärt Franz, sei es, »exklusiv« zu bleiben.

Bettina Habel gibt noch ein paar Hintergründe vom Vulkanland: »Unsere Umgebung ist eine extrem fruchtbare. Die Bewohner hier sind es gewohnt, aus Nichts etwas zu machen. Das ist nicht immer leicht, doch wir Steirer wissen, man muss sich alles im Leben schwer erarbeiten. Durch die Abgeschiedenheit gibt es hier viele Sturköpfe. Mit der Zeit hat die Gegend eine Identität bekommen. Wir haben gelernt, uns auf verschiedene Situationen einzustellen und diese so gut wie möglich zu meistern. Diese Einstellung hilft uns sehr viel im Berufsleben.« Der internationale Erfolg von *Vulcano* gibt Bettina und ihrem Mann Franz sicherlich Recht.

Wege aus der Krise

»In unserem Betrieb haben wir anlässlich der Corona-Pandemie sehr intensive Kostenreduktionen durchgeführt und begonnen, neue Vertriebskanäle zu bespielen, wie den Online-Versand, Handel, Privatkundenbetreuung. Weiters haben wir die Betreuung der Kunden auf das Telefon umgestellt, da Besuche nicht so erwünscht waren. Die Schinkenerlebniswelt war insgesamt acht Monate nicht besucht, da keine Touristen hier in der Region unterwegs sein konnten. Dies war eine sehr fordernde Zeit vor allem für die Mitarbeiter, die in diesem Bereich in Kurzarbeit waren. Momentan läuft wieder alles seinen gewohnten Gang und wir sehen einem hoffentlich sehr guten Jahr entgegen.

Wie in vielen anderen Herausforderungen, die uns das Leben zuträgt, haben wir uns auch hier der Situation gestellt und mit sehr vielen Umstellungen unser Unternehmen durch die Krise geführt. Es war sehr intensiv, lehrreich, anstrengend, überraschend und auch spannend, durch diese Krise zu steuern.

Wir haben sehr viel verändert, daraus gelernt und sind mittlerweile auch dankbar, dass wir dies alles erfahren und lernen durften, auch wenn es schmerzhaft und anstrengend war. Aber wie so oft im Leben zeigt es uns, dass wir vor allem dann wachsen, wenn die Herausforderungen groß sind.«

 Der Erfolg dieses Unternehmens liegt in:

- der besonderen, artgerechten Haltung der Schweine
- der Entwicklung einer »Erlebniswelt mit Erlebnistouren«
- der ständigen Entwicklung neuer Produkte und Ideen für die Darstellung der Produkte
- besonderen Marketingideen, wie die der Entwicklung des »Begrüßungsschweines« in der Manufaktur namens »Vulcana«, die von Folke Tegetthof mit einer Geschichte bedacht wurde, weiters einem »Traumbuch« mit zahlreichen, täglich neuen Ideen von Franz Habel
- der Entwicklung von *Vulcano*-Theken in Wien und der Steiermark (Franchise-Läden, in denen man die Produkte verkosten kann)

Die industriellen Powerplayer

Den beiden Brüdern Jochen und Jörg Pildner-Steinburg ist es binnen vier Dekaden gelungen, die Grazer Armaturenwerke zur international hochgeschätzten Grazer Anlagenbau- und Technologie-Gruppe – kurz GAW – aufzubauen.

Es beginnt mit der Verknüpfung von Unternehmergeist, Mut und dem Gespür für die kommenden Entwicklungen. Der 1912 geborene Erhardt Pildner-Steinburg ist ausgebildeter Maschinenbauingenieur und arbeitet bei den Focke-Wulf-Werken in Berlin als Konstrukteur. Später gründet er gemeinsam mit einem Partner in der ehemaligen Tschechoslowakei ein Unternehmen für den Transportfahrzeugbau, welches er 1943 aufgrund seiner Flucht nach Graz, Österreich, zurücklassen muss. In seiner neuen Heimatstadt wird Erhardt Geschäftsführer einer Aluminiumgießerei. Doch die Sehnsucht nach unternehmerischer Selbstständigkeit lässt ihn nicht los. Als Vorbild gilt ihm dabei sein Vater Alfred. Dieser war Geschäftsführer einer im Jahr 1870 aus den Vorgängern von Papiermühlen gegründeten Aktiengesellschaft für Papier- und Druckindustrie namens Leykam Josefsthal. Danach gründete und betrieb er in Graz einen Großhandel für Chemikalien für die Papierproduktion. Und so gründet Erhardt Pildner-Steinburg 1951 ein Einzelunternehmen mit fünf Mitarbeitern. Es ist eine einfache Komponentenfertigung: Antriebselemente für Holzbearbeitungsmaschinen sowie Stoffschieber und Ventile für die österreichische Papierindustrie – sogenannte Armaturen. Die *GAW*, das Grazer Armaturen Werk, hat nichts mit Badewannen oder Waschbecken zu tun, sondern vom ersten Tag an mit Maschinen und Anlagen.

Die Stoffschieber erweisen sich als besonders gefragt: Eine erste Großbestellung über hundert Stück erfolgt bereits im Gründungsjahr. Um effizient zu produzieren und termingerecht liefern zu können, sind bald größere Räumlichkeiten notwendig, und so zieht das Unternehmen aus der Garage in der Klosterwiesgasse aus. Am neuen Firmensitz in der Keplerstraße wächst das Grazer Armaturen Werk weiter. Eine Lohnliste von 1955 weist bereits neunzehn Beschäftigte aus. Am 7. November 1957 wird das Unternehmen offiziell ins Handelsregister eingetragen. Inzwischen hat sich die Papierindustrie zum wichtigsten Geschäftsfeld entwickelt. Zum rasch wachsenden Kundenstamm zählen neben den österreichischen Papierherstellern auch zunehmend internationale Industriebetriebe. Im Jahr 1962 übersiedelt das Grazer Armaturen Werk an einen neuen Firmenstandort in der Puchstraße im Bezirk Graz-Puntigam. Während Erhardt Pildner-Steinburgs Söhne Jörg und Jochen zu studieren beginnen, wird in der Puchstraße ein neues Kapitel der Firmen-

> **GAW Group Pildner-Steinburg Holding GmbH**
>
> **Produkt:** Das Portfolio aus Anlagen, Produkten, Automation und Industriedienstleistungen bedient mit Papier, Chemie, Automobil, Lebensmittel, Verkehrsinfrastruktur, Baustoff, Medizintechnik, Optoelektronik sowie Kunststoff neun essenzielle Märkte in beinahe allen Regionen der Welt. Die Gruppe besteht aus den folgenden Unternehmen: GAW Technologies Gruppe, UNICOR Gruppe, AUTOMATIONX Gruppe, ECON Gruppe, Spedition THOMAS Gruppe, M-TECH Systems, LÖMI und OSMO Membrane Systems.
> **Mitarbeiterzahl:** > 550
> **Jahresumsatz:** 130 Millionen Euro (2018/2019)
> **Exportländer:** weltweit

geschichte geschrieben. Mitte der 1960er Jahre gelingt der Einstieg in den Anlagenbau mit einer der ersten Kaolinauflösungsanlagen für die Papierfabrik Steyrermühl. Während Jörg sich noch in den letzten Zügen seines Studiums der Technik befindet, steigt Jochen 1972, unmittelbar nach Abschluss seines Studiums der Wirtschaftswissenschaften (Welthandel), in das Unternehmen seines Vaters ein.

Doch ein Jahr später erkrankt Erhardt Pildner-Steinburg schwer und stirbt im Jahr 1974. Die Familie überlegt nicht sehr lange, wie es mit der Nachfolge im Unternehmen weitergehen soll. 27-jährig übernimmt Jochen die Führung des Unternehmens, das damals mit rund 50 Mitarbeitern einen Umsatz von 25 Millionen Schilling – das sind 1,816 Millionen Euro – erwirtschaftet. Dabei wird er von Peter Stuffer, seinem engsten Mitarbeiter, der künftig den Vertrieb ausbauen wird, und weiteren Begleitern aus dem Bereich Maschinenbaukonstruktion unterstützt. Jochen Pildner-Steinburg erinnert sich daran, dass er damals unternehmerisch »ins eiskalte Wasser gestoßen wurde«, wobei sich die Praktika während der Studentenzeit, sei es als LKW-Fahrer, Lagerarbeiter oder Bürohilfskraft, als hilfreich erwiesen hätten.

Und dennoch: Das neue Unternehmertum bedeutet erneutes »Lernen von der Pike auf«. Der Umgang mit Mitarbeitern, Kunden, Lieferanten sowie die Unternehmensabläufe, das alles muss von Grund auf verstanden und verinnerlicht werden. Nach einer ersten Sondierungsphase werden einige Produktpaletten, die am Markt nicht reüssieren konnten, aus dem Programm genommen. Darunter fallen Holzbearbeitungs- und Antriebsmaschinen wie, Zug um Zug, das gesamte Armaturenprogramm.

Fortan wird der Fokus auf Chemikalienaufbereitungsanlagen für die Papierindustrie gelegt. Aus Einzelteilen werden Systeme entwickelt, die technologisch anspruchsvoll, ertragreich und zum Teil sogar konkurrenzlos sind. Bereits hier zeigt sich das besondere unternehmerische Gespür der beiden jungen Männer. Die positive Entwicklung der *GAW* – das Unternehmen soll in Anbetracht der bevorstehenden Internationalisierung nur mehr mit der Kurzform bezeichnet werden – gibt den beiden Pildner-Steinburg-Brüdern die Gelegenheit zu erkennen, wie pionierhaft und doch einfach sich die Industrie in dieser Zeit gestaltet. In der Tat ermöglicht es ihnen der damals kursierende unternehmerische Zeitgeist, eine Vielzahl ihrer Ideen erfolgreich in internationale Projekte umzusetzen. Doch davor gilt es, noch einen Mitbewerber, oder besser gesagt Quasimonopolisten, aus Frankreich zu übertrumpfen.

Die *Cellier Group* aus Aix-les-Bains im Département Savoie im Osten Frankreichs ist mit sechzig Prozent Marktanteil zum damaligen Zeitpunkt der Riese am Anlagenbaumarkt der internationalen Papierindustrie. Den österreichischen David-Mitbewerber hat der Goliath jedoch nicht auf dem Radar. So gelingt es dem *GAW*-Team, eine Strategie im Bereich der Papierchemikalienaufbereitung zu erarbeiten, die die *Cellier Group* auf Dauer ihre Stellung kosten wird. Denn deren Kunden suchen Alternativen nicht nur hinsichtlich des Preises, sie wollen vor allem bessere Technologien und mehr Kundenservice. Mit der Zeit dreht sich das Rad zum Vorteil der Grazer, deren Bekanntheitsgrad nun stetig wächst.

Die Internationalisierung des Unternehmens wird Schritt für Schritt strategisch geplant und vorgenommen. Es werden enge Kooperationen mit *Voith*, *Andritz* und *Escher-Wyss*, den zentralen Papiermaschinenherstellern der Welt, geschmiedet, und die *GAW* tritt zu einem Zeitpunkt auf allen Kontinenten dieser Welt in die Märkte ein, zu dem in Österreich noch Urlaub an den norditalienischen Adriastränden als Zeichen ultimativer Internationalität galt.

Anfragen und Aufträge aus bislang unbearbeiteten Ländern werden als bedeutende Perspektive erachtet, um neue Märkte und Kunden zu gewinnen. „Wir hatten schon sehr früh keine Angst vor fremden Märkten, sind nach Tansania, Kenia oder China gegangen. Dorthin, wo es weh tut, und dabei wurde vierundzwanzig Stunden, sieben Tage die Woche gearbeitet", erinnert sich Jochen Pildner-Steinburg an die spannende Zeit der Pioniere. Die Industrie wird rasch zum allumfassenden Abenteuer. Südamerika, Iran, Russland, Tadschikistan. Es kommt zur Gründung von Tochtergesellschaften in Kanada, den Vereinigten Staaten von Amerika, Südafrika, Brasilien sowie zu den ersten Aufträgen aus Indien.

Die ersten Schritte in China sind ein eigenes Kapitel. Gemeinsam mit einem guten Kunden aus Slowenien, *Aero Celje*, ein Papier- und Chemikalienhersteller, errichtet die *GAW* die erste Anlage zur Produktion für Selbstdurchschreibepapiere in Shanghai, zum damaligen Zeitpunkt ein großes Unterfangen für Unternehmer und Mitarbeiter.

Die exzellente Referenz bedeutet enorme Reputation im asiatischen Raum und führt im Jahre 1993 zu einer Partnerschaft mit der Managementholding der *Jagenberg AG*, zu der auch der Mannheimer Kunststoffverarbeiter *Röchling* zählt. Jagenberg ist zu dieser Zeit der Marktführer im Bereich Beschichtungsmaschinen für Papier und Karton und auf der Suche nach einem renommierten Partner, um den asiatischen Raum aufzurollen. Die Anlagen- und Prozesstechnologien zur Aufbereitung der Beschichtungsmasse werden fortan von der *GAW* geliefert. Gemeinsam werden nun Projekte in Indonesien, Thailand und China strategisch aufgearbeitet. Das Grazer Unternehmen baut seinen Kundenstock in Asien zunehmend aus. Noch heute werden vierzig Prozent der Anlagen nach China, Indonesien, Thailand und Vietnam geliefert.

Den unschätzbaren Wert guter Beziehungen im Ausland erlebt die *GAW* immer wieder. So erhielten die beiden Eigentümer bereits im Jahr 1978 von einem deutschen Kunden aus der Papierindustrie eine zweiseitige Bestellung zu 10 Millionen Schilling (= 726.745 Euro). »Wir hatten eine sehr gute Reputation im Ausland und das war für einige Unternehmen Garantie genug, uns zu beschäftigen. Wir hatten sozusagen Handschlagqualität, und genau das zeichnete uns bei unseren Kunden aus«, erklärt Jochen Pildner-Steinburg.

Zurück ins China der 1990er: Natürlich ist den beiden Brüdern bekannt, dass mit jeder gelieferten Anlage den chinesischen Mitbewerbern auch gutes Know-how aus Europa mitgeliefert wird. Allerdings befeuert dieses Wissen auch die laufende Verbesserung von Produkten und Technologien im eigenen Unternehmen. Der Erfolg im asiatischen Raum, so resümiert Jochen Pildner-Steinburg, sei »wie im Sport«. Man müsse immer zehn Zentimeter vor den Chinesen am Ziel sein. Mit den Jahren entstand eine Tochterfirma der *GAW* in China. Heute expandieren die chinesischen Kunden selbst nach Afrika und Vietnam und nehmen nun die *GAW* als Garant für Technologiekompetenz in puncto Aufbereitung und Herstellung von Pigment, Stärke, Chemikalien, Streichfarbe und Beschichtungsmassen mit.

Jedes neue Projekt wird von Beginn an von einem Controller begleitet, während die Techniker die eigentlichen Umsetzer sind. Denn bei jedem Projekt ist es unerlässlich zu verstehen, was der Kunde braucht. Auch wenn nicht jeder Wunsch des Kunden im Budget Deckung finden kann, wird gemeinsam mit dessen Projektverantwortlichen nach der geeignetsten machbaren Lösung gesucht. Und dazu bedarf vor allem fähiger und verständnisvoller Mitarbeiter.

Gute Mitarbeiter seien ein wichtiges Atout für jeden Entrepreneur und seit jeher ein besonders wertvolles Gut bei der *GAW*. Sie bleiben langfristig im Unternehmen, weil sie hier gut behandelt werden. Auch das ist eine besondere Visitenkarte nach außen. Eines der Leitbilder des Familienunternehmens ist, dass es neue Mitarbeiter nur durch Mundpropaganda sucht und kaum Headhunter zur Hilfe nimmt. Was zu einer erfolgreichen Mundpropaganda führt, ist eine gute Öffentlichkeitsarbeit (etwa beim Sportsponsoring), Mitarbeiterentwicklungsprogramme und die Ausbildung der Nachwuchskräfte. Und gut ausgebildete Mitarbeiter lässt man nicht so einfach ziehen, da man weiß, dass die Ausbildung innerhalb des Unternehmens ein Schlüsselelement ist, das gute Mitarbeiter stärker an das Unternehmen bindet.

Früher funktionierte die Produktion mit vielen angelernten Hilfskräften, nunmehr gelten viel höhere Erfordernisse. Daher werden Fachkräfte beschäftigt und die kündigt man lieber nicht – sie sind das Herz der Firma. Viel hänge auch davon ab, was man als Chef seinen Mitarbeitern anbietet. Attraktive Programme von Firmen zögen dabei nicht immer.

Ein Entrepreneur sei vielmehr dazu angehalten, ständig darauf zu achten, wie er mit Fehlern seiner Mitarbeiter umgehe. Schließlich müsse er fair bleiben und zweite Chancen vergeben. Als Unternehmer müsse man lernen, einen Fehler seines Teams zu akzeptieren – so wie man es im Sport praktiziere. Man müsse lernen, es nachher »einfach besser zu machen«. Die *GAW* sei als Familienunternehmen auf Kundenzufriedenheit, Expansion und Finanzstärke ausgerichtet.

Jochen Pildner-Steinburg meint, »ein gutes Händchen für Mitarbeiter« könne man durchaus lernen. Vor zwölf Jahren entwickelte er ein Programm entwickelt namens »Young Generation«, mit dem er zwölf Nachwuchskräften eine Nachfolgeausbildung anbot – mit dem Ziel, alle zu leitenden Mitarbeitern zu machen. Auch diese Rechnung ging auf.

Die *GAW* legte immer schon viel Wert darauf, ein Familienunternehmen zu sein. Und ein echtes Familienunternehmen zeichnet sich dadurch aus, auch in Zukunft ein privates Familienunternehmen sein zu wollen. Und so beschließen die beiden Brüder im Rahmen eines Familienkodex, dass das gemeinsame Unternehmen einerseits von ihren Nachfahren erhalten werden und dass andererseits stets expandiert werden müsse. Die Nachfahren dürften – auch wenn es Spitz auf Knopf gehe – die *GAW* niemals verkaufen.

Am 1. März 2016 fand schließlich die Übergabe an die neue Generation statt. Rückblickend erklärt Jochen Pildner-Steinburg: »Gewisse Entwicklungen haben mich geprägt: So habe ich etwa gelernt zu delegieren, als ich zusätzlich Präsident der Industriellenvereinigung Steiermark wurde. Das war wichtig. Das unbedingte Bekenntnis zum Unternehmertum, Eigenständigkeit, verbunden mit dem Willen zu Kontinuität und zu großem persönlichen Einsatz sowie ein hohes Interesse an technischen Innovationen und Internationalität haben eine gute Marktposition und eine Basis für eine weitere erfolgreiche Expansion gebracht. Eine geglückte Nachfolgeregelung sichert diese Entwicklung ab.«

Ein erfolgreiches Unternehmen aufzubauen, weiterzuentwickeln und zu übergeben sei aber keine leichte Sache, bestätigen die beiden Brüder

Pildner-Steinburg. Es bedürfe einer Portion Mut und klarer Ziele und an die Erreichung dieser Ziele gelte es, immer zu glauben. Man dürfe sich nicht durch die Misserfolge, die mit der Zeit kämen, entmutigen lassen. Denn in einem Unternehmerleben gebe es ein ständiges Auf und Ab. Strenge Disziplin sei einer der Schlüsselfaktoren eines guten Entrepreneurs. »Ich habe das alles selbst erlebt. Auch harte Phasen, wo man gezittert hat, wenn man die Löhne ausbezahlen musste und das Geld knapp war. Jeder Auftrag, der verloren wurde, lehrte uns, dass man in einem Unternehmerleben auch mit Würde verlieren können muss. Doch das darf einen niemals aus der Bahn werfen«, das sei die große Kunst, meint Jochen Pildner-Steinburg. Vielmehr solle man sich weiterentwickeln, weiter arbeiten und aus den vielen Fehlern im Unternehmerleben lernen. Entrepreneurship sei geprägt von der ständigen Analyse des Unternehmens und damit verbunden sei auch die Frage: Warum habe man diesmal verloren? Als Antwort seien Verbesserungen ans Herz gelegt. Man solle immer danach trachten, Krisen als Chancen, die sich einem böten, zu begreifen und die Prozesse ständig zu verbessern.

> **Wege aus der Krise**
>
> »Mit Angst gewinnt man keine Zukunft. Es wäre wichtig, wieder mehr Vertrauen in die Eigenverantwortlichkeit der Unternehmen entwickeln. Die Welt war, ist und wird auch nach Covid-19 voll sein von teils äußerst bedrohlichen Krankheiten und wir leben vom Export! Die MitarbeiterInnen unserer Industrie haben noch jedes Jahr diese Bedrohungen gemeistert, ob es sich um Malaria, Gelbfieber oder exotische Tropenkrankheiten handelt. Unsere Profis sind keine Halbschuhtouristen und sollten auch nicht als solche behandelt werden! Also Trennung der Regeln für Berufsreisen einerseits und Tourismus andererseits.
>
> Unternehmen, die sich frühzeitig global aufgestellt haben (und in der Viruskrise nicht gleich geflüchtet sind), werden wieder schneller in die Spur kommen, weil die Märkte Asiens viel früher wieder Fahrt aufnehmen.
>
> Die sind nun im Vorteil, die in konjunkturell guten Zeiten vorgesorgt haben, die mit gebotener Vorsicht investiert und die nicht blind im Glauben auf ewiges Wachstum grenzenlos expandiert haben.
>
> Unternehmen, die produkt- und marktmäßig diversifiziert sind, werden besser über die Krise kommen, weil es Branchen und Märkte immer unterschiedlich trifft. Jetzt gilt es aber auch, Lieferketten und damit Abhängigkeiten neu zu überdenken und abzusichern. Nicht panisch, aber nüchtern und strategisch.
>
> Bei Forschung und Entwicklung dürfen wir – gerade in der Steiermark – nicht nachlassen!
>
> Weitsichtige Unternehmer sollten hierzulande alles tun, um mit ihren wertvollen, gut qualifizierten Beschäftigten gemeinsam durch das Tal der Tränen zu gehen, wie es bereits während der Finanzkrise funktioniert hat. Ein unbedachter Abbau brächte irreparable Schäden für die Zukunft.«

So beschloss die *GAW*, als sie in den Krisenjahren 2008–2009 starke finanzielle Einbrüche, die zwar durch das Tochterunternehmen in China kompensiert werden konnten, erlitt, neben der Kernbranche Papier und Zellstoff eine eigene Kunststoffsparte aufzubauen sowie die Aktivitäten in der Sparte Automatisierungstechnik zu intensivieren. Die Betrachtung des Aufbaus der Kunststoff- und der Automatisierungssparte verdeutlicht den Stil der *GAW* Industrieholding. Dieser zeichnet sich durch industrielle Führung sowie die langfristige Entwicklung der Gruppenunternehmen aus.

Dabei bringen sich die aus der »Young Generation« entwickelten Führungskräfte mit außerordentlichem persönlichem Einsatz und in enger Zusammenarbeit mit dem Management vor Ort in die Gruppenunternehmen ein. Denn hier agieren Unternehmer, keine Manager. Zugekaufte Unternehmen werden strategisch und operativ begleitet, intelligent vernetzt und kontinuierlich internationalisiert. So gelingt es den Unternehmen der *GAW*-Gruppe, sich binnen zehn Jahren zu einem beachteten Mitbewerber in der Maschinenherstellung für die kunststofferzeugende und verarbeitende Industrie zu entwickeln.

Die garantierte Kontinuität der Investitionen der *GAW Industrieholding* wird am Beispiel der Automatisierungssparte besonders gut veranschaulicht. Als Kunde und Partner der ersten Stunde ermöglicht man einem in den 1990ern frisch gegründeten Unternehmen den Einstieg in die konservative Branche des Papiers und Zellstoffs. Das mittlerweile etablierte Unternehmen wird dann in den 2010ern im Zuge einer Nachfolgeregelung in die *GAW*-Gruppe übernommen. Heute realisiert das Gruppenunternehmen bereits Automatisierungslösungen für die Bereiche Infrastruktur, Lebensmittel, Fertigung und Baustoffe.

 Der Erfolg dieses Unternehmens liegt in:

- dem unternehmerischen Zeitgeist, währenddessen eine Vielzahl der Unternehmensideen erfolgreich in internationale Projekte umgesetzt werden können
- den Alternativen für die Kunden: bessere Technologien und mehr Kundenservice
- der strategisch gut geplanten Internationalisierung
- der laufenden Verbesserung von Produkten und Technologien
- dem »guten Händchen für gute Mitarbeiter«
- extrem gut ausgebildeten Fachkräften
- dem Ausbildungsprogramm »Young Generation«
- dem Mut der Unternehmer, klare Ziele als Unternehmer zu definieren
- der ständigen Analyse des Unternehmens

Bildnachweise

S. 11, 16: Aeijst GmbH/© Tina Reiter; S. 20, 23: © Vexcel Imaging GmbH; S. 34, 39: © König Maschinen GmbH; S. 43, 47: privat/© Silgan Metal Packaging Mitterdorf GmbH; S. 53, 58, 62: © Dynamic Assembly Machines Anlagenbau; S. 63, 66, 71: © Tischlerei Radaschitz GmbH; S. 72, 81: © PIA Automation Austria GmbH; S. 84, 88: © ANTEMO Anlagen & Teilefertigung GmbH; S. 93, 98: © TCM International – Tool Consulting & Management GmbH; S. 101, 105, 106: © Walter Vonbank Orgelbau; S. 108, 111: © Peterquelle Mineralwasser GmbH & Co KG; S. 116: © Steirisches Kürbiskernöl GGA; S. 119: © Labugger Kürbiskernölpresse KEG; S. 123: © Teichtmeisters Kernölschuppen; S. 127, 130: © Ölmühle Fandler GmbH; S. 132, 137: © Brauerei Murau eGen; S. 142, 145: © Weingut Muster Gamlitz GmbH; S. 151, 155: Weingut und Steirische Kellerei Johann Schneeberger GmbH/© Christopher Mavric; S. 160, 164, 170: © Akademische Druck- u. Verlagsanstalt Dr. Paul Struzl GmbH; S. 171, 176, 179: © Steiner 1888 GmbH & Co KG; S. 180, 182, 185: Vulcano Schinkenmanufaktur GmbH & Co KG/© bernhard bergmann; S. 186, 191, 195: © GAW Group Pildner-Steinburg Holding GmbH

Danksagung

Die Arbeit an diesem Buch über steirische Unternehmen, die international erfolgreich sind, dauerte verhältnismäßig lange, aber sie gestaltete sich extrem spannend und lehrreich. Jede Fahrt mit dem Railjet der ÖBB war ein Vergnügen, jeder Termin mit Unternehmern, die von ihrer Tätigkeit überzeugt und begeistert sind und tolle Produkte in die Welt hinaustragen, eine wahre Freude. Der Erfahrungsaustausch mit den unterschiedlichen Unternehmern in den verschiedensten Bereichen war faszinierend und ich habe sehr viel über die Steiermark und ihre Betriebe erfahren, was man in keinem Medium lesen wird. An dieser Stelle möchte ich mich bei allen Entrepreneuren, die hier mitgewirkt haben und die mir ihre Begeisterung für ihre Tätigkeit und ihre Produkte weitergegeben haben, ganz herzlich bedanken.

Ein großes Dankeschön an Dr. Karl-Heinz Dernoscheg für einen besonderen Gedankenaustausch. Bedanken möchte ich mich sehr herzlich bei Mag. Helmut Röck, der mir immer wieder wichtige Tipps und Hintergrundinformationen gab und bei dem genialen Helmut Blaser aus Liezen, der uns Schreiber extrem gut versteht und ein sensationelles Kontaktnetzwerk hat. Weiters ein großes Dankeschön an Professor Karl Rose, der mir sehr viel über das steirische Unternehmertum und die Säulen der Steiermark näherbrachte.

Danke sagen möchte ich an dieser Stelle auch dem Land Steiermark, das mich bei der Arbeit großartig unterstützt hat und hier vor allem der ersten Landtagspräsidentin der Steiermark, Manuela Khom, und ihrem Team, die mich freundlicherweise immer wieder auf neue Ideen brachten. Sehr gute Gespräche hatte ich auch mit Ing. Werner Luttenberger und runde zehn Jahre als Landesbäuerin erfolgreich tätigen Auguste Meier von der Landwirtschaftskammer Steiermark sowie mit meinem langjährigen Freund, dem Pressesprecher der Landwirtschaftskammer Österreich (bis Frühjahr 2021), Josef »Joe« Siffert.

Vielen Dank auch an Eberhard Schrempf und Daniela Andersen: Die Kaffee-Gespräche mit euch beiden waren wirklich immer wieder erfrischend und sehr wichtig für mich.

Und zu guter Letzt danke ich dem Team des Verlags *ibidem* in Stuttgart. Lieber Christian Schön und liebe Valerie Lange: Tausend Dank für diese spannende Zusammenarbeit.

Judith Grohmann
im Mai 2022

ibidem.eu